CLASSIQUES LAROUSSE

Collection fondée en 1933 par FÉLIX GUIRAND
continuée par
LÉON LEJEALLE (1949 à 1968) et JEAN-POL CAPUT (1969 à 1972)
Agrégés des Lettres

ALFRED DE MUSSET

FANTASIO

IL NE FAUT JURER DE RIEN

avec une Notice biographique, une Notice historique et littéraire,
des Notes explicatives, une Documentation thématique,
des Jugements, un Questionnaire et des Sujets de devoirs,

par

JACQUELINE CASALIS
Ancienne élève de l'École normale supérieure
Agrégée des Lettres

GW00640683

LIBRAIRIE LAROUSSE

17, rue du Montparnasse, 75298 PARIS

RÉSUMÉ CHRONOLOGIQUE
DE LA VIE D'ALFRED DE MUSSET
1810-1857

1810 — **Naissance** d'Alfred de Musset, **à Paris** (11 décembre).

1819 — Musset entre au collège Henri-IV et y fait de brillantes études.

1824 — Il écrit ses premiers vers, une chanson pour la fête de sa mère.

1828 — Paul Foucher le présente à Victor Hugo, son beau-frère, puis l'introduit chez Nodier, à l'Arsenal, mais Musset, alors mondain, préfère la **fréquentation de jeunes dandys** riches : Alfred Tattet, Ulrich Guttinger, le comte Belgiojoso, le comte Alton-Shée. Sa famille le pressant de choisir une situation, il assiste pendant quelque temps aux cours de la faculté de droit, puis à ceux de la faculté de médecine, mais finit par faire admettre aux siens son ambition exclusive d'être poète. Il inaugure une période de dix ans de création intense. Il publie dans un journal de Dijon, *le Provincial*, une ballade intitulée *Un rêve*, puis, à Paris, sa traduction de *l'Anglais mangeur d'opium*, de Quincey.

*
* *

1830 — En janvier, il fait paraître les **Contes d'Espagne et d'Italie**. On y trouve trois contes en vers : « Don Paez », « Portia », « Mardoche », un drame : « les Marrons du feu », et de petites pièces fantaisistes, dont la plus célèbre est « la Ballade à la lune ». En juillet, *les Secrètes Pensées de Raphaël* (poème) ; en octobre, *les Vœux stériles* (poème). — Le 1ᵉʳ décembre, il fait représenter *la Nuit vénitienne* (pièce en un acte) à l'Odéon. Elle est sifflée. Musset se promet de **ne plus jamais affronter le public des théâtres**.

1831 — Il publie dans *le Temps*, de janvier à la fin de mai, des articles intermittents intitulés la *Revue fantastique*.

1832 — Mort de Victor de Musset, père du poète (8 avril). — Publication en décembre d'*Un spectacle dans un fauteuil* (recueil). On y trouve deux pièces de théâtre en vers, délibérément injouables, *la Coupe et les lèvres*, **A quoi rêvent les jeunes filles,** et un poème, *Namouna*.

1833 — Dans la *Revue des Deux Mondes* paraissent, le 1ᵉʳ avril, *André del Sarto* (drame) ; le 15 mai, *les Caprices de Marianne* (comédie) ; le 15 août, *Rolla*.
— Vers la fin de l'été commence **la liaison** de Musset avec **George Sand.** Ils partent pour l'Italie en décembre.

1834 — *Fantasio* (comédie) dans la *Revue des Deux Mondes* du 1ᵉʳ janvier. — *Musset* **gravement malade à Venise,** sans doute de la fièvre typhoïde. Liaison de George Sand avec le docteur Pagello, qui soigne le poète. Bafoué, Musset quitte Venise le 29 mars et **rentre à Paris.** — Il publie **On ne badine pas avec l'amour** (comédie) dans la *Revue des Deux Mondes* du 1ᵉʳ juillet, **Lorenzaccio** (drame) dans celle d'août. — Réconciliation passagère avec George Sand. Voyage à Bade en septembre.

1835 — *Une bonne fortune* (poème), *Lucie* (poème), **la Nuit de mai** (poème), *la Quenouille de Barberine* (comédie), **le Chandelier** (comédie), **la Nuit de décembre** (poème).

1836 — *La Confession d'un enfant du siècle* (roman en partie autobiographique), *Lettre à Lamartine* (poème), *Salon de 1836* (critique), dans la *Revue des Deux Mondes*. **Il ne faut jurer de rien** (comédie), **la Nuit d'août** (poème), première *Lettre de Dupuis et Cotonet*, lettre fictive adressée au directeur de la *Revue des Deux Mondes* par deux provinciaux désireux de mieux connaître le romantisme. *Stances à la Malibran*. Deuxième *Lettre de Dupuis et Cotonet*.

© *Librairie Larousse*, 1972.

ISBN 2-03-870121-0

1837 — Troisième et quatrième *Lettre de Dupuis et Cotonet*, *Un caprice* (comédie), *Emmeline* (nouvelle), **la Nuit d'octobre** (poème), les *Deux Maîtresses* (nouvelle). — Liaison avec Aimée d'Alton.

1838 — *Frédéric et Bernerette* (nouvelle), *l'Espoir en Dieu* (poème), le *Fils du Titien* (roman), *Dupont et Durand* (poème), *Sur la naissance du comte de Paris* (stances), *Margot* (nouvelle), *De la tragédie, à propos des débuts de Mlle Rachel* (critique). — Musset est nommé bibliothécaire du ministère de l'Intérieur.

⁎⁎⁎

1839 — **Fin de la période de production** intense. A vingt-huit ans, le poète inaugure une période où il sacrifie l'art à la vie et où sa production diminue. *Croisilles* (nouvelle), le *Poète déchu* (sorte de confession en prose que l'auteur n'acheva pas).

1840 — *Silvia* (poème). — Maladie de Musset. — *Une soirée perdue* (poème). L'éditeur Charpentier publie les *Œuvres complètes* d'Alfred de Musset.

1841 — *Souvenir* (poème). *Le Rhin allemand*, poème écrit en réponse à *l'Hymne du Rhin*, du poète nationaliste allemand Becker. — Passion malheureuse pour la princesse Belgiojoso.

1842 — *Sur la paresse* (poème), *Sur une morte* (poème), *Histoire d'un merle blanc* (nouvelle), *Après une lecture* (poème).

1843 — *Treize-Juillet* (poème), *Réponse à Charles Nodier* (poème), le *Mie Prigioni* (poème).

1844 — *A mon frère revenant d'Italie* (poème), *Pierre et Camille* (conte), le *Secret de Javotte* (conte), les *Frères Van Buck* (conte).

1845 — *Mimi Pinson* (conte), **Il faut qu'une porte soit ouverte ou fermée** (comédie).

1847 — **Un caprice est joué à Saint-Pétersbourg, puis à la Comédie-Française** (27 novembre). C'est le début d'une gloire théâtrale qui ne cessera de croître et dont Musset va pouvoir jouir un peu durant les dix dernières années de sa vie.

1848 — **Premières représentations** de *Il faut qu'une porte soit ouverte ou fermée* (7 avril) et de *Il ne faut jurer de rien* (22 juin). — Musset perd son poste de bibliothécaire.

1849 — Représentation de *Louison*. — *Sur trois marches de marbre rose* (poème).

1850 — *Carmosine* (comédie).

1851 — Représentation de *Bettine* (comédie).

1852 — Le 12 février, Musset est élu membre de l'**Académie française**. Il prononce son discours de réception le 27 mai.

1853 — Musset compose le *Songe d'Auguste* (poème dramatique), *la Mouche* (conte).

1854 — Musset est nommé bibliothécaire du ministère de l'Instruction publique.

1855 — *L'Ane et le ruisseau* (comédie).

1857 — **Mort** d'Alfred de Musset **à Paris** (2 mai).

Alfred de Musset avait vingt ans de moins que Lamartine, treize ans de moins que Vigny, douze ans de moins que Michelet, onze ans de moins que Balzac, huit ans de moins que Victor Hugo, sept ans de moins que Mérimée, six ans de moins que George Sand et que Sainte-Beuve. Il avait un an de plus que Théophile Gautier.

ALFRED DE MUSSET ET SON TEMPS

	la vie et l'œuvre de Musset	le mouvement intellectuel et artistique	les événements politiques
1810	Naissance d'Alfred de Musset à Paris (11 décembre).	Mme de Staël : De l'Allemagne. Traduction complète d'Ossian (recueil de Macpherson et recueil de Smith).	Apogée de la puissance napoléonienne. Mariage de l'Empereur et de Marie-Louise.
1828	Rencontre d'Hugo et de Nodier. Publication de sa traduction de l'Anglais mangeur d'opium, de Quincey.	Sainte-Beuve : Tableau de la poésie française au XVIᵉ siècle. Mort de Goya. Mort de Schubert.	Indépendance de la Grèce.
1830	Contes d'Espagne et d'Italie. Représentation et échec de la Nuit vénitienne à l'Odéon.	Bataille d'Hernani. A. Comte : Cours de philosophie positive. Lamartine : Harmonies poétiques et religieuses.	Prise d'Alger. Révolution de Juillet. Révolution en Belgique (août) et en Pologne (novembre).
1832	Mort de son père. Un spectacle dans un fauteuil.	G. Sand : Indiana. Mort de Goethe et de Cuvier. Mickiewicz à Paris. Corot : le Bain de Diane.	Manifestation aux funérailles du général Lamarque. L'armée de Méhémet-Ali victorieuse des Turcs à Konieh.
1833	André del Sarto. Les Caprices de Marianne. Rolla. Liaison avec G. Sand ; départ pour l'Italie en décembre.	H. de Balzac : Eugénie Grandet. V. Hugo : Lucrèce Borgia. Marie Tudor. G. Sand : Lélia. Goethe : Second Faust. Barye : le Lion au serpent.	Organisation de l'enseignement primaire par la loi Guizot. Création de la Société des droits de l'homme.
1834	Fantasio. On ne badine pas avec l'amour. Lorenzaccio.	Sainte-Beuve : Volupté. H. de Balzac : le Père Goriot. Mort de Coleridge.	Insurrection d'avril (Lyon et Paris). Quadruple-Alliance (Espagne-Portugal-Grande-Bretagne-France).
1835	La Nuit de mai. Le Chandelier. La Nuit de décembre.	V. Hugo : les Chants du crépuscule. A. de Vigny : Chatterton.	Attentat de Fieschi. Loi de septembre sur la presse.
1836	La Confession d'un enfant du siècle. Il ne faut jurer de rien. La Nuit d'août. Stances à la Malibran. Première et deuxième Lettre de Dupuis et Cotonet.	A. Dumas : Kean. Lamartine : Jocelyn. Leopardi : la Ginesta (son dernier poème). Meyerbeer : les Huguenots.	Ministère Thiers.
1837	Troisième et quatrième Lettre de Dupuis et Cotonet. Un caprice. La Nuit d'octobre. Liaison avec Aimée d'Alton.	Dickens : Oliver Twist. Thackeray : Yellowplush Papers. Rude : groupe du Départ des volontaires à l'Arc de triomphe. David d'Angers : Fronton du Panthéon.	Traité de la Tafna : cession à Abd el-Kader des provinces d'Oran et d'Alger. Conquête de Constantine par Lamoricière.

1838	Nommé bibliothécaire du ministère de l'Intérieur. L'Espoir en Dieu.	V. Hugo : Ruy Blas. Liaison de Chopin et de G. Sand. E. A. Poe : Arthur Gordon Pym.	Formation de la coalition contre Molé.
1840	Une soirée perdue. L'éditeur Charpentier publie les Œuvres complètes d'Alfred de Musset.	Sainte-Beuve : Port-Royal. V. Hugo : les Rayons et les Ombres. P. Mérimée : Colomba. P.-J. Proudhon : Qu'est-ce que la propriété?	Retour des cendres de Napoléon Ier. Louis-Napoléon détenu au fort de Ham. Démission de Thiers. Ministère Guizot.
1841	Souvenir. Le Rhin allemand. Passion malheureuse pour la princesse Belgiojoso.	A. de Lamartine : la Marseillaise de la paix. H. de Balzac : le Curé de village. E. Delacroix : Prise de Constantinople par les croisés.	Convention des Détroits.
1842	Histoire d'un merle blanc.	E. Sue : les Mystères de Paris. Aloysius Bertrand : Gaspard de la nuit.	Protectorat français à Tahiti. Affaire Pritchard.
1844	Pierre et Camille. Les Frères Van Buck.	A. Dumas : les Trois Mousquetaires. V. Hugo : A Villequier. Petöfi : Poèmes. Théodore Rousseau : Marais dans les Landes.	Les réfugiés politiques fondent à Paris le parti de la «Jeune Europe», organisé par l'Italien Mazzini.
1845	Il faut qu'une porte soit ouverte ou fermée.	P. Mérimée : Carmen. Th. Gautier : España. Kierkegaard : Étapes sur le chemin de la vie. Wagner : Tannhäuser.	Hostilité de la Chambre à l'égard des congrégations. Guizot négocie avec le Vatican la fermeture des collèges des jésuites.
1847	Première représentation d'Un caprice à la Comédie-Française.	J. Michelet : Histoire de la Révolution. E. Brontë : Wuthering Heights.	Reddition d'Abd el-Kader. Campagne des banquets.
1848	Premières représentations de Il faut qu'une porte soit ouverte au fermée et de Il ne faut jurer de rien. Musset perd son poste de bibliothécaire.	A. Dumas fils : la Dame aux camélias (roman). Mort de Chateaubriand. Publication des Mémoires d'outre-tombe.	Révolution de Février. Révolution en Italie, dans l'Empire autrichien et en Allemagne.
1849	Sur trois marches de marbre rose. Représentations de On ne saurait penser à tout.	Voyage de Flaubert et de Maxime Du Camp en Grèce, Syrie, Egypte. Charlotte Brontë : Shirley. Mort de Chopin.	Ecrasement de tous les mouvements libéraux en Italie, en Hongrie, en Allemagne.
1852	Election à l'Académie française. Edition définitive des Premières Poésies. Poésies nouvelles.	Th. Gautier : Emaux et Camées. Leconte de Lisle : Poèmes antiques. A. Dumas fils : la Dame aux camélias (drame).	Napoléon III, empereur héréditaire. En Italie, Cavour est appelé au gouvernement.
1857	Mort d'Alfred de Musset à Paris (2 mai).	Ch. Baudelaire : les Fleurs du mal. Th. Gautier : l'Art.	Expédition française en Chine.

BIBLIOGRAPHIE SOMMAIRE

Philippe Soupault	*Alfred de Musset* (Paris, Seghers, « Poètes d'aujourd'hui », 1957).
Philippe Van Tieghem	*Musset, l'homme et l'œuvre* (Paris, Hatier-Boivin, 1944, nouv. éd., 1964).
Léon Lafoscade	*le Théâtre d'Alfred de Musset,* texte écrit vers 1901 et reproduit intégralement en 1966 par A. G. Nizet (procédé photomécanique).
H. Lefèbvre	*Alfred de Musset dramaturge* (Paris, l'Arche, 1960).
Jean Pommier	*Variété sur A. de Musset et son théâtre* (Paris, Nizet, 1967).
F. Tonge	*l'Art du dialogue dans les comédies en prose d'A. de Musset* (Paris, Nizet, 1968).
B. Masson	*Musset et le théâtre intérieur* (Paris, A. Colin, 1974). — *Théâtre et langage. Essai sur le dialogue dans les comédies de Musset* (Paris, Lettres modernes, 1977).
Revue EUROPE	*Alfred de Musset* (No spécial, E. F. R., 1977).

Editions accessibles aujourd'hui du *théâtre* de Musset :

Edition revue par Alfred de Musset pour la scène (les corrections de son frère Paul sont ajoutées en note) et établie par Maurice Allem (Ed. Garnier).
Edition Gallimard, « Bibliothèque de la Pléiade », 1952.

Editions accessibles aujourd'hui du *théâtre* de Musset :

Edition revue par Alfred de Musset pour la scène (les corrections de son frère Paul sont ajoutées en note) et établie par Maurice Allem (Ed. Garnier).
Edition Gallimard, « Bibliothèque de la Pléiade », 1952.

FANTASIO
1834

NOTICE

CE QUI SE PASSAIT EN 1834

■ *EN POLITIQUE.* **En France** : Consolidation lente et difficile de la monarchie de Juillet. Thiers prend le ministère de l'Intérieur en avril, La Fayette meurt en mai. Gouvernement du Parti de la résistance. Loi contre les associations (10 avril). Insurrections républicaines à Lyon et à Paris; massacre de la rue Transnonain (15 avril). Ce sont les premières manifestations spécifiquement ouvrières.

À l'étranger. Espagne : Continuation de l'insurrection carliste. Les Cortès déclarent exclus du trône don Carlos et ses descendants. Abolition de l'Inquisition. — Portugal : Bannissement à perpétuité de dom Miguel. — Grèce : Soulèvements sur divers points du pays. — Russie : Insurrection du Caucase.

■ *EN LITTÉRATURE.* **En France** : Balzac fait paraître la Recherche de l'absolu et le Père Goriot; Victor Hugo, Claude Gueux; Michelet, les Mémoires de Luther; G. Sand, Jacques; La Mennais, Paroles d'un croyant; Sainte-Beuve, Volupté; Edgar Quinet, Ahasvérus; Augustin Thierry, Dix Ans d'études historiques. — Naissance de Ludovic Halévy et de Pailleron. — Scribe est élu à l'Académie française, Thiers y est reçu, Villemain en est nommé secrétaire perpétuel. — Musset et George Sand vont à Venise; Hugo et Juliette Drouet, en Bretagne. — Marie Dorval entre au Théâtre-Français, Frédérick Lemaître joue Robert Macaire à la Porte-Saint-Martin.

A l'étranger. Angleterre : Mort de Coleridge, de Charles Lamb. Carlyle publie Sartor Resartus. — Pologne : Mickiewicz publie Maître Thadée (poème). — Russie : Gogol publie Tarass Boulba.

■ *DANS LES SCIENCES ET DANS LES ARTS.* **En France** : Paul Delaroche expose la Mort de Jane Grey. Mort du compositeur Boieldieu. Naissance du peintre Degas. Ampère commence l'Essai sur la philosophie des sciences.

À l'étranger. Etats-Unis : Naissance du peintre Whistler. — Russie : Naissance du compositeur Borodine.

PUBLICATION DE LA PIÈCE

Le texte de l'œuvre parut dans la *Revue des Deux Mondes*, dirigée par Buloz, le 1er janvier 1834. Cette pièce fut donc vraisemblablement composée dans la seconde partie de l'année 1833, durant le début de la liaison de l'auteur avec George Sand et avant leur départ pour Venise (décembre 1833), soit pendant l'une des périodes heureuses de la vie de Musset.

Musset avait connu en décembre 1830 son grand échec d'auteur dramatique : *la Nuit vénitienne*, mal interprétée (deux représentations les 1er et 3 décembre), mal comprise, l'avait éloigné de la scène. *Fantasio* est conçu par son auteur comme une pièce à lire. A cette époque, Musset écrit beaucoup et compose (il a vingt-quatre ans) presque l'essentiel de son œuvre dramatique : en 1832, il écrit un drame en vers, *la Coupe et les lèvres*, et une comédie en vers, *A quoi rêvent les jeunes filles*, qui paraissent en 1833 (ainsi que le poème de *Namouna*) sous le titre d'*Un spectacle dans un fauteuil*. En avril et mai 1833 sont publiés deux drames : *André del Sarto* et *les Caprices de Marianne*; en août 1833 est publié le poème de *Rolla*; l'année 1834 voit publier en outre *Fantasio*, *On ne badine pas avec l'amour* et le grand drame historique de *Lorenzaccio*.

Qu'advint-il du texte de *Fantasio*? Il est repris en août 1834 dans un nouveau recueil intitulé *Un spectacle dans un fauteuil* et contenant : *Lorenzaccio*, *les Caprices de Marianne*, *André del Sarto*, *Fantasio*, *On ne badine pas avec l'amour* et *la Nuit vénitienne*. On le retrouve ensuite dans les différentes éditions du théâtre de Musset : les *Comédies et proverbes* chez Charpentier en 1840 et l'édition complète de 1855.

Lorsqu'en 1847 le succès d'*Un caprice* porta à la scène un certain nombre d'œuvres de jeunesse de l'auteur, Musset songea, comme pour les autres œuvres, à des remaniements : outre les modifications de numéros et même de succession de scènes, il aurait envisagé en 1851 un développement de la pièce par un troisième acte qui aurait étoffé, développé les rapports de la princesse et de Fantasio; Paul de Musset dit : « La scène de la prison devenait un troisième acte, où la princesse mettait un peu d'insistance et de coquetterie à exiger de Fantasio la promesse qu'il reviendrait à la cour. On voyait arriver ensuite Spark, Hartman et Facio, résolus à prendre part comme volontaires à la guerre contre le prince de Mantoue. Fantasio refusait de les accompagner et, après leur départ, il reprenait sa perruque et ses insignes de bouffon, pour aller se cacher dans le parterre où il avait rencontré la princesse.»

Lui-même se hasarda à remanier l'œuvre de son frère et fit jouer à la Comédie-Française le 18 août 1866, après la mort de celui-ci, un *Fantasio* de trois actes, inspiré des projets qu'il prêtait à Alfred de Musset. Il y eut de cette comédie, bien moins délicate et légère que l'œuvre initiale, trente représentations. Comme *le Chandelier*, elle donna naissance à un opéra, mis en musique par Offenbach et joué à l'Opéra-Comique le 28 janvier 1872.

La Comédie-Française a donné de la pièce d'Alfred de Musset plus de cent représentations.

ANALYSE DE LA PIÈCE

Deux actes dans cette comédie : l'un de trois scènes présentant chaque groupe de personnages, sans interférence avec les autres; l'autre de sept scènes tout en échanges, répétitions, rencontres, surprises.

■ *ACTE PREMIER.*

A la cour de Bavière, le roi, bien bourgeois de ton et d'allure, s'entretient avec son conseiller Rutten : la ville de Munich est en fête pour le mariage d'Elsbeth, fille de roi; mais celui-ci, bon père, ne voudrait pas que ce mariage politique allât contre le bonheur de sa fille : de cette jeune fille, dont on souhaite le bonheur, on apprend qu'elle est mélancolique; Rutten attribue cette tristesse passagère à la mort du bouffon Saint-Jean. Le roi ne peut comprendre un si grand attachement à un personnage de second plan. Interrogé sur le prétendant, le prince de Mantoue, Rutten se montre réticent, et le roi se retire, perplexe **(scène première)**. Dans une rue de Munich, trois étudiants sont attablés : ils boivent, plaisantent, rêvent de s'associer à la fête populaire; mais l'intervention d'un officier, demandant moins de bruit, avertit encore le spectateur de la mélancolie de la princesse. Puis les trois jeunes gens sont victimes d'un interrogatoire : un étranger déguisé se renseigne sur les événements et sur le caractère de la princesse; l'un des étudiants, Hartman, lui jette en pâture l'adjectif *fantasque*. Après cet échange de reparties arrive Fantasio : mais la gaieté du début de la scène est envolée; Fantasio est triste, lui aussi. Il rêve de plaisirs moins simples; il rêve d'abord d'épancher ses sentiments sous forme déguisée : il est ivre de son hypersensibilité, de lassitude, rêve d'être un autre que lui-même, tout en se moquant des bourgeois qui passent, en des termes qui annoncent un sonnet de Verlaine (« Il est maire et père de famille »). Il s'ennuie, il est las; ses ennuis financiers, paradoxalement, mettent un certain piquant dans sa vie : ses créanciers le pourchassent. Face à ce « travail » perpétuel de Fantasio sur lui-même, Spark se dit tout simplement heureux : il boit, il fume, il semble connaisseur et amateur de plaisirs sensuels et raffinés. Fantasio poursuit ses confidences, ses rêveries; il a déjà un peu bu lorsque, comme répondant au thème de la mort (dont il avait parlé plus haut : « compter un, deux, trois, quatre, cinq, six, sept, et ainsi de suite jusqu'au jour de ma mort »), passe un enterrement : c'est celui de Saint-Jean. Un des porteurs lance une réplique à ce désœuvré de Fantasio : « Sa place est vacante, vous pouvez la prendre si vous voulez. » Fantasio saisit l'idée au vol, se précipite chez le tailleur de Saint-Jean, prenant brusquement des allures mystérieuses et romanesques **(scène II)**. Sur la route de Munich, voici le prince de Mantoue (le prétendant) et Marinoni (l' « espion » de la scène II). Ce dernier fait un rapport contradictoire sur la princesse; le prince suit mal, mais il se croit le « plus romanesque des hommes ». Fidèle à une tradition théâtrale qu'il ignore, il projette d'approcher la princesse incognito. Mais la nécessité de prêter son habit à un inférieur, Marinoni en la circonstance, le fait hésiter. Enfin il se décide, se croyant l'objet de mire des « siècles futurs » **(scène III)**.

■ *ACTE II.*

Dans le jardin du roi, voici Elsbeth, dont tous avaient parlé à l'acte premier, sans que le spectateur l'ait vue : ses premiers mots, échangés avec sa gouvernante « mère », sont pour Saint-Jean. La pensée du prince, dont elle dit qu'il est « horrible et idiot, tout le monde le sait déjà », ne saurait estomper sa tristesse. Ce qui l'emporte, c'est la résignation. Puisque son père est trop bon pour ne pas lui imposer de se sacrifier à la raison d'Etat, Elsbeth s'offrira d'elle-même en sacrifice, elle acceptera les devoirs qu'elle se croit imposés par sa situation de fille de roi. Saint-Jean au moins changeait ses idées; alors, comme par miracle, tandis que part la gouvernante, au milieu des bluets, la princesse croit apercevoir le « fantôme de son pauvre bouffon ». Pourtant, lorsque Fantasio s'avance, elle l'accueille durement, comme s'il bafouait la mémoire de Saint-Jean. Mais Fantasio en vient à lui parler d'elle, répondant terme à terme à son « Pauvre homme! quel métier tu entreprends! » par un « Pauvre petite! quel métier vous entreprenez! », et, pour la détourner de son devoir de mariage, il lui parle par métaphore : c'est la tulipe bleue qui ne peut être rouge en même temps. Elsbeth sait répondre avec art en filant la métaphore à son tour : chaque fleur a son destin. Mais elle ne veut pas des leçons de Fantasio, qui la laisse sur une série de questions. Puis le roi entre : Marinoni et le prince de Mantoue ont interverti leur rôle comme convenu à l'acte premier, scène III. Elsbeth se retire aux premières paroles de Marinoni : sa pudeur semble enchanter très vite le prince. Mais le roi de Bavière demande le retrait du supposé aide de camp : Marinoni doit arranger une version qui ne froisse pas son prince; il part, et le jugement du roi peut s'exprimer librement; il rejoint celui de sa fille : « Cet aide de camp-là est un imbécile » **(scène première).** C'est dans une autre partie du jardin que le prince va tenter sa chance à sa façon « romanesque » : il se présente comme un « pauvre soldat », se dit « solitaire et exilé de sa terre natale ». Elsbeth se dérobe à nouveau, laissant percer davantage encore son ennui que plus haut; le prince, plein d'illusions quelques minutes plus tôt, reconnaît son échec, mais soupçonne Elsbeth d'avoir un « cœur dur »... **(scène II).** Fantasio est seul dans une antichambre : il médite sur le rôle du hasard dans son nouvel état, tout plein de bonheur, et sur tout ce qu'il sait, ce qu'il a surpris et ce qu'il a déduit de la princesse, si malheureuse **(scène III).** Dans une allée de jardin, le prince de Mantoue veut faire endosser à Marinoni la responsabilité de son échec : il redemande son habit, Marinoni l'ôte, le prince hésite, reprend ses illusions, Marinoni doit remettre l'habit princier **(scène IV).** Le roi et sa fille sont enfin mis en présence : le roi n'est pas enchanté du prétendant, mais a tout lieu de se réjouir du sacrifice de sa fille, à laquelle il vient de demander de dire « clairement » ce qu'elle pensait : hélas! il a juste assez de lucidité sur sa déception pour lui offrir un sursis. Mais voici de nouveau Fantasio devant Elsbeth : il est un « oiseau en liberté »; elle est un « oiseau en cage ». Fantasio s'acharne sur le thème du mariage de la princesse. Nouvelle métaphore : il lui offrira « un joli petit serin empaillé, qui chante comme un rossignol ». La princesse soupçonne Fantasio d'en savoir plus qu'il ne devrait sur les efforts qu'elle impose à sa nature. Mais Fantasio la rassure : si cela est, c'est par hasard, et que cherche-t-il, sinon le bonheur d'Elsbeth? Il est désintéressé et se plaît dans cette situation de bouffon; d'ailleurs, il doit se rendre à l'office. La gouvernante vient annoncer une première chose « extraordinaire » : le prince de Mantoue serait déguisé. Elsbeth veut bien qu'on aille chercher l'officier, vrai prince de Mantoue, mais le page a une nouvelle bien plus extraordinaire : « Sa perruque [celle du prince de Mantoue] s'est enlevée dans les airs, et a disparu tout à coup. » On l'a retrouvée à côté de l'office (cf. les derniers mots de Fantasio); un autre page annonce enfin que le bouffon est en prison, sur ordre du prince, pour avoir enlevé cette perruque royale **(scène V)**. Le prince se croit personnellement outragé, puisqu'il l'a été par personne interposée. Il veut se démasquer, redemande son habit; Marinoni ôte celui-ci comme précédemment, mais renforce l'illusion chez le prince d'avoir été, sous son déguisement, remarqué par Elsbeth : d'où perplexité du prince; celui-ci garde le frac d'officier, et Marinoni remet l'habit **(scène VI)**. Fantasio rêve, encore seul, dans une prison cette fois, mais il n'a rien perdu de sa dernière bonne humeur; il se félicite du hasard qui lui a permis d'éviter à une princesse d'être malheureuse : l'événement lui-même comme son propre rôle l'amusent. Ivre de rire et de fantaisie, il s'endort. Elsbeth et la gouvernante, venues en cachette, se penchent sur ce mystérieux personnage. La gouvernante, romanesque, voit en lui le « noble prince de Mantoue »; sa culture livresque enflamme son imagination, cependant qu'Elsbeth veut « voir son visage, et rien de plus ». Comme si elle caressait l'idée que ce pourrait être lui dans un univers romanesque..., mais elle est trop sage; elle partirait aussi discrètement qu'elle est venue, si Fantasio ne se réveillait : la gouvernante salue en lui le prince, au grand étonnement de Fantasio; Elsbeth, plus réservée, amène celui-ci à avouer sa véritable identité : ni bouffon, ni prince, c'est un « bourgeois de Munich ». Dès lors, elle s'intéresse à lui, comme oublieuse de tous ses soucis réels (son mariage, le prince de Mantoue, la perruque envolée), devant un être vrai, qui la touche réellement. Cependant, la gouvernante, passant d'un extrême à l'autre, voit en lui un être dangereux : qui sait? Tandis que Fantasio révèle les causes de son déguisement — sa fuite devant les créanciers —, on apprend par la fenêtre de la prison que le prince de Mantoue quitte la cour de Bavière, avec rupture du mariage et déclaration de guerre. Elsbeth rend à Fantasio ses responsabilités : « Vous avez fait manquer mon mariage. » Elle voudrait le retenir comme bouffon; mais Fantasio ne saurait l'être que librement, et Elsbeth respecte son désir. Le dialogue d'Elsbeth et de Fantasio reprendra plus tard... L'un et l'autre connaissent le prix de la liberté, du respect qu'elle mérite, cependant que la gouvernante s'abîme dans ses regrets et ses obsessions **(scène VII)**.

SOURCES ET RAPPROCHEMENTS

Au premier abord, il s'agit d'un mariage manqué, mais aussi d'un mariage de raison — de raison d'Etat. Cela devait parler aux contemporains de Musset. On sait en effet que la fille de Louis-Philippe — or le roi de Bavière nous est présenté comme un « roi bourgeois » —, la princesse

Louise-Marie, avait épousé à contrecœur le vieux roi des Belges, Léopold Ier, le 9 août 1832. On sait aussi que Musset avait été le condisciple au lycée Henri-IV du duc de Chartres, frère de la princesse : il manifestait ainsi de la sympathie à la princesse Louise-Marie.

Parallèlement à ce fait d'actualité, Musset semble s'inspirer des deux œuvres que George Sand est en train de composer et rivaliser avec elle : elle écrit un roman, *le Secrétaire intime*, et une pièce, *Aldo le Rimeur*. Le cadre de l'intrigue est semblable dans ces trois œuvres : Musset aurait, semble-t-il, développé considérablement le rôle et le personnage de Fantasio par rapport au refus de l'héroïne, reine et princesse, d'un bon parti (le mariage pour raison d'État). Plus généralement, on trouverait chez l'un et l'autre de ces auteurs une inspiration proche de celle d'un des *Contes fantastiques* d'Hoffmann, paru en traduction en 1829 dans la *Revue de Paris*. On trouve un thème très ressemblant dans le conte intitulé *Biographie de maître Kreisler* (œuvre parue en 1813 et reprise dans *Lebensansichten des Katers Murr* [...], i. e. *Une philosophie de la vie présentée par le chat Murr et accompagnée de fragments fortuitement recueillis de la biographie du maître de chapelle Johannes Kreisler, 1820-1822*). Ce conte a été ainsi résumé par Jean Giraud : « La princesse Hedwige, dans le parc de son père, le duc Irénéus, fait part des inquiétudes de son âme à sa confidente Julie. Rappelons que cette jeune princesse, nerveuse et impressionnable, va bientôt devenir la fiancée du prince Hector, qui vient de Naples et pour lequel elle éprouve une violente répulsion. Elle a d'ailleurs un faible pour le fantasque et bon Jean Kreisler, maître de chapelle de la cour. »

CARACTÈRES DE L'ACTION

Il est permis de se demander quel est justement le nœud central de la pièce de Musset : le mariage manqué, l'action qui ne se fait pas ou l'étude de celui qui permet à la princesse de voir triompher ses désirs les plus secrets, son refus de mariage par résignation, l'étudiant bourgeois et bohème, poète et bouffon, Fantasio. Car *Fantasio*, c'est aussi la satire légère de la vie par l'étudiant et la confidence lyrique des sentiments d'un jeune homme : et c'est à l'intérieur même de l'œuvre de Musset que des rapprochements nombreux se présentent : Fantasio et Frank dans *la Coupe et les lèvres*, Hassan dans *Namouna*, Rolla dans *Rolla*, Fortunio dans *le Chandelier* et Valentin dans *Il ne faut jurer de rien*. C'est la confidence multiforme de l'adolescent romantique, de l'étudiant, le « travail perpétuel » de Musset sur lui-même, pour reprendre l'expression appliquée par Spark à Fantasio.

Écrivant pour le lecteur, Musset n'a aucun souci de suite dans les décors, de succession dans les apparitions et réapparitions de personnages. La comédie semble pleine de fraîcheur, parce que tout d'abord elle est presque tout entière en extérieurs : trois décors pour le premier acte, dont un, pittoresque, de café (beuveries, ville enfumée, etc.) et un autre, tout à fait neutre, d'auberge; deux décors principaux pour le second acte, les lieux de rencontre dans le parc du palais, changeants — c'est indispensable à la logique des rencontres —, puis la prison de Fantasio. Libre à Musset d'interrompre plusieurs fois les scènes du prince de Mantoue et de Marinoni : Musset montre ces derniers juste assez pour les rendre odieux ou ridicules et rappeler le nœud de l'intrigue; mais il utilise les réapparitions de ces mêmes personnages à de très heureux et significatifs effets d'écho quasi mécaniques : triple perplexité du prince de Mantoue, qui n'ose pas quitter son habit princier, veut par deux fois le reprendre, et, après hésitation, s'entête dans ses projets (acte premier, scène III; acte II, scène IV et VI). Les événements les plus pittoresques sont racontés et non vus : cela permet à la verve de Fantasio de les commenter à son idée : « Le prince de Mantoue a demandé ma tête en échange de sa perruque »; quant au départ fracassant du prince, la menace est en partie annulée par le récit indirect : le personnage, irresponsable, est comme volatilisé tout entier.

En revanche, les moments de l'action, qui se suivent sans continuité apparente et se déroulent selon des modes et des rythmes contrastés, s'enchaînent très fortement à l'intérieur d'une logique poétique. Ainsi, à la scène première de l'acte II, par exemple, à l'entretien mélancolique d'Elsbeth et de la gouvernante fait suite l'entretien spirituel et piquant d'Elsbeth et de Fantasio, précédant l'apparition grotesque du prince et de l'aide de camp : or, Fantasio apparaît justement à la suite de l'évocation de Saint-Jean, que regrette la princesse, et l'arrivée de Marinoni et du prince vient illustrer les métaphores allusives de Fantasio. Les bavardages sineux de Fantasio entrecoupent le temps de l'action proprement dite (celle-ci se poursuit sur un mode bouffon) et lui substituent le temps de la rêverie, de la poésie et de la sincérité, qui devient le temps réel des héros.

STYLISTIQUE ET RHÉTORIQUE DANS LA PIÈCE DE « FANTASIO »

Pour analyser le style et la rhétorique de *Fantasio*, il faut d'une part se référer au système d'enseignement que Musset a suivi : le système de la rhétorique et de la logique classiques; et il faut aussi tenir compte des distorsions que Musset lui a fait subir. Plus que chez tout autre auteur romantique du XIXe siècle, ce qui constitue son bagage culturel, acquis dans le système culturel resté le même malgré les changements pédagogiques issus de la Révolution, a été modifié par lui-même. Ces distorsions viennent de « son tempérament » (= référence habituelle des critiques universitaires traditionalistes, que nous laisserons, bien entendu, de côté); elles viennent aussi de ce que nous pouvons plus aisément saisir : ses lectures, ses fréquentations littéraires, allemandes, anglaises, ses amitiés parisiennes, etc. Bref, ce que la culture acquise quand il s'est affirmé comme jeune homme a fait subir à la culture reçue au lycée.

C'est suivant ce double plan que nous allons classer toutes les figures de rhétorique, qui portent d'une part sur les mots (tropes), d'autre part sur les constructions. Nous verrons que c'est principalement ou presque sur les figures de rhétorique portant sur les mots que jouent les distorsions de la culture acquise par Musset : les familiarités, les coq-à-l'âne, etc. Mais, pour donner à la démonstration quelque rigueur, il faut distinguer deux moments : la rhétorique classique quant à la construction et, en deuxième lieu, la culture acquise (Jean-Paul, Hoffmann, Byron, les chansons populaires ou estudiantines, etc.). Cette dernière culture comprend les familiarités, les bons mots, etc. Elle marque la volonté de casser un système rhétorique classique à la fois sur le plan des mots et sur le plan des constructions : phrases baroques, parallélismes cocasses, etc.

I. Le plan des constructions.

Il y a tout d'abord les parallélismes de constructions, c'est-à-dire la recherche de formes au terme de laquelle certains membres de phrase, certaines propositions vont par paires, en commençant par le même mot ou le même groupe de mots : c'est ce qu'on appelle l'*énaphore*. Il existe d'autres effets de répétition : celui de la reprise d'un mot ou d'un groupe de mots dans un même endroit à l'intérieur de deux ou de plusieurs propositions, soit au milieu, soit à la fin, soit dans des positions intermédiaires : c'est ce qu'on appelle l'*anadiplose*.

Voici des exemples de ces deux figures de construction. Acte premier, scène II : « Tous les recoins m'en sont *cent fois* plus connus; toutes les rues, tous les trous de mon imagination sont *cent fois* plus fatigués; je m'y suis promené en *cent fois* plus de sens, dans cette cervelle délabrée, moi son seul habitant! » — « Apprendre pour être peintre, pour être palefrenier! Apprendre pour faire une omelette! » — « Quelque chose de doux comme le vent d'ouest, de pâle comme les rayons de la lune; quelque chose de pensif comme ces petites servantes d'auberge des tableaux flamands qui donnent le coup de l'étrier [...]. »

Parallélisme en trois temps dans les constructions, autre figure à rattacher aux systèmes de répétition : « Je m'y suis promené en cent fois plus de sens [...]. Je m'y suis grisé dans tous les cabarets, je me suis roulé comme un roi absolu [...]. » On peut distinguer les effets d'accumulation triple en fonction du rôle grammatical du mot répété. Voici d'abord un exemple de répétition de sujet : « La lune, le soleil et les étoiles se battent pour entrer dans mes rimes [...]. » Voici ensuite une répétition triple de complément : « Jouer avec les mots est un moyen comme un autre de jouer avec les pensées, les actions et les êtres. »

Parallélisme en deux temps dans les constructions de phrase : « Lorsque Dieu m'a envoyé tout d'un coup l'idée de me travestir, lorsque cet éclair a traversé ma pensée : « Il faut que je me travestisse », ce fatal événement était prévu par le destin.

Parallélisme en deux temps à l'intérieur d'une phrase d'une grande longueur : « Et il faut que j'imagine de me déguiser en bossu, pour venir me griser derechef dans l'office de notre bon roi et pour pêcher au bout d'une ficelle la perruque de son cher allié [...]. »

Antithèse au sein d'une même phrase par une construction parallèle, autre effet de construction : « Qui est-ce qui pourra me dire au juste si je suis heureux ou malheureux, bon ou mauvais, triste ou gai, bête ou spirituel? » — « Vous êtes ceci et moi cela. Vous êtes jeune et moi je suis vieux; belle, et je suis laid; riche, et je suis pauvre. »

Le parallélisme à double ou à triple base peut paraître lassant. Qu'à cela ne tienne! Fantasio nous propose une figure de rhétorique inverse, qui rompt la monotonie : « Le plus mauvais tireur de pistolet peut attraper la mouche, s'il tire sept cent quatre-vingts coups à la minute, tout aussi bien que le jeune homme habile qui n'en tire qu'un ou deux. » C'est un effet d'emboîtement de propositions dont la rhétorique cicéronienne raffolait et dont les orateurs religieux tiraient leurs plus majestueux effets.

Ces figures de style sont, évidemment, utilisées de façon souvent cocasse (certains pourraient dire même ironique, et avec raison, si le lyrisme de la douleur, dans le reste de l'œuvre de Musset, n'avait montré à quel point finalement, l'auteur a utilisé très au sérieux cette rhétorique). Certains effets de surprise sont exploités. Par exemple, parallélisme incongru dans les sujets : « Les jardiniers et les notaires font des greffes si extraordinaires que les pommes deviennent des citrouilles [...]. » Parallélisme bizarre entre deux compléments indirects : « On me laissera vivre jusqu'à ma mort entre un épagneul et une pintade. » Parmi les figures de construction, on rencontre des effets d'accumulation : « Buvons, causons, analysons, déraisonnons, faisons de la politique. »

Nous terminerons cette revue rapide par des *figures de construction* proprement dites, par l'exemple de la rhétorique classique, qui fait les délices d'un excellent élève et de son professeur formés dans l'amour des formes gréco-latines : la *réversion*. C'est une figure par laquelle l'orateur fait revenir sur eux-mêmes les mots qu'il vient d'employer, mais dans un ordre inverse et avec un sens différent : « Quel plaisir pourraient me faire vos chagrins? quel chagrin pourraient me faire vos plaisirs? »

Toute l'œuvre de Musset prouve à quel point il est pénétré de la formation classique. Mais, à ce moment de sa vie, à ce moment de sa jeunesse, Musset est encore capable de ne pas se prendre toujours au sérieux, de se mettre à distance à l'égard de ce qui deviendra pour lui une seconde nature. Il place en effet dans la bouche du prince de Mantoue tout ce qu'il a appris en matière de recettes rhétoriques, et, comme ce personnage est privé de la sympathie des spectateurs, qu'il est ridicule à leurs yeux, la rhétorique, devenue simple application de recettes apprises, est un excellent moyen d'accentuer ce ridicule. Dans la bouche du prince de Mantoue, en effet, plus aucune inspiration, plus aucune poésie ou fantaisie : des tics, des automatismes verbaux, qui déclenchent le rire : « Puisque les majestés divines et humaines sont impitoyablement violées et lacérées, puisqu'il n'y a plus chez les hommes de notion du bien et du mal, puisque le roi de plusieurs milliers d'hommes éclate de rire comme un palefrenier à la vue d'une perruque, Marinoni, rends-moi mon habit. »

II. Le plan des mots.

Parmi les figures portant sur les mots, les plus privilégiées sont certainement les comparaisons, métaphores et images. On peut distinguer deux sortes de *métaphores* : celles qui sont annoncées (par un mot qui avertit de la présence d'une métaphore; c'est le cas de *comme*, de *de même que... de même*, etc.) et celles qui ne le sont pas.

Exemples de *métaphores annoncées* : « Il se dandine comme un conseiller de justice », « Je m'y suis roulé comme un roi absolu dans un carrosse doré », « Quelque chose de doux comme le vent d'ouest, de pâle comme les rayons de la lune [...]. »

Exemples de *métaphores non annoncées* : « Tu as le mois de mai sur les joues. — C'est vrai; et le mois de janvier dans le cœur », « Je voudrais que ce grand ciel si lourd fût un immense bonnet de coton, pour envelopper jusqu'aux oreilles cette sotte ville et ses sots habitants », « Quand je baise la main de ma maîtresse, elle entre par le bout de ses doigts effilés pour se répandre dans tout son être sur des courants électriques.»

Certaines comparaisons jouent entre les sens propres et les sens figurés des mots (c'est-à-dire le plus souvent en référence avec un animé ou un inanimé). Exemples : « Regardez-moi un peu cette vallée là-bas, ces quatre ou cinq méchants nuages qui grimpent sur cette montagne », « Ah! Pour être revenu de tout, mon ami, il faut être allé dans bien des endroits », « Dieu merci, voilà ma cervelle à l'aise.»

Il existe d'autres tropes sur le sens des mots. Prenons celui qu'on appelle classiquement l'*épiphonème*, c'est-à-dire une exclamation qui renferme une maxime générale ou une réflexion. Exemple : « Cela est si difficile quelquefois de distinguer un trait spirituel d'une grosse sottise. » Les tirades de Fantasio contiennent souvent des vérités générales, des maximes, dont les épiphonèmes sont un exemple.

Ces vérités générales, maximes ou proverbes, s'expriment souvent dans la bouche de ce personnage sous une forme paradoxale ou imagée. Exemple : « La rose est fille de la civilisation. C'est une marquise comme vous et moi. »

Le summum de la comparaison est certainement la figure par laquelle la chose à quoi l'on compare acquiert une sorte d'indépendance qui en fait une histoire, un tableau à part. Cette figure se nomme classiquement l'*allégorie*. En voici un exemple : « Toutes les convenances sociales, pareilles à des nymphes légères, se mettent aussitôt à dansotter sur la pointe des pieds autour de la fontaine merveilleuse. » Cependant, cette allégorie n'est, en fait, qu'une extension de comparaison, la comparaison des convenances sociales à des nymphes : il ne s'agit pas d'une véritable allégorie autonome. D'autre part, elle est unique en son genre dans la pièce. Cette constatation a une explication simple : l'allégorie n'appartient pas au genre et au ton de la comédie.

Le système rhétorique de la pièce apparaît aussi dans l'*art des paragraphes*, notamment ceux de Fantasio et du prince de Mantoue. Il faudrait analyser phrase par phrase pour y retrouver les modes surtout impairs des membres de phrases, les rythmes binaires ou ternaires des propositions, etc. Cela fait fréquemment l'objet des questions posées le long du texte de Musset; aussi n'en donnerons-nous ici aucun exemple.

III. L' « antirhétorique ».

Il faut maintenant analyser les moyens par lesquels Musset essaye de casser ce système. Mais il s'agit bien de s'entendre : Musset essaye de prendre ses distances à l'égard de ce système rhétorique classique, non pas par une ironie systématique (elle existe cependant très réellement, comme l'atteste l'effet comique produit par tous les propos du prince de Mantoue), mais principalement par des effets de surprise qu'il crée à l'intérieur de ce système. On pourrait discuter sans fin pour savoir si ces effets de surprise, ces incongruités en font partie ou le détruisent. Aussi, nous bornerons-nous à les signaler, sans pouvoir affirmer les intentions de l'auteur.

Parmi ces effets de surprise, il y a les familiarités ou, si l'on veut, les mots bizarres placés dans la bouche de Fantasio, dont les critiques ont remarqué depuis longtemps qu'il avait fallu à Musset la lecture d'Hoffmann pour avoir l'idée de les faire employer à son personnage : ainsi, quand il parle avec Spark, la mention de « palefrenier » ou de « omelette » (acte premier, scène II). Il y a aussi les cocasseries d'idées, c'est-à-dire les idées absurdes, qui foisonnent dans les raisonnements de Fantasio. Exemple : « Je mettrai une bosse et une perruque rousse [...] et personne ne me reconnaîtra, quand j'aurais trois douzaines de parrains à mes trousses » (ces parrains étant les fameux créanciers de Fantasio, ou plutôt les hommes de lois et les policiers qui les représentent). Autre exemple : « Comme je réfléchirai profondément sur cette misère couronnée, sur cette pauvre brebis à qui on met un ruban rose au cou pour la mener à la boucherie [...]. »

A ces effets, il faut évidemment joindre les très nombreux jeux de mots (mots d'esprit ou calembours), et ce n'est pas toujours Fantasio qui les fait, bien qu'il en soit l'auteur de loin le plus prolixe. Voici par exemple la princesse qui s'en mêle. A Fantasio qui lui dit : « [...] et je cueille modestement des fleurs en attendant qu'il me vienne de l'esprit », elle répond : « Cela me paraît douteux que vous cueilliez jamais cette fleur-là. » Autre exemple de jeu de mots : ELSBETH. — « Si tu as écouté ma conversation avec ma gouvernante, prends garde à tes oreilles. » — FANTASIO. — « Non pas à mes oreilles, mais à ma langue, vous vous trompez de sens; il y a une erreur de sens dans vos paroles. » Il y a les mots d'esprit, toujours très nombreux dans la bouche de Fantasio. Par exemple, le détournement humoristique du sens habituel, tel : « Voilà pourtant une pauvre petite princesse qui allait épouser, à *son corps défendant*, un animal immonde [...]. »

On trouve de nombreux *apophtegmes* et de nombreuses sentences dans la bouche de Fantasio. D'une certaine manière, celui-ci est un grand moraliste, même s'il donne une forme humoristique à ses proverbes. Exemple : « Un gentilhomme sans dette ne saurait où se présenter. »

Ce jeu de proverbes nous semble parfois quelque peu fastidieux, du moins long; c'est peut-être que le proverbe est lui-même raté, annonçant le pire Musset : « L'amour est une hostie qu'il faut briser en deux au pied d'un autel et avaler ensemble dans un baiser. » Il faut mettre à part ce dernier exemple, qui nous paraît une insupportable faute de goût. La formation rhétorique de l'auteur et sa sensibilité imprégnée de culture se joignent à une fantaisie et à une légèreté qui font de cette pièce une des plus originales et des plus réussies des comédies de Musset.

PERSONNAGES

LE ROI DE BAVIÈRE	
LE PRINCE DE MANTOUE	
MARINONI	son aide de camp.
RUTTEN	secrétaire du roi.
FANTASIO	
SPARK	
HARTMAN	jeunes gens de la ville.
FACIO	
OFFICIERS, PAGES, etc.	
ELSBETH	fille du roi de Bavière.
LA GOUVERNANTE D'ELSBETH	

La scène est à Munich.

FANTASIO

ACTE PREMIER

SCÈNE PREMIÈRE

À la cour.

LE ROI, *entouré de ses courtisans;* RUTTEN.

LE ROI. — Mes amis, je vous ai annoncé, il y a déjà longtemps, les fiançailles de ma chère Elsbeth avec le prince de
Mantoue. Je vous annonce aujourd'hui l'arrivée de ce prince ;
ce soir peut-être, demain au plus tard, il sera dans ce palais.
5 Que ce soit un jour de fête pour tout le monde ; que les prisons
s'ouvrent, et que le peuple passe la nuit dans les divertisse-
ments. Rutten, où est ma fille ? **(1)**
(Les courtisans se retirent.)

RUTTEN. — Sire, elle est dans le parc, avec sa gouvernante.

10 LE ROI. — Pourquoi ne l'ai-je pas encore vue aujourd'hui ?
Est-elle triste ou gaie de ce mariage qui s'apprête ?

RUTTEN. — Il m'a paru que le visage de la princesse était
voilé de quelque mélancolie. Quelle est la jeune fille qui ne
rêve pas la veille de ses noces ? La mort de Saint-Jean l'a
15 contrariée. **(2)**

LE ROI. — Y penses-tu ? La mort de mon bouffon ? d'un
plaisant¹ de cour bossu et presque aveugle ?

_____

1. *Plaisant :* bouffon, homme qui cherche à faire rire. Le mot ne s'emploie plus en ce sens
que dans l'expression « un mauvais plaisant ».

─────── **QUESTIONS** ───────

1. Quels traits ces quelques mots dénotent-ils chez le père ? chez le roi ?

2. Les divers points de la réponse de Rutten : la part de l'embarras dans ses
réponses ; l'impression mystérieuse que laisse l'image d'Elsbeth sur Rutten.
Comment les mots traduisent-ils une certaine complexité supposée des sentiments ? Essayez de définir la tonalité du style et du genre dramatique annoncée
par les premières paroles de Rutten.

RUTTEN. — La princesse l'aimait. **(3)**

LE ROI. — Dis-moi, Rutten, tu as vu le prince ; quel homme est-ce ? Hélas ! je lui donne ce que j'ai de plus précieux au monde, et je ne le connais point.

RUTTEN. — Je suis demeuré fort peu de temps à Mantoue.

LE ROI. — Parle franchement. Par quels yeux puis-je voir la vérité, si ce n'est par les tiens ?

RUTTEN. — En vérité, sire, je ne saurais rien dire sur le caractère et l'esprit du noble prince.

LE ROI. — En est-il ainsi ? Tu hésites ? Toi, courtisan ! De combien d'éloges l'air de cette chambre serait déjà rempli, de combien d'hyperboles[2] et de métaphores[3] flatteuses, si le prince qui sera demain mon gendre t'avait paru digne de ce titre ! Me serais-je trompé, mon ami ? aurais-je fait en lui un mauvais choix ? **(4)**

RUTTEN. — Sire, le prince passe pour le meilleur des rois.

LE ROI. — La politique est une fine toile d'araignée, dans laquelle se débattent bien des pauvres mouches mutilées ; je ne sacrifierai le bonheur de ma fille à aucun intérêt. **(5)**

(Ils sortent.)

SCÈNE II

Une rue.

SPARK, HARTMAN ET FACIO,
buvant autour d'une table. **(6)**

HARTMAN. — Puisque c'est aujourd'hui le mariage de la princesse, buvons, fumons, et tâchons de faire du tapage.

---

2. *Hyperbole* : procédé d'expression qui consiste à exagérer un trait ou une qualité de ce dont on parle ; **3.** *Métaphore* : comparaison qui consiste à transporter un mot de l'objet qui a quelque analogie avec le premier (ex. : la lumière de l'esprit).

———— **QUESTIONS** ————

3. La gêne de Rutten et ses réticences. Montrer qu'il sait être affirmatif.

4. La simplicité du roi. Son recul à l'égard du jeu royal.

5. SUR L'ENSEMBLE DE LA SCÈNE PREMIÈRE. — Montrer que cette scène expose quelques-uns des thèmes qui seront développés et ébauche le portrait de trois personnages : le roi, la princesse et, de très loin, le prince de Mantoue. (Suite, v. p. 21.)

FACIO. — Il serait bon de nous mêler à tout ce peuple qui court les rues, et d'éteindre quelques lampions sur de bonnes têtes de bourgeois.

SPARK. — Allons donc! fumons tranquillement.

HARTMAN. — Je ne ferai rien tranquillement; dussé-je me faire battant de cloche et me pendre dans le bourdon de l'église, il faut que je carillonne un jour de fête. Où diable est donc Fantasio?

SPARK. — Attendons-le; ne faisons rien sans lui.

FACIO. — Bah! il nous trouvera toujours. Il est à se griser dans quelque trou de la rue Basse[4]. Holà! ohé! un dernier coup! *(Il lève son verre.)* (7)

UN OFFICIER, *entrant.* — Messieurs, je viens vous prier de vouloir bien aller plus loin, si vous ne voulez point être dérangés dans votre gaieté.

HARTMAN. — Pourquoi, mon capitaine?

L'OFFICIER. — La princesse est dans ce moment sur la terrasse que vous voyez, et vous comprenez aisément qu'il n'est pas convenable que vos cris arrivent jusqu'à elle. (8)

(Il sort.)

FACIO. — Voilà qui est intolérable!

SPARK. — Qu'est-ce que cela nous fait de rire ici ou ailleurs?

HARTMAN. — Qui est-ce qui nous dit qu'ailleurs il nous sera permis de rire? Vous verrez qu'il sortira un drôle en habit vert

---

4. *Rue Basse* : rue d'en bas, celle où habite le peuple (cf. l'opposition ville basse/ville haute).

————— **QUESTIONS** —————

— La différence des modes de présentation de ces personnages accordée à l'image que l'on a de chacun.

— Le caractère du roi : la hiérarchie des valeurs; sa conception des rapports humains. Est-il un personnage de drame historique?

6. Par opposition au changement de décor, montrez le lien qui unit ce début de scène à celui de la première scène.

7. Opposition des étudiants Hartman et Facio avec Spark. La création verbale chez Hartman et chez Facio; en quoi le renforcement de l'image de la cloche par un autre mot *(coup)* constitue-t-il un effet comique?

8. Le rôle de l'officier : comment aide-t-il les spectateurs à situer les étudiants dans la cité par rapport à la princesse? Que suggère l'inconvenance de leurs cris et de leur gaieté si près de la princesse?

de tous les pavés de la ville, pour nous prier d'aller rire dans la
lune. **(9)**

(Entre Marinoni, couvert d'un manteau.)

30 SPARK. — La princesse n'a jamais fait un acte de despotisme
de sa vie. Que Dieu la conserve! Si elle ne veut pas qu'on rie,
c'est qu'elle est triste, ou qu'elle chante; laissons-la en repos.

FACIO. — Humph! voilà un manteau rabattu qui flaire
quelque nouvelle **(10)**. Le gobe-mouches[5] a envie de nous
35 aborder.

MARINONI, *approchant.* — Je suis un étranger, messieurs; à
quelle occasion cette fête?

SPARK. — La princesse Elsbeth se marie.

MARINONI. — Ah! ah! c'est une belle femme, à ce que je
40 présume?

HARTMAN. — Comme vous êtes un bel homme, vous l'avez
dit.

MARINONI. — Aimée de son peuple, si j'ose le dire, car il me
paraît que tout est illuminé.

45 HARTMAN. — Tu ne te trompes pas, brave étranger, tous ces
lampions allumés que tu vois, comme tu l'as remarqué sagement[6], ne sont pas autre chose qu'une illumination. **(11)**

MARINONI. — Je voulais demander par là si la princesse est
la cause de ces signes de joie.

50 HARTMAN. — L'unique cause, puissant rhéteur[7]. Nous
aurions beau nous marier tous, il n'y aurait aucune espèce de
joie dans cette ville ingrate.

MARINONI. — Heureuse la princesse qui sait se faire aimer
de son peuple!

55 HARTMAN. — Des lampions allumés ne font pas le bonheur

---

5. *Gobe-mouches :* homme niais et qui croit tout; **6.** *Sagement :* avec circonspection, de
façon avisée; **7.** *Rhéteur :* orateur (avec valeur péjorative).

──────── **QUESTIONS** ────────────

9. Comparez le ton des étudiants raillant l'officier — symbole de la cité — et
parlant de la princesse.

10. Expliquez le choix de la synecdoque; justifiez sa valeur évocatrice, symbolique et affective par des arguments précis.

11. Le dialogue de Marinoni avec les étudiants : indiquez les différences de
ton, les effets comiques et leurs fondements sur des observations psychologiques de situations typiques, bien connues de l'étudiant Musset.

d'un peuple, cher homme primitif. Cela n'empêche pas la susdite princesse d'être fantasque comme une bergeronnette.

MARINONI. — En vérité? vous avez dit fantasque?

HARTMAN. — Je l'ai dit, cher inconnu, je me suis servi de ce
60 mot. **(12) (13)**

(Marinoni salue et se retire.)

FACIO. — A qui diantre en veut ce baragouineur d'italien? Le voilà qui nous quitte pour aborder un autre groupe. Il sent l'espion d'une lieue.

65 HARTMAN. — Il ne sent rien du tout; il est bête à faire plaisir. **(14)**

SPARK. — Voilà Fantasio qui arrive.

HARTMAN. — Qu'a-t-il donc? il se dandine comme un conseiller de justice. Ou je me trompe fort, ou quelque lubie
70 mûrit dans sa cervelle. **(15)**

FACIO. — Eh bien! ami, que ferons-nous de cette belle soirée?

FANTASIO, *entrant*. — Tout absolument, hors un roman nouveau. **(16)**

75 FACIO. — Je disais qu'il faudrait nous lancer dans cette canaille[8], et nous divertir un peu.

FANTASIO. — L'important serait d'avoir des nez de carton et des pétards.

HARTMAN. — Prendre la taille aux filles, tirer les bourgeois
80 par la queue[9] et casser les lanternes. Allons, partons, voilà qui est dit. **(17)**

---

8. *Canaille* : terme collectif et péjoratif pour désigner le peuple, la foule ; populace ;
9. *Queue* : touffe de cheveux retenue sur les nuques et attachée par un ruban ; catogan.

--- **QUESTIONS** ---

12. Quel renseignement important Marinoni croit-il avoir obtenu? Pourquoi Hartman le lui a-t-il donné? En quels termes l'a-t-il fait?

13. Le comique de ce dialogue : Marinoni le mène-t-il réellement?

14. Expliquez le jeu de mots sur *sent*. L'expression *bête à faire plaisir* sur le modèle de « bête à faire pleurer » a-t-elle seulement un sens superlatif?

15. L'aspect critique de la justice : en quoi l'image « se dandiner » en est-elle la preuve?

16. En quoi ces premiers mots suggèrent-ils que Fantasio est à la fois une sorte de poète et de créateur?

17. Valeur des images : sens, nouveauté, adaptation au style des étudiants.

FANTASIO. — Il était une fois un roi de Perse... **(18)**

HARTMAN. — Viens donc, Fantasio.

FANTASIO. — Je n'en suis pas, je n'en suis pas! **(19)**

85   HARTMAN. — Pourquoi?

FANTASIO. — Donnez-moi un verre de ça. *(Il boit.)*

HARTMAN. — Tu as le mois de mai sur les joues.

FANTASIO. — C'est vrai ; et le mois de janvier dans le cœur. Ma tête est comme une vieille cheminée sans feu : il n'y a que 90 du vent et des cendres. Ouf! *(Il s'assoit.)* Que cela m'ennuie que tout le monde s'amuse! Je voudrais que ce grand ciel si lourd fût un immense bonnet de coton[10] **(20)**, pour envelopper jusqu'aux oreilles cette sotte ville et ses sots habitants. Allons, voyons! dites-moi, de grâce, un calembour usé, quelque chose 95 de bien rebattu.

HARTMAN. — Pourquoi?

FANTASIO. — Pour que je rie. Je ne ris plus de ce qu'on invente ; peut-être que je rirai de ce que je connais.

HARTMAN. — Tu me parais un tant soit peu misanthrope et 100 enclin à la mélancolie.

FANTASIO. — Du tout ; c'est que je viens de chez ma maîtresse. **(21)**

FACIO. — Oui ou non, es-tu des nôtres?

FANTASIO. — Je suis des vôtres, si vous êtes des miens ; 105 restons un peu ici à parler de choses et d'autres, en regardant nos habits neufs.

---

10. Le *bonnet de coton* pourrait être une allusion à l'écrivain allemand Richter (cf. note 19), mais c'est un trait d'époque dont Daumier nous a laissé bien des preuves cocasses.

■ QUESTIONS ■

18. Pourquoi Musset place-t-il dès ce moment une allusion aux préoccupations culturelles de Fantasio? Pourquoi celles-ci sont-elles d'emblée axées sur l'orientalisme et les contes orientaux?

19. Qu'est-ce qui motive le refus de Fantasio?

20. Style de l'image par opposition aux précédentes.

21. Les paradoxes de Fantasio. Etudiez son comportement. L'humour sombre de Fantasio sur lui-même vous paraît-il l'expression d'un tempérament ou une option métaphysique fondamentale comme pourrait l'être l'homme « absurde » de Camus ou le narrateur de *la Nausée* de Sartre?

FACIO. — Non, ma foi. Si tu es las d'être debout, je suis las d'être assis ; il faut que je m'évertue[11] en plein air.

FANTASIO. — Je ne saurais m'évertuer. Je vais fumer sous
110 ces marronniers, avec ce brave Spark, qui va me tenir compagnie. N'est-ce pas, Spark?

SPARK. — Comme tu voudras. (22)

HARTMAN. — En ce cas, adieu. Nous allons voir la fête.
(Hartman et Facio sortent. — Fantasio s'assied avec
115 *Spark.)*

FANTASIO. — Comme ce soleil couchant est manqué! La nature est pitoyable ce soir. Regarde-moi un peu cette vallée là-bas, ces quatre ou cinq méchants nuages qui grimpent sur cette montagne. Je faisais des paysages comme celui-là quand
120 j'avais douze ans, sur la couverture de mes livres de classe. (23)

SPARK. — Quel bon tabac ; quelle bonne bière!

FANTASIO. — Je dois bien t'ennuyer, Spark.

SPARK. — Non ; pourquoi cela?

125 FANTASIO. — Toi, tu m'ennuies horriblement. Cela ne te fait rien de voir tous les jours la même figure? Que diable Hartman et Facio s'en vont-ils faire dans cette fête?

SPARK. — Ce sont des gaillards actifs et qui ne sauraient rester en place.

130 FANTASIO. — Quelle admirable chose que les *Mille et Une Nuits!* O Spark, mon cher Spark, si tu pouvais me transporter en Chine! Si je pouvais seulement sortir de ma peau pendant une heure ou deux! Si je pouvais être ce monsieur qui passe! (24)

---

11. *S'évertuer.* Ce verbe peut s'employer absolument en langue classique au sens de « remuer », « s'agiter ».

─────── **QUESTIONS** ───────

22. En quoi l'attitude de Spark et celle de Fantasio finissent-elles par se rejoindre et s'opposer à celle d'Hartman et de Facio?

23. Relevez les termes, les images, les détours de la pensée qui font de cette remarque de Fantasio un antithème romantique.

24. Le contraste entre le tempérament de Spark et son aptitude à trouver des satisfactions immédiates et la lassitude de Fantasio. Etudiez la progression du plus exotique au plus proche, mais aussi du plus connu au plus mystérieux des souhaits de Fantasio. Comment ces souhaits s'intègrent-ils à la personnalité de Fantasio? à l'actualité?

Ohé! braves gens, qui enterrez-vous là? (Acte I, scène II, l. 330.)
Gravure de Louis Monzies d'après Henri Pille.

35 SPARK. — Cela me paraît assez difficile.

FANTASIO. — Ce monsieur qui passe est charmant ; regarde : quelle belle culotte de soie ! quelles belles fleurs rouges sur son gilet ! Ses breloques[12] de montre battent sur sa panse, en opposition avec les basques[13] de son habit[14] qui
40 voltigent sur ses mollets. Je suis sûr que cet homme-là a dans la tête un millier d'idées qui me sont absolument étrangères ; son essence lui est particulière **(25)**. Hélas ! tout ce que les hommes se disent entre eux se ressemble ; les idées qu'ils échangent sont presque toujours les mêmes dans toutes leurs
45 conversations ; mais dans l'intérieur de toutes ces machines isolées, quels replis, quels compartiments secrets ! C'est tout un monde que chacun porte en lui ! un monde ignoré qui naît et qui meurt en silence ! Quelles solitudes que tous ces corps humains ! **(26)**

50 SPARK. — Bois donc, désœuvré, au lieu de te creuser la tête. **(27)**

FANTASIO. — Il n'y a qu'une chose qui m'ait amusé depuis trois jours : c'est que mes créanciers ont obtenu un arrêt contre moi, et que si je mets les pieds dans ma maison, il va
55 arriver quatre estafiers[15] qui me prendront au collet.

SPARK. — Voilà qui est fort gai, en effet **(28)**. Où coucheras-tu ce soir ?

FANTASIO. — Chez la première venue. Te figures-tu que mes meubles se vendent demain matin ? Nous en achèterons
60 quelques-uns, n'est-ce pas ?

---

12. *Breloque :* bijou de fantaisie suspendu à une chaîne de montre ; 13. *Basques :* parties découpées du vêtement qui tombent sur les hanches ; 14. *Habit :* vêtement de cérémonie ou manteau ; 15. *Estafiers :* valets armés au service d'un maître. Il s'agit ici de simples policiers.

─────── **QUESTIONS** ───────

25. Comment la description du *monsieur qui passe* développe-t-elle la qualification de *charmant ?* L'évocation de sa silhouette : relevez les oppositions de termes ou de registres ; quel en est l'effet produit ? Comment Fantasio trace-t-il en peu de traits une silhouette comique ?

26. L'enchaînement des idées à partir du fait réel *ce monsieur qui passe :* est-il logique ? Qu'a-t-il de paradoxal ? Etudiez la généralisation.

27. La remarque de Spark sur Fantasio est-elle une explication juste de ses sentiments et de ses idées ? Le conseil qui l'accompagne peut-il atteindre Fantasio ?

28. Quel aspect particulier de l'événement des créanciers amuse Fantasio ?

SPARK. — Manques-tu d'argent, Henri? Veux-tu ma bourse?

FANTASIO. — Imbécile! si je n'avais pas d'argent, je n'aurais pas de dettes. J'ai envie de prendre pour maîtresse une fille d'opéra.

165 SPARK. — Cela t'ennuiera à périr.

FANTASIO. — Pas du tout; mon imagination se remplira de pirouettes et de souliers de satin blanc; il y aura un gant à moi sur la banquette du balcon depuis le premier janvier jusqu'à la Saint-Sylvestre, et je fredonnerai des solos de clarinette dans
170 mes rêves, en attendant que je meure d'une indigestion de fraises dans les bras de ma bien-aimée **(29).** Remarques-tu une chose, Spark? c'est que nous n'avons point d'état[16]; nous n'exerçons aucune profession.

SPARK. — C'est là ce qui t'attriste?

175 FANTASIO. — Il n'y a point de maître d'armes mélancolique.

SPARK. — Tu me fais l'effet d'être revenu de tout.

FANTASIO. — Ah! pour être revenu de[17] tout, mon ami, il faut être allé dans bien des endroits.

SPARK. — Eh bien donc?

180 FANTASIO. — Eh bien donc! où veux-tu que j'aille? Regarde cette vieille ville enfumée; il n'y a pas de places, de rues, de ruelles où je n'aie rôdé trente fois; il n'y a pas de pavés où je n'aie traîné ces talons usés, pas de maisons où je ne sache quelle est la fille ou la vieille femme dont la tête stupide se
185 dessine éternellement à la fenêtre; je ne saurais faire un pas sans marcher sur mes pas d'hier; eh bien, mon cher ami, cette ville n'est rien auprès de ma cervelle. Tous les recoins m'en sont cent fois plus connus; toutes les rues, tous les trous de mon imagination sont cent fois plus fatigués; je m'y suis
190 promené en cent fois plus de sens, dans cette cervelle déla-brée, moi son seul habitant! je m'y suis grisé dans tous les cabarets; je m'y suis roulé comme un roi absolu dans un carrosse doré; j'y ai trotté en bon bourgeois sur une mule

---

16. *Etat :* situation, profession ; **17.** *Revenir de :* changer d'opinion sur quelque chose, s'en dégoûter.

──────── **QUESTIONS** ────────

29. De quelle façon Fantasio évoque-t-il ses rapports avec les femmes? A quels sentiments correspond l'emploi du futur des différents verbes?

195 pacifique, et je n'ose seulement pas maintenant y entrer comme un voleur, une lanterne sourde à la main. **(30)**

SPARK. — Je ne comprends rien à ce travail perpétuel sur toi-même ; moi, quand je fume, par exemple, ma pensée se fait fumée de tabac ; quand je bois, elle se fait vin d'Espagne ou bière de Flandre ; quand je baise la main de ma maîtresse, elle
200 entre par le bout de ses doigts effilés pour se répandre dans tout son être sur des courants électriques ; il me faut le parfum d'une fleur pour me distraire, et de tout ce que renferme l'universelle nature, le plus chétif objet suffit pour me changer en abeille et me faire voltiger çà et là avec un plaisir toujours
205 nouveau.

FANTASIO. — Tranchons le mot, tu es capable de pêcher à la ligne. **(31)**

SPARK. — Si cela m'amuse, je suis capable de tout.

FANTASIO. — Même de prendre la lune avec les dents ?

210 SPARK. — Cela ne m'amuserait pas.

FANTASIO. — Ah! ah! qu'en sais-tu? Prendre la lune avec les dents n'est pas à dédaigner. Allons jouer au trente et quarante[18]. **(32)**

SPARK. — Non, en vérité.

215 FANTASIO. — Pourquoi?

SPARK. — Parce que nous perdrions notre argent.

FANTASIO. — Ah! mon Dieu! qu'est-ce que tu vas imaginer là! Tu ne sais quoi inventer pour te torturer l'esprit. Tu vois donc tout en noir, misérable! Perdre notre argent! tu n'as donc
220 dans le cœur ni foi en Dieu ni espérance? tu es donc un athée épouvantable, capable de me dessécher le cœur et de me désabuser de tout, moi qui suis plein de sève et de jeunesse! *(Il se met à danser.)* **(33)**

---

18. Jeu de cartes.

━━━━━━━ **QUESTIONS** ━━━━━━━

30. Analysez les correspondances entre les thèmes *ville / cervelle*. Quel monde apparaît comme plus riche et plus varié, en dépit de l'ennui, pour Fantasio?

31. Qu'a de classique le développement de Spark? Quelle philosophie exprime la conclusion de Fantasio? La chute baroque (style et psychologie).

32. Le choix d'une distraction par Fantasio. Etudiez ses motifs, que traduit le rythme des idées, différents de ceux de Spark.

33. Le sursaut de Fantasio ; la logique du personnage.

SPARK. — En vérité, il y a de certains moments où je ne
225 jurerais pas que tu n'es pas fou.

FANTASIO, *dansant toujours*. — Qu'on me donne une
cloche! une cloche de verre!

SPARK. — A propos de quoi une cloche?

FANTASIO. — Jean-Paul[19] n'a-t-il pas dit qu'un homme
230 absorbé par une grande pensée est comme un plongeur sous sa
cloche, au milieu du vaste Océan[20]? Je n'ai point de cloche,
Spark, point de cloche, et je danse comme Jésus-Christ sur le
vaste Océan[21].

SPARK. — Fais-toi journaliste ou homme de lettres, Henri,
235 c'est encore le plus efficace moyen qui nous reste de désopiler
la misanthropie[22] et d'amortir[23] l'imagination.

FANTASIO. — Oh! je voudrais me passionner pour un
homard à la moutarde, pour une grisette[24], pour une classe de
minéraux. Spark! essayons de bâtir une maison à nous deux.

240 SPARK. — Pourquoi n'écris-tu pas tout ce que tu rêves? cela
ferait un joli recueil.

FANTASIO. — Un sonnet vaut mieux qu'un long poème, et
un verre de vin vaut mieux qu'un sonnet. *(Il boit.)* **(34)**

SPARK. — Pourquoi ne voyages-tu pas? va en Italie.

245 FANTASIO. — J'y ai été.

SPARK. — Eh bien! est-ce que tu ne trouves pas ce pays-là
beau?

---

19. Jean-Paul Richter, écrivain romantique allemand (1763-1825); **20.** Rappel d'un passage
de Jean-Paul, tiré du recueil des *Pensées de Jean-Paul extraites de tous ses ouvrages par le
traducteur des Suédois à Prague*, publié à Paris (Didot, 1829) : « Sous l'empire d'une idée
puissante, qu'elle soit passionnée ou purement scientifique, nous nous trouvons comme le
plongeur sous la cloche, à l'abri des flots de l'immense océan qui vous environne »; **21.** Jésus-
Christ, selon le texte de l'évangéliste (par exemple Matthieu, xiv, 22), marchait sur les flots
du lac de Tibériade (aujourd'hui *lac Kinnereth*); Fantasio transforme le lac en *vaste Océan;*
22. Expression forgée sur le modèle de « désopiler la rate », c'est-à-dire la désobstruer, la
désengorger et, par conséquent, faire rire (la rate passait pour le siège de l'atrabile, ou humeur
noire, cause de la mélancolie); **23.** *Amortir :* apaiser, diminuer la violence d'un sentiment;
24. *Grisette :* jeune fille de condition modeste, jeune et coquette.

━━━━━━━━━━ **QUESTIONS** ━━━━━━━━━━

34. En recherchant les effets de reprises des mots *(vaste Océan)* et de
contrastes d'objets *(homard, grisette, minéraux)*, de diversité d'allusions culturelles (Jean-Paul Richter, Nouveau Testament), essayez de définir comment
Musset tire des effets comiques à partir d'une « vérité psychologique », l'exaltation d'un jeune homme désœuvré et buveur.

FANTASIO. — Il y a une quantité de mouches grosses comme des hannetons qui vous piquent toute la nuit.

250 SPARK. — Va en France.

FANTASIO. — Il n'y a pas de bon vin du Rhin à Paris. **(35)**

SPARK. — Va en Angleterre.

FANTASIO. — J'y suis. Est-ce que les Anglais ont une patrie? J'aime autant les voir ici que chez eux.

255 SPARK. — Va donc au diable, alors.

FANTASIO. — Oh! s'il y avait un diable dans le ciel! s'il y avait un enfer, comme je me brûlerais la cervelle pour aller voir tout ça! Quelle misérable chose que l'homme! ne pas pouvoir seulement sauter par sa fenêtre sans se casser les 260 jambes! être obligé de jouer du violon dix ans pour devenir un musicien passable! Apprendre pour être peintre, pour être palefrenier! Apprendre pour faire une omelette! Tiens, Spark, il me prend des envies de m'asseoir sur un parapet, de regarder couler la rivière, et de me mettre à compter un, deux, trois, 265 quatre, cinq, six, sept, et ainsi de suite jusqu'au jour de ma mort. **(36)**

SPARK. — Ce que tu dis là ferait rire bien des gens ; moi, cela me fait frémir : c'est l'histoire du siècle entier. L'éternité est une grande aire[25], d'où tous les siècles, comme de jeunes

---

25. *Aire :* nid des oiseaux de proie.

━━━━━ **QUESTIONS** ━━━━━━━━━━━━━

35. En quoi réside le comique d'un Munichois qui vient à Paris pour n'y boire que du vin du Rhin?

36. Dégagez les idées philosophiques : banalité universelle même des choses de l'au-delà, puisque dans le ciel il ne peut y avoir autre chose que Dieu ou rien (le diable n'est pas dans le ciel, selon la représentation habituelle des théologiens); limitation de l'homme par les lois de la nature (pesanteur); nécessité de l'effort pour un résultat médiocre; énoncé d'une attitude idéale, dont l'objectif est de montrer le côté dérisoire de l'effort et de la vie. Dégagez ensuite la forme rhétorique classique de la tirade : 1º *Oh! s'il...* avec les répétitions anaphoriques; 2º lieu commun en phrase nominale exclamative, typique de l'éloquence religieuse : *Quelle misérable chose que l'homme* (qui devrait répondre à un « quelle chose merveilleuse qu'est l'homme », lieu commun qui vient traditionnellement avant et qui, justement ici, ne peut pas figurer); 3º les répétitions des infinitifs en départ de phrase; 4º le rythme des phrases exclamatives, de plus en plus courtes jusqu'à la conclusion, volontairement longue et redondante : *Tiens, Spark...* Est-ce que les familiarités, les allusions réalistes et/ou humoristiques *(palefrenier, omelette)* vont à l'encontre de cette rhétorique ou en font partie?

270 aiglons, se sont envolés tour à tour pour traverser le ciel et
disparaître ; le nôtre est arrivé à son tour au bord du nid ; mais
on lui a coupé les ailes, et il attend la mort en regardant
l'espace dans lequel il ne peut s'élancer. **(37)**

FANTASIO, *chantant.*

Tu m'appelles ta vie, appelle-moi ton âme,
Car l'âme est immortelle, et la vie est un jour.

275

Connais-tu une plus divine romance que celle-là, Spark?
C'est une romance portugaise[26]. Elle ne m'est jamais venue à
l'esprit sans me donner envie d'aimer quelqu'un.

SPARK. — Qui, par exemple?

280 FANTASIO. — Qui? je n'en sais rien ; quelque belle fille toute
ronde comme les femmes de Miéris[27], quelque chose de doux
comme le vent d'ouest, de pâle comme les rayons de la lune ;
quelque chose de pensif comme ces petites servantes d'auberge des tableaux flamands qui donnent le coup de l'étrier

---

26. Cette romance, très populaire au Portugal, a été traduite et adaptée par Byron, chez qui
Musset la découvrit vraisemblablement. Voici les textes, que citent généralement les éditeurs
de Musset :

Tu me chamas tua vida
Tu tua alma quiro sir
A vida e curta e acaba
A alma nas pro de morrer.

Ces vers sont cités et ainsi traduits par le critique Andrade en 1890 :

Tu m'appelles ta vie
Je veux être ton âme
La vie est courte et a une fin
L'Ame ne peut mourir.

Il se peut que Musset ait trouvé ces vers dans un court poème de Byron, *Imitation portugaise*
(hypothèse à laquelle se rattache Rambert George, *Fantasio d'Alfred de Musset*, éd. Bordas,
1965). Il se peut aussi que le poète en ait trouvé le thème dans un quatrain attribué à Mme de
Staël :

Tu m'appelles ta vie, appelle-moi ton âme
Je veux un mot de toi qui dure plus qu'un jour.
La vie est éphémère, un souffle éteint sa flamme,
Mais l'âme est immortelle aussi bien que l'amour.

C'est à cette dernière hypothèse que se rattache l'édition remarquable parue chez Garnier,
dont le texte a été établi par E. Biré et dont les recherches et commentaires ont été assurés
par M. Allem ; **27.** *Van Miéris :* nom d'une famille de peintres hollandais. Il s'agit très
vraisemblablement de Frans Van Mieris, dit le *Vieux* (1635-1681).

QUESTIONS

---

37. La comparaison avec l'aiglon qui part de son *aire* est familière à Musset,
puisqu'on la retrouve par exemple dans le poème *Rolla* (« Lorsque le jeune
aiglon, voyant partir sa mère / En le suivant des yeux s'avance au bord du nid /
Qui donc lui dit alors qu'il peut quitter la terre / Et sauter dans le ciel déployé
devant lui? »). Vous paraît-elle plus heureuse dans *Fantasio* ou dans *Rolla?*
Expliquez pourquoi.

285 à un voyageur à larges bottes, droit comme un piquet sur
un grand cheval blanc. Quelle belle chose que le coup de
l'étrier! une jeune femme sur le pas de sa porte, le feu
allumé qu'on aperçoit au fond de la chambre, le souper préparé, les enfants endormis ; toute la tranquillité de la vie
290 paisible et contemplative dans un coin du tableau! et là
l'homme encore haletant, mais ferme sur la selle, ayant
fait vingt lieues[28], en ayant trente à faire ; une gorgée d'eau-
de-vie, et adieu. La nuit est profonde là-bas, le temps mena-
çant, la forêt dangereuse ; la bonne femme[29] le suit des
295 yeux une minute, puis elle laisse tomber, en retournant à
son feu, cette sublime aumône du pauvre : Que Dieu le
protège! (38)

SPARK. — Si tu étais amoureux, Henri, tu serais le plus
heureux des hommes.

300 FANTASIO. — L'amour n'existe plus, mon cher ami. La
religion, sa nourrice, a les mamelles pendantes comme une
vieille bourse au fond de laquelle il y a un gros sou. L'amour
est une hostie qu'il faut briser en deux au pied d'un autel et
avaler ensemble dans un baiser ; il n'y a plus d'autel, il n'y a
305 plus d'amour. Vive la nature! Il y a encore du vin. *(Il boit.)*

SPARK. — Tu vas te griser. (39)

---

28. *Lieue* (de poste) : environ 4 kilomètres ; 29. Femme simple, mais non âgée.

─────── **QUESTIONS** ───────

38. A quelles dispositions d'esprit chez Fantasio vous paraît répondre la
mosaïque d'allusions culturelles (*romance portugaise, tableaux flamands* du
Siècle d'or)? Etudiez plus particulièrement les descriptions du tableau
hollandais : à quelles intentions esthétiques correspond l'absence du verbe?
Cherchez à définir le style de la critique d'art romantique à cette description
répond, en vous appuyant notamment sur le mélange d'adjectifs ou de qualification de dessin (*droit comme un piquet*), de couleur (*cheval blanc*) ou de nuance
plus morale que purement objective : *doux comme le vent d'ouest, pâle comme
les rayons de la lune*, etc. Le passage à la sphère morale et/ou religieuse de la
dernière phrase (*sublime aumône du pauvre : Que Dieu le protège!*) vous
semble-t-il avoir déjà été préparé par ce qui précède?

39. Desgenais dira à Octave dans la *Confession d'un enfant du siècle* : « Mais,
si vous êtes d'une nature exaltée, croyant à des rêves et voulant les réaliser, je
vous réponds alors tout net : « L'amour n'existe pas. » Malgré l'incohérence et
l'incongruité des métaphores entre elles (*mamelles, bourse* et *gros sou, hostie* et
autel), essayez de dégager l'idée implicite et la raison qui pousse Fantasio-
Musset à l'exprimer. Pourquoi l'amour — comme religion de l'idéal — s'oppose-
t-il dans la pièce de théâtre à la *nature*?

FANTASIO. — Je vais me griser, tu l'as dit.

SPARK. — Il est un peu tard pour cela.

FANTASIO. — Qu'appelles-tu tard? Midi, est-ce tard? minuit,
310 est-ce de bonne heure? Où prends-tu la journée? Restons là,
Spark, je t'en prie. Buvons, causons, analysons, déraisonnons,
faisons de la politique; imaginons des combinaisons de gouvernement; attrapons tous les hannetons qui passent autour de
cette chandelle, et mettons-les dans nos poches. Sais-tu que
315 les canons à vapeur sont une belle chose en matière de philan-
thropie? **(40)**

SPARK. — Comment l'entends-tu?

FANTASIO. — Il y avait une fois un roi qui était très sage,
très sage, très heureux, très heureux...

320 SPARK. — Après?

FANTASIO. — La seule chose qui manquait à son bonheur,
c'était d'avoir des enfants. Il fit faire des prières publiques
dans toutes les mosquées.

SPARK. — A quoi en veux-tu venir?

325 FANTASIO. — Je pense à mes chères *Mille et Une Nuits*.
C'est comme cela qu'elles commencent toutes. Tiens, Spark,
je suis gris. Il faut que je fasse quelque chose. Tra la, tra la!
Allons, levons-nous!

(Un enterrement passe.)

330 Ohé! braves gens, qui enterrez-vous là? Ce n'est pas maintenant l'heure d'enterrer proprement[30].

LES PORTEURS. — Nous enterrons Saint-Jean.

FANTASIO. — Saint-Jean est mort? le bouffon du roi est
mort? Qui a pris sa place? le ministre de la justice?

---

30. *Proprement :* décemment. L'enterrement de nuit était un dispositif que l'Eglise réservait
à certaines catégories de personnes qu'elle regardait comme marginales : par exemple les
comédiens (Molière, comme bien d'autres, fut enterré de nuit).

QUESTIONS
---

40. En vous imaginant vous-même face à Fantasio, essayez de répondre à sa
question : pourquoi les canons sont-ils un progrès quand ils marchent à la
vapeur? (A quel usage la découverte de la vapeur s'est-elle effectivement
appliquée?) Rapprochez cette invention impossible et humoristique des
machines imaginées par les surréalistes ou certains romanciers contemporains
(l'Arrache-Cœur, le piano à faire des cocktails dans l'*Ecume des jours* de Boris
Vian) : quelle différence sépare la perspective d'ironie amère de Musset et les
créations fantastiques de l'ingénieur Boris Vian?

335   LES PORTEURS. — Sa place est vacante, vous pouvez la prendre si vous voulez. **(41)**
        (Ils sortent.)

      SPARK. — Voilà une insolence que tu t'es bien attirée. A quoi penses-tu, d'arrêter ces gens?

340   FANTASIO. — Il n'y a rien là d'insolent. C'est un conseil d'ami que m'a donné cet homme, et que je vais suivre à l'instant.

      SPARK. — Tu vas te faire bouffon de la Cour?

      FANTASIO. — Cette nuit même, si l'on veut de moi. Puisque
345 je ne puis coucher chez moi, je veux me donner la représentation de cette royale comédie qui se jouera demain, et de la loge du roi lui-même.

      SPARK. — Comme tu es fin! On te reconnaîtra, et les laquais te mettront à la porte; n'es-tu pas filleul de la feue reine?

350   FANTASIO. — Comme tu es bête! je me mettrai une bosse et une perruque rousse comme la portait Saint-Jean, et personne ne me reconnaîtra, quand j'aurais trois douzaines de parrains à mes trousses. *(Il frappe à une boutique.)* Hé! brave homme, ouvrez-moi, si vous n'êtes pas sorti, vous, votre femme et vos
355 petits chiens!

      UN TAILLEUR, *ouvrant la boutique.* — Que demande votre Seigneurie[31]?

      FANTASIO. — N'êtes-vous pas tailleur de la Cour?

      LE TAILLEUR. — Pour vous servir.

360   FANTASIO. — Est-ce vous qui habilliez Saint-Jean?

      LE TAILLEUR. — Oui, monsieur.

      FANTASIO. — Vous le connaissiez? Vous savez de quel côté était sa bosse, comment il frisait sa moustache, et quelle perruque il portait?

365   LE TAILLEUR. — Hé, hé! monsieur veut rire.

      FANTASIO. — Homme, je ne veux point rire; entre dans ton arrière-boutique : et si tu ne veux être empoisonné demain

---

31. Titre d'honneur donné par exemple aux anciens pairs de France.

──────── **QUESTIONS** ────────

41. A quel tournant de la scène correspond l'intervention de l'enterrement? L'exaltation dérisoire de Fantasio vous paraissait-elle soutenable plus long-temps? Pourquoi Fantasio assimile-t-il le ministre de la Justice à un bouffon?

dans ton café au lait, songe à être muet comme la tombe sur tout ce qui va se passer ici. **(42) (43)**

370   *(Il sort avec le tailleur; Spark le suit.)*

SCÈNE III

Une auberge sur la route de Munich.

Entrent le PRINCE DE MANTOUE ET MARINONI.

LE PRINCE. — Eh bien, colonel?

MARINONI. — Altesse?

LE PRINCE. — Eh bien, Marinoni?

MARINONI. — Mélancolique, fantasque, d'une joie folle, sou-
5 mise à son père, aimant beaucoup les pois verts. **(44)**

LE PRINCE. — Écris cela ; je ne comprends clairement que les écritures moulées en bâtarde[32].

MARINONI, *écrivant.* — Mélanco...

LE PRINCE. — Écris à voix basse : je rêve à un projet
10 d'importance depuis mon dîner.

MARINONI. — Voilà, Altesse, ce que vous demandez.

LE PRINCE. — C'est bien ; je te nomme mon ami intime ; je ne connais pas dans tout mon royaume de plus belle écriture que la tienne. Assieds-toi à quelque distance. Vous pensez

---

32. *Bâtarde :* sorte d'écriture qui tient de la ronde et de l'anglaise.

━━ QUESTIONS ━━

42. Pourquoi Fantasio menace-t-il le tailleur de recourir à l'empoisonnement pour se faire obéir? Ce trait vous paraît-il être plutôt un trait d'époque ou plutôt un trait de caractère?

43. SUR L'ENSEMBLE DE LA SCÈNE II. — Faites le plan de la scène. Montrez l'évolution des sentiments de Fantasio. Situez les interventions de Spark en montrant comment elles aident le personnage principal à se découvrir lui-même plus profondément aux yeux des spectateurs. Replacez cette scène dans l'ensemble de la pièce. Pourquoi la présentation de ce qu'est Fantasio au fond n'intervient-elle qu'à ce moment (scène II) et non dès le début de la pièce? Quel aurait été l'inconvénient majeur d'une telle disposition?

44. Quels sont les éléments de ce portrait que Marinoni a pu apprendre de la bouche d'Hartman (cf. I, III)? Y a-t-il des éléments contradictoires dans ce portrait? Pourquoi Marinoni les laisse-t-il cohabiter?

15 donc, mon ami, que le caractère de la princesse, ma future
épouse, vous est secrètement connu?

MARINONI. — Oui, Altesse : j'ai parcouru les alentours du
palais, et ces tablettes renferment les principaux traits des
conversations différentes dans lesquelles je me suis
20 immiscé. (45)

LE PRINCE, *se mirant*. — Il me semble que je suis poudré[33]
comme un homme de la dernière classe.

MARINONI. — L'habit est magnifique.

LE PRINCE. — Que dirais-tu, Marinoni, si tu voyais ton
25 maître revêtir un simple frac[34] olive?

MARINONI. — Son Altesse se rit de ma crédulité.

LE PRINCE. — Non, colonel. Apprends que ton maître est le
plus romanesque des hommes.

MARINONI. — Romanesque, Altesse!

30 LE PRINCE. — Oui, mon ami (je t'ai accordé ce titre); l'important projet que je médite est inouï dans ma famille; je
prétends arriver à la cour du roi mon beau-père dans l'habille-
ment d'un simple aide de camp; ce n'est pas assez d'avoir
envoyé un homme de ma maison recueillir les bruits sur la
35 future princesse de Mantoue (et cet homme, Marinoni, c'est
toi-même), je veux encore observer par mes yeux. (46)

MARINONI. — Est-il vrai, Altesse?

LE PRINCE. — Ne reste pas pétrifié. Un homme tel que moi
ne doit avoir pour ami intime qu'un esprit vaste et entrepre-
40 nant.

MARINONI. — Une seule chose me paraît s'opposer au dessein de Votre Altesse.

---

33. Le prince poudre sa perruque; **34.** *Frac :* habit de cérémonie, généralement noir, à taille
serrée et à basques étroites. Cet habit ne révèle aucun rang particulier chez celui qui le porte.

─── **QUESTIONS** ───

45. Pourquoi Marinoni donne-t-il les sources de son portrait au prince? Relevez les phrases qui montrent l'intention qu'a Musset de faire du prince un
personnage caricatural.

46. Pensez-vous que les phrases entre parenthèses dans les propos du prince
ont une importance absolue pour la compréhension de ce qu'il dit? Pourquoi
Musset les y a-t-il placées? Cette situation de déguisement royal évoque-t-elle
pour vous d'autres pièces classiques, françaises ou étrangères? Dites lesquelles.

LE PRINCE. — Laquelle?

MARINONI. — L'idée d'un tel travestissement ne pouvait
45 appartenir qu'au prince glorieux qui nous gouverne. Mais si
mon gracieux souverain[35] est confondu parmi l'état-major, à
qui le roi de Bavière fera-t-il les honneurs d'un festin splendide
qui doit avoir lieu dans la galerie?

LE PRINCE. — Tu as raison ; si je me déguise, il faut que
50 quelqu'un prenne ma place. Cela est impossible, Marinoni ; je
n'avais pas pensé à cela. **(47)**

MARINONI. — Pourquoi impossible, Altesse?

LE PRINCE. — Je puis bien abaisser la dignité princière
jusqu'au grade de colonel ; mais comment peux-tu croire que
55 je consentirais à élever jusqu'à mon rang un homme quelconque? Penses-tu d'ailleurs que mon futur beau-père me le
pardonnerait? **(48)**

MARINONI. — Le roi passe pour un homme de beaucoup de
sens et d'esprit, avec une humeur agréable.

60 LE PRINCE. — Ah! ce n'est pas sans peine que je renonce à
mon projet. Pénétrer dans cette cour nouvelle sans faste et
sans bruit, observer tout, approcher de la princesse sous un
faux nom, et peut-être m'en faire aimer! — Oh! je m'égare ;
cela est impossible. Marinoni, mon ami, essaye mon habit de
65 cérémonie ; je ne saurais y résister.

MARINONI, *s'inclinant*. — Altesse!

LE PRINCE. — Penses-tu que les siècles futurs oublieront
une pareille circonstance?

MARINONI. — Jamais, gracieux prince.

70 LE PRINCE. — Viens essayer mon habit. **(49)**   *(Ils sortent.)*

---

35. Expression vieillie au XIXe siècle : bienveillant.

QUESTIONS

47. Que dénote cet oubli chez le prince? Pourquoi Musset pousse-t-il si loin la
caricature de ce personnage?

48. Cette dernière phrase vous semble-t-elle une aggravation ou une atténua-
tion dans le portrait-charge que Musset fait du prince?

49. Pourquoi cette scène bouffonne juste avant l'acte II? Pourquoi fallait-il
que Musset rende le prince d'abord ridicule avant d'aller, comme nous le
verrons, jusqu'à le rendre odieux? Relevez les traits de vanité et de stupidité du
prince ainsi que les marques de servilité du colonel.

ACTE II

SCÈNE PREMIÈRE

Le jardin du roi de Bavière.

Entrent ELSBETH ET SA GOUVERNANTE.

LA GOUVERNANTE. — Mes pauvres yeux en ont pleuré, pleuré un torrent du ciel.

ELSBETH. — Tu es si bonne! Moi aussi j'aimais Saint-Jean; il avait tant d'esprit! Ce n'était point un bouffon ordinaire.

5 LA GOUVERNANTE. — Dire que le pauvre homme est allé là-haut la veille de vos fiançailles **(50)**! Lui qui ne parlait que de vous à dîner et à souper, tant que le jour durait. Un garçon si gai, si amusant, qu'il faisait aimer la laideur, et que les yeux le cherchaient toujours en dépit d'eux-mêmes!

10 ELSBETH. — Ne me parle pas de mon mariage; c'est encore là un plus grand malheur.

LA GOUVERNANTE. — Ne savez-vous pas que le prince de Mantoue arrive aujourd'hui? On dit que c'est un Amadis[36].

ELSBETH. — Que dis-tu là, ma chère! Il est horrible et idiot, 15 tout le monde le sait déjà ici.

LA GOUVERNANTE. — En vérité? on m'avait dit que c'était un Amadis. **(51)**

ELSBETH. — Je ne demandais pas un Amadis, ma chère; mais cela est cruel, quelquefois, de n'être qu'une fille de roi. 20 Mon père est le meilleur des hommes; le mariage qu'il prépare assure la paix de son royaume; il recevra en récompense la

---

36. *Amadis* : héros de roman, type de l'amoureux parfait, constant et respectueux. C'est le héros du roman de chevalerie espagnole *Amadis de Gaule*, publié à Saragosse en 1508 par Ordonez de Montalvo.

─────── **QUESTIONS** ───────

50. Pourquoi Musset met-il dans la bouche de la gouvernante la périphrase de style populaire « aller là-haut » au lieu du signifiant simple « mourir »?

51. Sur quelles données connues du spectateur fournies par les autres personnages de la pièce s'appuient les opinions contradictoires des deux femmes?

bénédiction d'un peuple ; mais moi, hélas ! j'aurai la sienne, et rien de plus. **(52)**

LA GOUVERNANTE. — Comme vous parlez tristement !

25 ELSBETH. — Si je refusais le prince, la guerre serait bientôt recommencée ; quel malheur, que ces traités de paix se signent toujours avec des larmes ! Je voudrais être une forte tête[37], et me résigner à épouser le premier venu, quand cela est nécessaire en politique. Être la mère d'un peuple, cela console les 30 grands cœurs, mais non les têtes faibles. Je ne suis qu'une pauvre rêveuse ; peut-être la faute en est-elle à tes romans, tu en as toujours dans tes poches.

LA GOUVERNANTE. — Seigneur ! n'en dites rien.

ELSBETH. — J'ai peu connu la vie, et j'ai beaucoup rêvé. **(53)**

35 LA GOUVERNANTE. — Si le prince de Mantoue est tel que vous le dites, Dieu ne laissera pas cette affaire-là s'arranger, j'en suis sûre.

ELSBETH. — Tu crois ! Dieu laisse faire les hommes, ma pauvre amie, et il ne fait guère plus de cas de nos plaintes que 40 du bêlement d'un mouton.

LA GOUVERNANTE. — Je suis sûre que si vous refusiez le prince, votre père ne vous forcerait pas.

---

37. Expression prise non au sens habituel de « personne obstinée, indocile », mais au sens de « personne courageuse, qui a de l'énergie morale ».

───── **QUESTIONS** ─────

52. Recherchez dans la littérature populaire les thèmes de princesses malheureuses sacrifiant leur bonheur au peuple dont leur père est le roi. La vie privée des princesses fait-elle toujours le sujet de préoccupations que journalistes, cinéastes ou auteurs de romans-photos jugent rentables ? Citez les exemples que vous connaissez et analysez les différences avec le personnage de Musset.

53. Analysez les oppositions entre les deux attitudes signifiées par les deux séries suivantes : d'une part, *forte tête, nécessaire en politique, mère d'un peuple, grands cœurs;* d'autre part, *têtes faibles, pauvre rêveuse, romans, beaucoup rêvé.* Pourquoi les jeunes princesses ne doivent-elles compter que sur la désobéissance de leurs suivantes pour lire les romans ? (Notez que la gouvernante demande à sa maîtresse de n'être pas dénoncée comme fournisseur de romans.) Citez les textes que vous connaissez qui appartiennent au genre moral traditionnel depuis l'Antiquité : « Education d'un prince, futur roi », ainsi que les textes que vous connaissez sur le thème « Education des jeunes filles ». Dégagez les lieux communs sous-jacents à cette scène et dites pourquoi ce sujet rebattu n'intéresse pas Musset, précisément dans la mesure où il ne sort pas de ces lieux communs.

ELSBETH. — Non, certainement, il ne me forcerait pas ; et c'est pour cela que je me sacrifie. Veux-tu que j'aille dire à
45 mon père d'oublier sa parole, et de rayer d'un trait de plume son nom respectable sur un contrat qui fait des milliers d'heureux ? Qu'importe qu'il fasse une malheureuse ? Je laisse mon bon père être un bon roi.

LA GOUVERNANTE. — Hi ! hi ! *(Elle pleure.)*

50 ELSBETH. — Ne pleure pas sur moi, ma bonne ; tu me ferais peut-être pleurer moi-même, et il ne faut pas qu'une royale fiancée ait les yeux rouges. Ne t'afflige pas de tout cela. Après tout, je serai une reine, c'est peut-être amusant ; je prendrai peut-être goût à mes parures, que sais-je ? à mes carrosses, à
55 ma nouvelle cour ; heureusement qu'il y a pour une princesse autre chose dans un mariage qu'un mari. Je trouverai peut-être le bonheur au fond de ma corbeille de noces.

LA GOUVERNANTE. — Vous êtes un vrai agneau pascal[38]. **(54)**

60 ELSBETH. — Tiens, ma chère, commençons toujours par en rire, quitte à en pleurer quand il en sera temps. On dit que le prince de Mantoue est la plus ridicule chose du monde. **(55)**

LA GOUVERNANTE. — Si Saint-Jean était là ! **(56)**

ELSBETH. — Ah ! Saint-Jean, Saint-Jean !

65 LA GOUVERNANTE. — Vous l'aimiez beaucoup, mon enfant.

ELSBETH. — Cela est singulier ; son esprit m'attachait à lui

---

38. Personne offerte ou qui s'offre en sacrifice.

──────── ■ QUESTIONS ────────

54. Analysez les arguments de la gouvernante et jugez de la valeur de leur progression, si elle existe. La trouvez-vous convaincante ? Ou, si aucun classement logique n'apparaît dans leur succession, quelle est, selon vous, la raison de ce désordre ? Contribue-t-il à mettre en lumière le personnage d'Elsbeth ? Montrez comment le désordre des arguments de la gouvernante, si tel est votre avis, peut contribuer à ralentir le rythme de la scène et à en faire plus un tableau de genre qu'un moment important dans l'action dramatique.

55. Reprenez les deux dernières tirades d'Elsbeth et analysez les qualificatifs pris au sens large (leur place par rapport à l'objet qualifié) et les marqueurs rhétoriques de la composition : [*rayer*] *d'un trait de plume* [*nom*] *respectable,* [*contrat*] *qui fait des milliers d'heureux, bon* [*père*] ... *bon* [*roi*], *royale* [*fiancée*] *ait les yeux rouges,* etc. Définissez les domaines dans lesquels se marquent les antithèses, en cherchant le sens de leurs oppositions, et qualifiez le système stylistique qui structure ces deux ensembles.

56. Pourquoi ce tournant de la scène ? Qui mène réellement la scène ?

avec des fils imperceptibles qui semblaient venir de mon
cœur ; sa perpétuelle moquerie de mes idées romanesques me
plaisait à l'excès, tandis que je ne puis supporter qu'avec peine
70 bien des gens qui abondent dans mon sens ; je ne sais ce qu'il y
avait autour de lui, dans ses yeux, dans ses gestes, dans la
manière dont il prenait son tabac. C'était un homme bizarre ;
tandis qu'il me parlait, il me passait devant les yeux des
tableaux délicieux ; sa parole donnait la vie, comme par
75 enchantement, aux choses les plus étranges.

LA GOUVERNANTE. — C'était un vrai Triboulet[39].

ELSBETH. — Je n'en sais rien ; mais c'était un diamant d'esprit. **(57)**

LA GOUVERNANTE. — Voilà des pages qui vont et viennent ;
80 je crois que le prince ne va pas tarder à se montrer ; il faudrait
retourner au palais pour vous habiller.

ELSBETH. — Je t'en supplie, laisse-moi un quart d'heure
encore ; va préparer ce qu'il me faut : hélas ! ma chère, je n'ai
plus longtemps à rêver.

85 LA GOUVERNANTE. — Seigneur, est-il possible que ce
mariage se fasse, s'il vous déplaît ? Un père sacrifier sa fille ! le
roi serait un véritable Jephté[40], s'il le faisait.

ELSBETH. — Ne dis pas de mal de mon père ; va, ma chère,
prépare ce qu'il me faut. **(58)**

90 *(La gouvernante sort.)*

ELSBETH, *seule*. — Il me semble qu'il y a quelqu'un derrière
ces bosquets. Est-ce le fantôme de mon pauvre bouffon que

---

39. Héros du *Roi s'amuse* de Victor Hugo (1832) ; Triboulet est le fou de cour des rois
Louis XII et François Iᵉʳ ; **40.** *Jephté* : un des juges d'Israël (cf. le Livre des Juges, x, 6 et xii,
7, dans la Bible). Jephté fit un jour le vœu d'offrir en holocauste à Dieu, s'il remportait la
victoire contre les Ammonites, la première personne qu'il rencontrerait. Ce fut sa fille qu'il
dut immoler. Cet épisode a inspiré le poème de Vigny *la Fille de Jephté*, publié en 1822.

QUESTIONS

57. Pourquoi la princesse aimait-elle que le bouffon Saint-Jean se moque de
ses *idées romanesques* ? Relevez les qualificatifs et les prédicats : *délicieux,
donnait la vie, par enchantement, choses les plus étranges.* Pourquoi ces procédés qualificatifs sont-ils à la fois extrêmement intenses quant à leur valeur
affective et extrêmement vagues quant à leur nature descriptive ? Pourquoi
n'a-t-on de Saint-Jean que deux détails : *dans la manière dont il prenait son
tabac* et *bizarre* ? Et pourquoi ces détails restent-ils dans l'imprécision ? Que
signifie cet ensemble par rapport à Elsbeth ?

58. Dégagez le mouvement de la scène.

j'aperçois dans ces bluets, assis sur la prairie? Répondez-moi ;
qui êtes-vous? que faites-vous là, à cueillir ces fleurs? *(Elle*
95 *s'avance vers un tertre.)*

FANTASIO, *assis, vêtu en bouffon, avec une bosse et une*
perruque. — Je suis un brave cueilleur de fleurs, qui souhaite
le bonjour à vos beaux yeux.

ELSBETH. — Que signifie cet accoutrement? qui êtes-vous
100 pour venir parodier sous cette large perruque un homme que
j'ai aimé? Etes-vous écolier[41] en bouffonneries?

FANTASIO. — Plaise à Votre Altesse sérénissime, je suis le
nouveau bouffon du roi ; le majordome[42] m'a reçu favorable-
ment ; je suis présenté au valet de chambre ; les marmitons me
105 protègent depuis hier au soir, et je cueille modestement des
fleurs en attendant qu'il me vienne de l'esprit. **(59)**

ELSBETH. — Cela me paraît douteux, que vous cueilliez
jamais cette fleur-là.

FANTASIO. — Pourquoi? l'esprit peut venir à un homme
110 vieux, tout comme à une jeune fille. Cela est si difficile quelquefois de distinguer un trait spirituel d'une grosse sottise!
Beaucoup parler, voilà l'important ; le plus mauvais tireur de
pistolet peut attraper la mouche[43], s'il tire sept cent quatre-
vingts coups à la minute, tout aussi bien que le plus habile
115 homme qui n'en tire qu'un ou deux bien ajustés. Je ne
demande qu'à être nourri convenablement pour la grosseur de
mon ventre, et je regarderai mon ombre au soleil pour voir si
ma perruque pousse. **(60)**

---

41. *Ecolier* : personne qui s'instruit dans un art ou une profession ; 42. *Majordome* : chef
des domestiques d'une grande maison ; 43. *Mouche* : point noir au centre d'une cible (cf. *faire*
mouche : atteindre son but).

─────── **QUESTIONS** ───────

59. Pourquoi Fantasio se présente-t-il avec autant de « modestie » devant la
princesse? Pourquoi insiste-t-il sur la régularité de sa nomination au poste de
bouffon? Quel autre effet produit ce détail sur le spectateur?

60. Pourquoi Fantasio prévient-il dès maintenant qu'il peut ne pas être considéré comme faisant à chaque fois des mots d'esprit? Cette précaution provient-
elle, selon vous, d'un esprit de modestie, une sorte de précaution de style
capatio benevolentiae, figure de rhétorique qui aurait pour but de s'attirer la
sympathie de l'auditoire (en l'occurrence Elsbeth)? Ou bien cet avertissement
est-il la preuve d'une volonté d'annoncer d'entrée que Fantasio va dire à la
princesse « la vérité », c'est-à-dire prendre des risques autant que clarifier avec
elle ses rapports?

ELSBETH. — En sorte que vous voilà revêtu des dépouilles[44]
120 de Saint-Jean? Vous avez raison de parler de votre ombre ;
tant que vous aurez ce costume, elle lui ressemblera toujours,
je crois, plus que vous.

FANTASIO. — Je fais en ce moment une élégie qui décidera
de mon sort.

125 ELSBETH. — En quelle façon?

FANTASIO. — Elle prouvera clairement que je suis le premier homme du monde, ou bien elle ne vaudra rien du tout. Je
suis en train de bouleverser l'univers pour le mettre en acrostiche[45] ; la lune, le soleil et les étoiles se battent pour entrer dans
130 mes rimes, comme des écoliers à la porte d'un théâtre de
mélodrames[46]. **(61)**

ELSBETH. — Pauvre homme! quel métier tu entreprends!
faire de l'esprit à tant par heure! N'as-tu ni bras ni jambes, et
ne ferais-tu pas mieux de labourer la terre que ta propre
135 cervelle?

FANTASIO. — Pauvre petite! quel métier vous entreprenez!
épouser un sot que vous n'avez jamais vu! — N'avez-vous ni
cœur ni tête, et ne feriez-vous pas mieux de vendre vos robes
que votre corps?

140 ELSBETH. — Voilà qui est hardi, monsieur le nouveau
venu! **(62)**

---

44. *Dépouilles* : vêtements et objets qui ont appartenu à un mourant ; **45.** *Acrostiche* : petite
pièce de vers d'une grande virtuosité technique ; en la lisant dans le sens vertical, la première
lettre du premier mot de chaque vers doit contribuer à former le mot, puis le sujet ou le nom
propre de l'auteur ou du dédicataire ; **46.** Cf. dans « Dupont et Durand » *(Poésies nouvelles)* :

> J'accouchai lentement d'un poème effroyable.
> La lune et le soleil se battaient dans mes vers.

———— QUESTIONS ————

61. A quel type de poésie correspond la procédure de composition décrite par
Fantasio? En quoi Fantasio tire-t-il un effet comique de l'ambiguïté des réfé-
rents signifiant-signifié à propos de *lune, soleil, étoiles?* A quel spectacle ou à
quelle manifestation contemporaine destinée aux jeunes compareriez-vous par
exemple le mélodrame, genre littéraire le plus populaire parmi les « écoliers » de
1830?

62. Dégagez le parallélisme entre les deux répliques précédentes : ELSBETH.
— *Pauvre homme! [...] votre corps.* Quel effet produit ce parallélisme des
constructions de phrases? Est-ce pour Fantasio la preuve d'un esprit de repartie
particulièrement aiguisé? Est-ce pour Musset la marque d'une similitude de
destin entre les deux êtres?

FANTASIO. — Comment appelez-vous cette fleur-là, s'il vous plaît?

ELSBETH. — Une tulipe. Que veux-tu prouver?

145 FANTASIO. — Une tulipe rouge, ou une tulipe bleue?

ELSBETH. — Bleue, à ce qu'il me semble.

FANTASIO. — Point du tout, c'est une tulipe rouge.

ELSBETH. — Veux-tu mettre un habit neuf à une vieille sentence? tu n'en as pas besoin pour dire que des goûts et des
150 couleurs il n'en faut pas disputer. **(63)**

FANTASIO. — Je ne dispute pas; je vous dis que cette tulipe est une tulipe rouge, et cependant je conviens qu'elle est bleue.

ELSBETH. — Comment arranges-tu cela?

155 FANTASIO. — Comme votre contrat de mariage. Qui peut savoir sous le soleil s'il est né bleu ou rouge? Les tulipes elles-mêmes n'en savent rien. Les jardiniers et les notaires font des greffes si extraordinaires, que les pommes deviennent des citrouilles, et que les chardons sortent de la mâchoire de l'âne
160 pour s'inonder de sauce dans le plat d'argent d'un évêque. Cette tulipe que voilà s'attendait bien à être rouge; mais on l'a mariée, elle est tout étonnée d'être bleue; c'est ainsi que le monde entier se métamorphose sous les mains de l'homme; et la pauvre dame nature doit se rire parfois au nez de bon cœur,
165 quand elle mire dans ses lacs et dans ses mers son éternelle mascarade[47]. Croyez-vous que ça sentît la rose dans le paradis

---

47. La pratique des greffes est très ancienne, mais leur actualité a été récemment renouvelée par le fait qu'elle impliquait une transformation viable non héréditaire. Or, ces discussions touchaient profondément le monde scientifique, puisque Cuvier (1769-1832), l'un des premiers à avoir introduit la notion d'espèce dans le monde animal et végétal, s'opposait, à la fin de ses jours, très violemment à la notion d'évolution des espèces, dont Geoffroy Saint-Hilaire (1772-1844) et Lamarck (1744-1829) étaient partisans, et prônait avec force la notion de fixité des espèces. Il est probable que Musset ignorait ces discussions; il est vraisemblable que le sujet lui-même, par déformations successives, constituait un sujet de conversations mondaines. On remarquera que la doctrine sous-jacente à la tirade de Fantasio (« déguisement », « mascarade ») est étrangère à la notion d'évolution, mais se rattache à une conception de transformations à l'aide d'éléments invariants, ce qui implique un nombre fini de transformations à l'intérieur d'un cercle fermé.

━━━━━━ **QUESTIONS** ━━━━━━━━━━━━━━━━━━━━━━━━━

63. Pourquoi Elsbeth ramène-t-elle ici la pensée de Fantasio à un lieu commun? Est-ce par mépris pour lui, est-ce pour se défendre de lui? Rapprochez ce comportement avec le passage du *vous* au *tu :* comment l'interprétez-vous?

de Moïse[48]? ça ne sentait que le foin vert. La rose est fille de la civilisation ; c'est une marquise comme vous et moi.

ELSBETH. — La pâle fleur de l'aubépine peut devenir une
170 rose, et un chardon peut devenir un artichaut ; mais une fleur ne peut en devenir une autre : ainsi qu'importe à la nature? on ne la change pas, on l'embellit ou on la tue. La plus chétive violette mourrait plutôt que de céder si l'on voulait, par des moyens artificiels, altérer sa forme d'une étamine.

175 FANTASIO. — C'est pourquoi je fais plus de cas d'une violette que d'une fille de roi.

ELSBETH. — Il y a de certaines choses que les bouffons eux-mêmes n'ont pas le droit de railler ; fais-y attention. Si tu as écouté ma conversation avec ma gouvernante, prends garde à
180 tes oreilles.

FANTASIO. — Non pas à mes oreilles, mais à ma langue. Vous vous trompez de sens ; il y a une erreur de sens dans vos paroles.

ELSBETH. — Ne me fais pas de calembour[49], si tu veux
185 gagner ton argent, et ne me compare pas à des tulipes, si tu ne veux gagner autre chose. (64)

FANTASIO. — Qui sait? Un calembour console de bien des chagrins ; et jouer avec les mots est un moyen comme un autre de jouer avec les pensées, les actions et les êtres. Tout est
190 calembour ici-bas, et il est aussi difficile de comprendre le regard d'un enfant de quatre ans, que le galimatias de trois drames modernes.

ELSBETH. — Tu me fais l'effet de regarder le monde à travers un prisme tant soit peu changeant. (65)

---

48. Le *paradis de Moïse* est peut-être le pays de Canaan, où Dieu, qui avait fait de Moïse le conducteur du peuple hébreu, lui avait interdit d'entrer ; mais c'est peut-être aussi la paille du berceau sur lequel Moïse était étendu comme bébé et où l'a découvert la fille du Pharaon. Sur cette interprétation, les lecteurs pourront lire avec profit, malgré les critiques justifiées des philologues, le livre de Freud *Moïse et le monothéisme* (1939), traduit en français et publié dans la collection « Idées » (Gallimard) ; **49.** Le *calembour* est précisément un jeu de mots fondé sur la différence de signification entre deux homonymes ; mais Fantasio a aussi joué sur le mot *sens*.

━━━━ QUESTIONS ━━━━

64. Pourquoi Elsbeth se sent-elle obligée de recourir à l'argument d'autorité dans sa discussion avec Fantasio? Dites en quoi celui-ci passe les bornes et pourquoi.

Question 65, v. p. 47.

195   FANTASIO. — Chacun a ses lunettes ; mais personne ne sait au juste de quelle couleur en sont les verres. Qui est-ce qui pourra me dire au juste si je suis heureux ou malheureux, bon ou mauvais, triste ou gai, bête ou spirituel?

ELSBETH. — Tu es laid, du moins ; c'est certain.

200   FANTASIO. — Pas plus certain que votre beauté. Voilà votre père qui vient avec votre futur mari. Qui est-ce qui peut savoir si vous l'épouserez? **(66)**

(Il sort.)

ELSBETH. — Puisque je ne puis éviter la rencontre du prince
205 de Mantoue, je ferai aussi bien d'aller au-devant de lui.

(Entrent le roi, Marinoni sous le costume de prince, et le prince vêtu en aide de camp.)

LE ROI. — Prince, voici ma fille. Pardonnez-lui cette toilette de jardinière ; vous êtes ici chez un bourgeois qui en gouverne
210 d'autres, et notre étiquette est aussi indulgente pour nous-mêmes que pour eux. **(67)**

MARINONI. — Permettez-moi de baiser cette main charmante, madame, si ce n'est pas une trop grande faveur pour mes lèvres. **(68)**

215   LA PRINCESSE. — Votre Altesse m'excusera si je rentre au palais. Je la verrai, je pense, d'une manière plus convenable à la présentation de ce soir.

(Elle sort.)

LE PRINCE. — La princesse a raison ; voilà une divine
220 pudeur.

LE ROI, *à Marinoni*. — Quel est donc cet aide de camp qui vous suit comme votre ombre? Il m'est insupportable de l'en-

─────────── **QUESTIONS** ───────────

65. Justifiez la remarque d'Elsbeth, après avoir analysé chaque déclaration de Fantasio. Si vous la jugez fondée, dites sur quoi ; sinon expliquez pourquoi Fantasio n'a pas changé d'avis.

66. Faites le plan de la scène depuis la rencontre de la princesse et du pseudo-bouffon jusqu'à leur séparation.

67. Quel est le roi de France sous lequel Musset a écrit la pièce de théâtre que vous analysez en ce moment? Pensez-vous que les qualificatifs que Musset donne de son roi fictif puissent s'appliquer au roi de France en cours de règne?

68. Dégagez le double sens du dernier membre de la phrase en vous appuyant sur les personnages présents. Entre quel personnage de la scène et les spectateurs peut-il s'établir une complicité?

tendre ajouter une remarque inepte à tout ce que nous disons.
Renvoyez-le, je vous en prie. **(69)**

225   *(Marinoni parle bas au prince.)*

LE PRINCE, *de même.* — C'est fort adroit de ta part de lui
avoir persuadé de m'éloigner ; je vais tâcher de joindre la
princesse et de lui toucher quelques mots délicats sans faire
semblant de rien. **(70)**

230   *(Il sort.)*

LE ROI. — Cet aide de camp est un imbécile, mon ami ; que
pouvez-vous faire de cet homme-là ?

MARINONI. — Hum ! Hum ! Poussons quelques pas plus
avant, si Votre Majesté le permet ; je crois apercevoir un
235 kiosque tout à fait charmant dans ce bocage[50]. **(71)**

(Ils sortent.)

SCÈNE II

Une autre partie du jardin.

Entre LE PRINCE.

LE PRINCE. — Mon déguisement me réussit à merveille ;
j'observe, et je me fais aimer. Jusqu'ici tout va au gré de mes
souhaits ; le père me paraît un grand roi, quoique trop sans

---

50. *Bocage :* petit bois, lieu ombragé.

──────── **QUESTIONS** ────────────────────

69. En quoi le roi peut-il juger que la remarque de celui qu'il croit être un aide
de camp est inepte ?

70. *De même* est une simple notation scénique signifiant que le prince
s'adresse exclusivement à Marinoni. En vous rappelant la notation scénique de
la réplique précédente, déduisez le jeu de scène qui n'est pas indiqué, mais qui
est indispensable pour comprendre les paroles du prince.

71. SUR L'ENSEMBLE DE LA SCÈNE PREMIÈRE APRÈS LA SORTIE DE FANTASIO.
— Opposez les deux parties de la scène, avant et après la sortie de Fantasio.
Pourquoi la seconde est-elle tout en mouvement, alors que la première est
tout en paroles et en jeux de l'esprit et du cœur ? Pourquoi y a-t-il d'un côté
plusieurs personnages qui bougent, dont les habits bariolés ou chatoyants et
dont les apartés se multiplient, et de l'autre côté deux personnages seuls,
vraisemblablement beaucoup plus statiques (rien dans la mise en scène n'indique
comment le metteur en scène peut éviter par le jeu des acteurs l'impression de
monotonie statique) ? Pourquoi Musset tient-il tellement à faire du prince et de
Marinoni des caricatures d'êtres humains ?

façon, et je m'étonnerais si je ne lui avais plu tout d'abord.
5 J'aperçois la princesse qui rentre au palais; le hasard me
favorise singulièrement. **(72)**

> (*Elsbeth entre; le prince l'aborde.*)

Altesse, permettez à un fidèle serviteur de votre futur époux
de vous offrir les félicitations sincères que son cœur humble et
10 dévoué ne peut contenir en vous voyant. Heureux les grands
de la terre! Ils peuvent vous épouser! Moi je ne le puis pas;
cela m'est tout à fait impossible; je suis d'une naissance obs-
cure; je n'ai pour tout bien qu'un nom redoutable à[51] l'ennemi;
un cœur pur et sans tache bat sous ce modeste uniforme; je
15 suis un pauvre soldat criblé de balles des pieds à la tête; je n'ai
pas un ducat[52]; je suis solitaire et exilé de ma terre natale
comme de ma patrie céleste, c'est-à-dire du paradis de mes
rêves; je n'ai pas un cœur de femme à presser sur mon cœur;
je suis maudit et silencieux. **(73)**

20 ELSBETH. — Que me voulez-vous, mon cher monsieur?
Êtes-vous fou, ou demandez-vous l'aumône?

LE PRINCE. — Qu'il serait difficile de trouver des paroles
pour exprimer ce que j'éprouve! Je vous ai vue passer toute
seule dans cette allée; j'ai cru qu'il était de mon devoir de me
25 jeter à vos pieds, et de vous offrir ma compagnie jusqu'à la
poterne[53]. **(74)**

ELSBETH. — Je vous suis obligée[54]; rendez-moi le service de
me laisser tranquille.

> (*Elle sort.*)

30 LE PRINCE, *seul.* — Aurais-je eu tort de l'aborder? Il le
fallait cependant, puisque j'ai le projet de la séduire[55] sous
mon habit supposé. Oui, j'ai bien fait de l'aborder. Cependant,
elle m'a répondu d'une manière désagréable. Je n'aurais peut-

---

51. Tournure classique : qui est à craindre par; **52.** *Ducat :* monnaie d'or qui valait de 10 à
12 francs de cette époque; **53.** *Poterne :* en principe, porte dérobée donnant sur un fossé;
54. Formule de remerciement ou de reconnaissance, mais aussi de refus poli et courtois;
55. *Séduire quelqu'un :* chercher à lui plaire.

──────── **QUESTIONS** ────────

72. Le spectateur sait-il ce sur quoi s'appuie le prince quand il affirme qu'il est
aimé d'Elsbeth?

73. Relevez les lieux communs et les tournures ridicules de la tirade du prince
déguisé.

74. En quoi le fait de se jeter aux pieds de la princesse et de l'accompagner
peut-il constituer un élément comique?

Prince, voici
ma fille.
Pardonnez-lui
cette toilette
de jardinière;
vous êtes ici
chez un bourgeois
qui en gouverne
d'autres.
(Acte II, scène I,
l. 208-209.)

Phot. Bernand.

être pas dû lui parler si vivement. Il le fallait pourtant bien,
35 puisque son mariage est presque assuré, et que je suis censé
devoir supplanter Marinoni qui me remplace. J'ai eu raison de
lui parler vivement[56]. Mais la réponse est désagréable. Aurait-
elle un cœur dur et faux? Il serait bon de sonder adroitement
la chose. **(75) (76)**
40   *(Il sort.)*

SCÈNE III

Une antichambre.

FANTASIO, *couché sur un tapis.* — Quel métier délicieux que
celui de bouffon! J'étais gris, je crois, hier soir, lorsque j'ai pris
ce costume et que je me suis présenté au palais; mais, en
vérité, jamais la saine raison ne m'a rien inspiré qui valût cet
5 acte de folie. J'arrive, et me voilà reçu, choyé, enregistré, et,
ce qu'il y a de mieux encore, oublié. Je vais et viens dans ce
palais comme si je l'avais habité toute ma vie. Tout à l'heure,
j'ai rencontré le roi; il n'a pas même eu la curiosité de me
regarder; son bouffon étant mort, on lui a dit : « Sire, en voilà
10 un autre. » C'est admirable! Dieu merci, voilà ma cervelle à
l'aise; je puis faire toutes les balivernes[57] possibles sans qu'on
me dise rien pour m'en empêcher; je suis un des animaux
domestiques du roi de Bavière, et si je veux, tant que je

---

56. *Vivement :* avec fougue, en manifestant une vive sensibilité; **57.** *Balivernes* se dit
généralement de propos qu'il ne faut pas prendre au sérieux (« dire des balivernes »).

─────── **QUESTIONS** ───────

75. Analysez les syllogismes implicites au raisonnement du prince. La possibilité de formaliser sans faille ce raisonnement, sous une forme aristotélicienne par
syllogisme (seule forme connue et enseignée du temps de Musset) ou sous une
forme plus moderne, vous paraît-elle sur le plan psychologique l'indice d'une
intelligence sans faille chez le prince (cf. la conclusion)? Si la conclusion est
sémantiquement absurde, alors qu'elle est logique sur le plan formel, que cherche Musset à propos de ce personnage?

76. Sur l'ensemble de la scène II. — Recherchez les monologues dans
l'ensemble de la pièce. Dites ce que vous pensez de cette convention théâtrale
aux termes de laquelle les pensées intimes d'un personnage, sympathique ou non
aux spectateurs, sont connues d'eux par le truchement d'un discours en forme,
dit à haute voix. Musset cherche-t-il à utiliser cette convention de façon toujours
identique ou cherche-t-il à en sourire quand il a recours à elle à propos d'un
personnage ridicule?

garderai ma bosse et ma perruque, on me laissera vivre jusqu'à
15 ma mort entre un épagneul et une pintade. En attendant, mes
créanciers peuvent se casser le nez contre ma porte tout à leur
aise. Je suis aussi bien en sûreté ici, sous cette perruque, que
dans les Indes Occidentales[58]. (77)

N'est-ce pas la princesse que j'aperçois dans la chambre
20 voisine, à travers cette glace[59]? Elle rajuste son voile de
noces; deux longues larmes coulent sur ses joues; en voilà
une qui se détache comme une perle et qui tombe sur sa
poitrine. Pauvre petite! j'ai entendu ce matin sa conversation
avec sa gouvernante; en vérité, c'était par hasard; j'étais assis
25 sur le gazon, sans autre dessein que celui de dormir. Maintenant la voilà qui pleure et qui ne se doute guère que je la vois
encore. Ah! si j'étais un écolier de rhétorique[60], comme je
réfléchirais profondément sur cette misère couronnée, sur
cette pauvre brebis à qui on met un ruban rose au cou pour la
30 mener à la boucherie! Cette petite fille est sans doute romanesque; il lui est cruel d'épouser un homme qu'elle ne connaît
pas. Cependant elle se sacrifie en silence; que le hasard est
capricieux! il faut que je me grise, que je rencontre l'enterrement de Saint-Jean, que je prenne son costume et sa place,
35 que je fasse enfin la plus grande folie de la terre, pour venir
voir tomber, à travers cette glace, les deux seules larmes que
cette enfant versera peut-être sur son triste voile de fiancée! (78) (79)

(Il sort.)

---

58. Nom donné à l'Amérique par Christophe Colomb lorsqu'il arriva au Nouveau Monde;
59. Grande vitre; **60.** Ancien nom donné à la classe de première dans les lycées; plus
généralement, études littéraires.

QUESTIONS

77. Qualifiez ce retour de Fantasio sur lui-même. Est-il d'abord d'une utilité
absolue pour la compréhension de la pièce? Pourquoi est-il quand même nécessaire à la structure générale de la pièce?

78. Relevez les éléments de lyrisme sérieux dans la description de la princesse : *longues larmes, une qui se détache comme une perle...* Ce lyrisme
sérieux se joint à un lyrisme plus humoristique, auquel Fantasio nous a bien
davantage habitués : *pauvre brebis à qui on met un ruban rose...* Ce mélange de
tons vous paraît-il conforme à l'esthétique du théâtre romantique, qui, à l'image
qu'en avaient les théoriciens comme Hugo dans sa *Préface de « Cromwell »*,
devait rompre jusque dans le détail, comme chez Shakespeare, la séparation du
comique et du tragique?

Question 79, v. p. 53.

SCÈNE IV

Une allée du jardin.

LE PRINCE, MARINONI.

LE PRINCE. — Tu n'es qu'un sot, colonel.

MARINONI. — Votre Altesse se trompe sur mon compte de la manière la plus pénible.

LE PRINCE. — Tu es un maître butor[61]. Ne pouvais-tu pas
5 empêcher cela? Je te confie le plus grand projet qui se soit enfanté depuis une suite d'années incalculable, et toi, mon meilleur ami, mon plus fidèle serviteur, tu entasses bêtises sur bêtises. Non, non, tu as beau dire; cela n'est point pardonnable.

10 MARINONI. — Comment pouvais-je empêcher Votre Altesse de s'attirer les désagréments qui sont la suite nécessaire du rôle supposé qu'elle joue? Vous m'ordonnez de prendre votre nom et de me comporter en véritable prince de Mantoue. Puis-je empêcher le roi de Bavière de faire un affront à mon aide de
15 camp? Vous aviez tort de vous mêler de nos affaires. **(80)**

LE PRINCE. — Je voudrais bien qu'un maraud[62] comme toi se mêlât de me donner des ordres.

---

61. *Butor :* homme grossier et stupide (*maître* en position antérieure est un intensif qui n'est plus utilisé aujourd'hui. Il ne reste guère que des syntagmes du type « maître nageur », « maître chanteur », qui sont analysés différemment); **62.** *Maraud :* homme qui ne mérite que le mépris.

--- **QUESTIONS** ---

79. SUR L'ENSEMBLE DE LA SCÈNE III. — Faites le plan général de la tirade suivant deux perspectives : 1º la succession des thèmes et des idées tout le long de ce texte; 2º l'alternance d'un récit explicatif du passé ou d'une description d'une scène vue à travers une vitre, avec les commentaires inspirés par les circonstances de ce récit et de cette description. Indiquez les procédés stylistiques auxquels Musset a recours pour cette alternance : 1º phrases exclamatives/phrases épidictiques; 2º verbe au présent (ou absence de verbe)/verbe au passé (imparfait); 3º usage des adjectifs ou de tournures qualificatives pour les phases de commentaire (*délicieux; saine raison; animaux domestiques* et, plus loin, *longues larmes; pauvres brebis; hasard capricieux; triste voile*) / absence d'adjectifs et abondance de verbes indiquant une action (*j'arrive, je vois, je viens, j'ai rencontré,* etc.) pour les phases de récit ou de description.

80. Que signifie ce *nos affaires* sur le plan du sens immédiat et sur celui des intentions profondes que, si Marinoni ne les a pas réellement, le prince ne manque pas de lui attribuer?

MARINONI. — Considérez, Altesse, qu'il faut cependant que je sois le prince ou que je sois l'aide de camp. C'est par votre
20 ordre que j'agis.

LE PRINCE. — Me dire que je suis un impertinent en présence de toute la cour, parce que j'ai voulu baiser la main de la princesse! Je suis prêt à lui déclarer la guerre, et à retourner dans mes États pour me mettre à la tête de mes armées.

25 MARINONI. — Songez donc, Altesse, que ce mauvais compliment s'adressait à l'aide de camp et non au prince **(81)**. Prétendez-vous qu'on vous respecte sous ce déguisement?

LE PRINCE. — Il suffit. Rends-moi mon habit.

MARINONI, *ôtant l'habit.* — Si mon souverain l'exige, je suis
30 prêt à mourir pour lui.

LE PRINCE. — En vérité, je ne sais que résoudre. D'un côté, je suis furieux de ce qui m'arrive ; et, d'un autre, je suis désolé de renoncer à mon projet. La princesse ne paraît pas répondre indifféremment aux mots à double entente dont je ne cesse de
35 la poursuivre. Déjà je suis parvenu deux ou trois fois à lui dire à l'oreille des choses incroyables. Viens, réfléchissons à tout cela.

MARINONI, *tenant l'habit.* — Que ferai-je, Altesse?

LE PRINCE. — Remets-le, remets-le, et entrons au
40 palais. **(82)**
(Ils sortent.)

SCÈNE V

LA PRINCESSE ELSBETH, LE ROI.

LE ROI. — Ma fille, il faut répondre franchement à ce que je vous demande : ce mariage vous déplaît-il?

ELSBETH. — C'est à vous, Sire, de répondre vous-même. Il me plaît, s'il vous plaît ; il me déplaît, s'il vous déplaît.

───────── **QUESTIONS** ─────────

81. Pourquoi Marinoni qualifie-t-il de *mauvais compliment* ce que le prince vient de décrire dans le détail : *Me dire que je suis un impertinent en présence de toute la cour...?* Pourquoi avait-il d'abord atténué la scène à laquelle tous deux font allusion, en la qualifiant d'abord de *désagrément?* Et pourquoi en vient-il maintenant à une sorte de « contre-vérité »?

82. Faites le plan de la scène et dégagez les éléments constituant son comique.

5 LE ROI. — Le prince m'a paru être un homme ordinaire,
dont il est difficile de rien dire[63]. La sottise de son aide de
camp lui fait seule tort dans mon esprit ; quant à lui, c'est peut-
être un prince, mais ce n'est pas un homme élevé[64]. Il n'y a
rien en lui qui me repousse ou qui m'attire. Que puis-je dire
10 là-dessus ? Le cœur des femmes a des secrets que je ne puis
connaître ; elles se font des héros parfois si étranges, elles
saisissent si singulièrement un ou deux côtés d'un homme
qu'on leur présente, qu'il est impossible de juger pour elles,
tant qu'on n'est pas guidé par quelque point tout à fait sensi-
15 ble. Dis-moi donc clairement ce que tu penses de ton
fiancé. **(83)**

ELSBETH. — Je pense qu'il est prince de Mantoue, et que la
guerre recommencera demain entre lui et vous, si je ne
l'épouse pas.

20 LE ROI. — Cela est certain, mon enfant.

ELSBETH. — Je pense donc que je l'épouserai, et que la
guerre sera finie.

LE ROI. — Que les bénédictions de mon peuple te rendent
grâces pour ton père ! O ma fille chérie ! je serai heureux de
25 cette alliance ; mais je ne voudrais pas voir dans ces beaux
yeux bleus cette tristesse qui dément leur résignation. Réflé-
chis encore quelques jours. **(84)**

---

63. Dont il est difficile de dire quelque chose (tournure classique où *rien*, sans le *ne*, signifie le contraire de ce qu'il signifie dans le français parlé contemporain) ; **64.** *Elevé* : dont l'esprit, l'intelligence et l'âme s'élèvent au-dessus de l'ordinaire, c'est-à-dire des autres hommes. L'antithèse rappelle le classique *Nicht ein Prinz, sondern ein Mensch!* (non un prince, mais un homme) qui figure au livret de *la Flûte enchantée* de Mozart.

—— QUESTIONS ——

83. Dégagez le côté patriarcal traditionnel de cette conception qui fait de la « femme » un être doué d'une sorte de vue atrophiée des choses et des gens : à la fois une vue « fragmentaire » *(un ou deux côtés d'un homme qu'on leur présente)* et en même temps « singulière » (euphémisme pour dire que, n'étant pas universelle, elle n'est acceptable que par quelques-uns, voire une seule personne). Que signifie exactement la condition restrictive *tant qu'on n'est pas guidé par quelque point tout à fait sensible ?* A quel lieu commun (et à quel préjugé traditionnel) répond cette invocation du *point tout à fait sensible ?*

84. Pensez-vous que le roi ait été entièrement convaincu par les manifestations de soumission filiale absolue de sa fille ? Dégagez le vrai sens que possède le *je ne voudrais pas voir* : n'y a-t-il pas là, sous l'apparence d'une sympathie et d'un amour paternel très sincère, l'ébauche d'une contradiction sur laquelle le roi ne veut pas porter les yeux ?

(Il sort. — Entre Fantasio.)

ELSBETH. — Te voilà, pauvre garçon! comment te plais-tu
30 ici?

FANTASIO. — Comme un oiseau en liberté.

ELSBETH. — Tu aurais mieux répondu, si tu avais dit comme
un oiseau en cage. Ce palais en est une assez belle, cependant
c'en est une. **(85)**

35 FANTASIO. — La dimension d'un palais ou d'une chambre ne
fait pas l'homme plus ou moins libre. Le corps se remue où il
peut; l'imagination ouvre quelquefois des ailes grandes comme
le ciel dans un cachot grand comme la main.

ELSBETH. — Ainsi donc, tu es un heureux fou?

40 FANTASIO. — Très heureux. Je fais la conversation avec les
petits chiens et les marmitons. Il y a un roquet pas plus haut
que cela dans la cuisine, qui m'a dit des choses charmantes.

ELSBETH. — En quel langage?

FANTASIO. — Dans le style le plus pur. Il ne ferait pas une
45 seule faute de grammaire dans l'espace d'une année.

ELSBETH. — Pourrai-je entendre quelques mots de ce style?

FANTASIO. — En vérité, je ne le voudrais pas; c'est une
langue qui est particulière. Il n'y a pas que les roquets qui la
parlent, les arbres et les grains de blé eux-mêmes la savent
50 aussi; mais les filles de roi ne la savent pas **(86)**. A quand
votre noce?

ELSBETH. — Dans quelques jours tout sera fini. **(87)**

FANTASIO. — C'est-à-dire, tout sera commencé. Je compte
vous offrir un présent de ma main.

55 ELSBETH. — Quel présent? Je suis curieuse de cela.

FANTASIO. — Je compte vous offrir un joli petit serin
empaillé, qui chante comme un rossignol.

ELSBETH. — Comment peut-il chanter, s'il est empaillé?

─────── **QUESTIONS** ───────────────────────────

85. Rappelez les informations qui font que Fantasio a tout lieu de prendre le
palais pour un asile de liberté, alors que la princesse le considère comme une
prison.

86. A quelle intention humoristique cette accumulation hétéroclite *(roquets,
arbres, grains de blé)*? Pourquoi cette intention blessante de Fantasio?

87. Dans quel registre se situe le *tout sera fini*?

FANTASIO. — Il chante parfaitement.

60 ELSBETH. — En vérité, tu te moques de moi avec un rare acharnement.

FANTASIO. — Point du tout. Mon serin a une petite serinette[65] dans le ventre. On pousse tout doucement un petit ressort sous la patte gauche, et il chante tous les opéras 65 nouveaux, exactement comme mademoiselle Grisi[66].

ELSBETH. — C'est une invention de ton esprit, sans doute?

FANTASIO. — En aucune façon. C'est un serin de cour; il y a beaucoup de petites filles très bien élevées, qui n'ont pas d'autres procédés que celui-là. Elles ont un petit ressort sous 70 le bras gauche, un joli ressort en diamant fin, comme la montre d'un petit-maître[67]. Le gouverneur ou la gouvernante fait jouer le ressort, et vous voyez aussitôt les lèvres s'ouvrir avec le sourire le plus gracieux; une charmante cascatelle[68] de paroles mielleuses sort avec le plus doux murmure, et toutes les con- 75 venances sociales, pareilles à des nymphes légères, se mettent aussitôt à dansotter sur la pointe du pied autour de la fontaine merveilleuse. Le prétendu ouvre des yeux ébahis : l'assistance chuchote avec indulgence, et le père, rempli d'un secret contentement, regarde avec orgueil les boucles d'or de ses 80 souliers. **(88)**

ELSBETH. — Tu parais revenir volontiers sur de certains sujets. Dis-moi, bouffon, que t'ont donc fait ces pauvres jeunes filles, pour que tu en fasses si gaiement la satire? Le respect d'aucun devoir ne peut-il trouver grâce devant toi?

85 FANTASIO. — Je respecte fort la laideur; c'est pourquoi je me respecte moi-même si profondément.

ELSBETH. — Tu parais quelquefois en savoir plus que tu

---

65. *Serinette :* boîte à musique dont on se sert pour instruire les serins; **66.** C'est le nom d'une célèbre cantatrice italienne du XIXᵉ siècle (1811-1869); **67.** *Petit-maître :* jeune élégant aux manières prétentieuses (le terme est très utilisé au XVIIIᵉ siècle); **68.** *Cascatelle :* petite cascade.

━━━━━ QUESTIONS ━━━━━

88. Dégagez le sens de ce conte philosophique. Pourquoi Musset a-t-il recours à la comparaison avec les automates, dont la mode florissait dans les cours allemandes du XVIIIᵉ siècle? Par quel procédé stylistique emprunté aux systèmes métaphoriques Musset peut-il personnifier les convenances sociales? Repérez la place des adjectifs; remarquez l'usage dépréciatif des diminutifs *(cascatelle, dansotter)*. Définissez l'art de la mise en scène de Musset décrivant l'assemblée autour du bel automate.

n'en dis. D'où viens-tu donc, et qui es-tu, pour que, depuis un jour que tu es ici, tu saches pénétrer des mystères que les
90 princes eux-mêmes ne soupçonneront jamais? Est-ce à moi que s'adressent tes folies, ou est-ce au hasard que tu parles? **(89)**

FANTASIO. — C'est au hasard ; je parle beaucoup au hasard ; c'est mon plus cher confident. **(90)**

95 ELSBETH. — Il semble en effet t'avoir appris ce que tu ne devrais pas connaître. Je croirais volontiers que tu épies mes actions et mes paroles.

FANTASIO. — Dieu le sait. Que vous importe?

ELSBETH. — Plus que tu ne peux penser. Tantôt dans cette
100 chambre, pendant que je mettais mon voile, j'ai entendu marcher tout à coup derrière la tapisserie[69]. Je me trompe fort si ce n'était toi qui marchais.

FANTASIO. — Soyez sûre que cela reste entre votre mouchoir et moi. Je ne suis pas plus indiscret que je ne suis
105 curieux. Quel plaisir pourraient me faire vos chagrins ; quel chagrin pourraient me faire vos plaisirs? Vous êtes ceci, et moi cela. Vous êtes jeune, et moi je suis vieux ; belle, et je suis laid ; riche, et je suis pauvre. Vous voyez bien qu'il n'y a aucun rapport entre nous. Que vous importe que le hasard ait
110 croisé sur sa grande route deux roues qui ne suivent pas la même ornière, et qui ne peuvent marquer sur la même poussière? Est-ce ma faute s'il m'est tombé, tandis que je dormais, une de vos larmes sur la joue? **(91)**

---

69. *Tapisserie* : ouvrage tissé qui recouvre les murs d'une chambre.

--- **QUESTIONS** ---

89. Quels sont ces *mystères que les princes eux-mêmes ne soupçonneront jamais?* Répondez non à l'aide de commentaires généraux faciles à dégager, mais en vous appuyant sur certaines phrases précises de Fantasio.

90. Expliquez le jeu de mots sur la locution *parler au hasard*.

91. Mettez en lumière la finesse d'Elsbeth. Pourquoi Fantasio ne nie-t-il point la vérité pressentie par la princesse? Remarquez la simplicité des procédés par lesquels Fantasio oppose deux êtres et deux situations : *plaisir-chagrin*, successivement sujets et compléments, singulier et pluriel ; *jeune, belle, riche vieux, laid, pauvre*, l'opposition étant marquée non par un *mais*, mais par *et*. Pourquoi ce choix? Que signifient les métaphores *ornière-poussière?* Vous remarquerez à la fois leur effet d'écho (finales identiques en [*ière*]) et leur place finale en fin de membres de phrase, dont la décomposition donne métriquement onze pieds (à partir de *deux roues*). Que signifie la métaphore finale *tandis que je dormais, une de vos larmes*. Pourquoi Fantasio y a-t-il recours?

ELSBETH. — Tu me parles sous la forme d'un homme que
15 j'ai aimé, voilà pourquoi je t'écoute malgré moi. Mes yeux
croient voir Saint-Jean ; mais peut-être n'es-tu qu'un espion.

FANTASIO. — A quoi cela me servirait-il ? Quand il serait
vrai que votre mariage vous coûterait quelques larmes, et
quand je l'aurais appris par hasard, qu'est-ce que je gagnerais
20 à l'aller raconter[70] ? On ne me donnerait pas une pistole[71] pour
cela, et on ne vous mettrait pas au cabinet noir. Je comprends
très bien qu'il doit être assez ennuyeux d'épouser le prince de
Mantoue. Mais après tout, ce n'est pas moi qui en suis chargé.
Demain ou après-demain vous serez partie pour Mantoue
25 avec votre robe de noce, et moi je serai encore sur ce tabouret
avec mes vieilles chausses[72]. Pourquoi voulez-vous que je
vous en veuille ? Je n'ai pas de raison pour désirer votre mort ;
vous ne m'avez jamais prêté d'argent. **(92)**

ELSBETH. — Mais si le hasard t'a fait voir ce que je veux
30 qu'on ignore, ne dois-je pas te mettre à la porte, de peur de
nouvel accident ?

FANTASIO. — Avez-vous le dessein de me comparer à un
confident de tragédie, et craignez-vous que je ne suive votre
ombre en déclamant ? Ne me chassez pas, je vous en prie. Je
35 m'amuse beaucoup ici **(93)**. Tenez, voilà votre gouvernante qui
arrive avec des mystères plein ses poches. La preuve que je ne

---

70. *Quand* conditionnel est une tournure classique impliquant une concessive : « même si »,
« en admettant que », etc. ; *l'aller raconter* : la place du pronom neutre appartient également
au français classique. Déjà, au temps de Musset, le français disait « aller le raconter » ;
71. *Pistole :* pièce de monnaie en or d'une valeur de 10 francs (mais le mot désigne aussi une
partie de prison où les détenus étaient autrefois servis à leurs frais) ; **72.** *Chausses :* partie du
vêtement d'autrefois, sorte de culotte descendant jusqu'aux genoux.

QUESTIONS
---

92. Pourquoi l'accusation d'*espion* touche-t-elle si fort Fantasio, au point que
sa plaidoirie joue exclusivement sur l'axe de la sincérité ? Remarquez l'art de la
démonstration : l'objectif étant de démontrer que le fait d'être un espion n'a
aucune utilité, démontez le mécanisme de l'exposition de la preuve. *Quand il
serait vrai que votre mariage [...], quand je l'aurais appris par hasard :* il y a
entre ces deux *quand* une progression dans le raisonnement, puisque, effectivement, les choses s'expliquent parfaitement par le hasard ; montrez comment.
Pourquoi le *après tout, ce n'est pas moi qui en suis chargé* pourrait être un
appel à la révolte ? Pourquoi Fantasio feint-il que l'argent puisse être le seul
motif qui le pousse, lui, tel que la princesse le voit, à l'assassinat ? Evaluez la
force de cette hypothèse et de l'ensemble du raisonnement *a contrario*.

93. Par quels moyens la princesse a-t-elle été amenée à demander à Fantasio
ce qu'elle doit faire (*ne dois-je pas te mettre à la porte*) ?

l'écouterai pas, c'est que je m'en vais à l'office manger une aile de pluvier[73] que le majordome a mise de côté pour sa femme. **(94)**

140 *(Il sort.)*

LA GOUVERNANTE, *entrant*. — Savez-vous une chose terrible, ma chère Elsbeth?

ELSBETH. — Que veux-tu dire? tu es toute tremblante.

LA GOUVERNANTE. — Le prince n'est pas le prince, ni l'aide 145 de camp non plus. C'est un vrai conte de fées.

ELSBETH. — Quel imbroglio me fais-tu là?

LA GOUVERNANTE. — Chut! chut! C'est un des officiers du prince lui-même qui vient de me le dire. Le prince de Mantoue est un véritable Almaviva[74]; il est déguisé et caché parmi les 150 aides de camp; il a voulu sans doute chercher à vous voir et à vous connaître d'une manière féerique. Il est déguisé, le digne seigneur, il est déguisé, comme Lindor; celui qu'on vous a présenté comme votre futur époux n'est qu'un aide de camp nommé Marinoni.

155 ELSBETH. — Cela n'est pas possible!

LA GOUVERNANTE. — Cela est certain, certain mille fois. Le digne homme est déguisé; il est impossible de le reconnaître; c'est une chose extraordinaire.

ELSBETH. — Tu tiens cela, dis-tu, d'un officier?

160 LA GOUVERNANTE. — D'un officier du prince. Vous pouvez le lui demander à lui-même.

ELSBETH. — Et il ne t'a pas montré parmi les aides de camp le véritable prince de Mantoue?

LA GOUVERNANTE. — Figurez-vous qu'il en tremblait lui-165 même, le pauvre homme, de ce qu'il me disait. Il ne m'a confié son secret que parce qu'il désire vous être agréable et qu'il savait que je vous préviendrais. Quant à Marinoni, cela est

---

73. *Pluvier* : oiseau échassier qui constitue un gibier très estimé ; 74. Personnage du *Barbier de Séville* de Beaumarchais ; pour approcher Rosine, sévèrement surveillée par son tuteur, il prend le nom de Lindor.

━━ QUESTIONS ━━

94. SUR L'ENSEMBLE DE LA SCÈNE ENTRE FANTASIO ET LA PRINCESSE. — Qui mène la scène des deux personnages? Dites pourquoi. Montrez l'ambiguïté des rapports *maître-esclave*.

positif; mais, pour ce qui est du prince véritable, il ne me l'a pas montré.

170 ELSBETH. — Cela me donnerait quelque chose à penser, si c'était vrai. Viens, amène-moi cet officier. **(95)**

(Entre un page.)

LA GOUVERNANTE. — Qu'y a-t-il, Flamel? Tu parais hors d'haleine.

175 LE PAGE. — Ah! madame, c'est une chose à en mourir de rire. Je n'ose parler devant Votre Altesse.

ELSBETH. — Parle : qu'y a-t-il encore de nouveau?

LE PAGE. — Au moment où le prince de Mantoue entrait à cheval dans la cour, à la tête de son état-major, sa perruque 180 s'est enlevée dans les airs et a disparu tout à coup.

ELSBETH. — Pourquoi cela? Quelle niaiserie!

LE PAGE. — Madame, je veux mourir si ce n'est pas la vérité. La perruque s'est enlevée en l'air au bout d'un hameçon. Nous l'avons retrouvée dans l'office[75], à côté d'une bou-185 teille cassée, on ignore qui a fait cette plaisanterie. Mais le duc n'en est pas moins furieux, et il a juré que si l'auteur n'en est pas puni de mort, il déclarera la guerre au roi votre père et mettra tout à feu et à sang.

ELSBETH. — Viens écouter toute cette histoire, ma chère. 190 Mon sérieux commence à m'abandonner.

(Entre un autre page.)

ELSBETH. — Eh bien, quelle nouvelle?

LE PAGE. — Madame! le bouffon du roi est en prison; c'est lui qui a enlevé la perruque du prince.

95 ELSBETH. — Le bouffon est en prison? et sur l'ordre du prince?

LE PAGE. — Oui, Altesse.

---

75. *Office :* partie d'une maison ou d'un palais où se trouve rangé tout ce qui sert au service de la table.

────── **QUESTIONS** ──────

95. Pourrez-vous, dès maintenant, expliciter ce à quoi pense la princesse? Replacez cette information dans l'ensemble de l'intrigue et montrez en quoi elle fait progresser l'action. Comparez la découverte avec la situation marivaudesque du *Jeu de l'amour et du hasard.*

ELSBETH. — Viens, chère mère, il faut que je te parle. **(96)**
(Elle sort avec sa gouvernante.)

SCÈNE VI

LE PRINCE, MARINONI.

LE PRINCE. — Non, non, laisse-moi me démasquer. Il est
temps que j'éclate. Cela ne se passera pas ainsi. Feu et sang!
une perruque royale au bout d'un hameçon! Sommes-nous
chez les barbares, dans les déserts de la Sibérie? Y a-t-il
5 encore sous le soleil quelque chose de civilisé et de convenable? J'écume de colère, et les yeux me sortent de la tête.

MARINONI. — Vous perdez tout par cette violence.

LE PRINCE. — Et ce père, ce roi de Bavière, ce monarque
vanté dans tous les almanachs[76] de l'année passée! cet homme
10 qui a un extérieur si décent, qui s'exprime en termes si mesu-
rés, et qui se met à rire en voyant la perruque de son gendre
voler dans les airs **(97)**! Car enfin, Marinoni, je conviens que
c'est ta perruque qui a été enlevée. Mais n'est-ce pas toujours
celle du prince de Mantoue, puisque c'est lui que l'on croit
15 voir en toi? Quand je pense que si c'eût été moi, en chair et en
os, ma perruque aurait peut-être... Ah! il y a une providence;
lorsque Dieu m'a envoyé tout d'un coup l'idée de me travestir; lorsque cet éclair a traversé ma pensée : « Il faut que je
me travestisse », ce fatal événement était prévu par le destin.

---

76. *Almanach :* tout ouvrage annuel qui donne des renseignements divers. L'Almanach du
Gotha, en particulier, contenait la généalogie des familles royales.

––––––––– ■ **QUESTIONS** –––––––––––––––––––––––––––

96. Pourquoi l'action se précipite-t-elle? Comparez le rythme de ces deux
dernières scènes avec le rythme des scènes précédentes. Analysez les éléments
qui font passer la princesse d'un état morose à un état où elle commence à
perdre son sérieux. Pourquoi appelle-t-elle la gouvernante *chère mère?* En quoi
est-ce l'indice qu'elle a un plan derrière la tête, pour lequel elle a besoin de
l'appui de la gouvernante?

97. Montrez l'art de Musset pour raconter une scène à laquelle les spectateurs
n'ont pas assisté : le récit est fait sans qu'on ait su l'auteur de l'action; puis on
apprend que le responsable est Fantasio (ce sont les éléments de surprise de la
scène précédente); et c'est ce que le spectateur apprendra de la bouche même
de celui-ci.

20 C'est lui qui a sauvé de l'affront le plus intolérable la tête qui
gouverne mes peuples. Mais, par le ciel, tout sera connu. C'est
trop longtemps trahir ma dignité. Puisque les majestés divines
et humaines sont impitoyablement violées et lacérées, puisqu'il n'y a plus chez les hommes de notions du bien et du mal,
25 puisque le roi de plusieurs milliers d'hommes éclate de rire
comme un palefrenier à la vue d'une perruque, Marinoni,
rends-moi mon habit. **(98)**

MARINONI, *ôtant son habit.* — Si mon souverain le com-
mande, je suis prêt à souffrir pour lui mille tortures.

30 LE PRINCE. — Je connais ton dévouement. Viens, je vais
dire au roi son fait en propres termes.

MARINONI. — Vous refusez la main de la princesse? elle
vous a cependant lorgné[77] d'une manière évidente pendant
tout le dîner.

35 LE PRINCE. — Tu crois? Je me perds dans un abîme de
perplexités. Viens toujours, allons chez le roi.

MARINONI, *tenant l'habit.* — Que faut-il faire, Altesse?

LE PRINCE. — Remets-le pour un instant. Tu me le rendras
tout à l'heure; ils seront bien plus pétrifiés, en m'entendant
40 prendre le ton qui me convient, sous ce frac[78] de couleur
foncée. **(99)**

(Ils sortent.)

---

77. *Lorgner :* observer à la dérobée en regardant de côté, sans nuance de familiarité;
78. *Frac :* voir note 34.

──────── **QUESTIONS** ────────

98. Analysez les phases principales de ce discours. Que dénote chez le prince
le refus qui paraît d'abord d'assimiler totalement l'affront fait à Marinoni et ce
même affront considéré comme s'adressant au prince de Mantoue, c'est-à-dire à
lui-même? Quel effet est produit sur le spectateur par la déduction savante que,
finalement, le travesti était une idée divine? En quoi la chute de la phrase finale,
après la triple répétition *puisque...,* vise-t-elle à obtenir un effet comique? Dégagez la nature du contraste entre l'appareil rhétorique considérable mis en branle
par cet homme pourtant en colère (hyperbole, exclamations, objurgations; sans
oublier les redondances systématiques, dans le plus pur style des grandes envo-
lées de la tragédie ou des exhortations terminant les sermons) et l'incongruité
cocasse, qui pourtant constitue une décision fondamentale dans l'action et dans
la progression de celle-ci : le changement d'habit.

99. SUR L'ENSEMBLE DE LA SCÈNE VI. — Analysez le mouvement de la scène
et le retournement final du prince. A quel genre dramatique se rattache-t-elle?
Pourquoi les éléments de farce ou de comique ridicule apparaissent-ils avec des
personnages du plus haut rang tout le long de la pièce?

SCÈNE VII

Une prison.

FANTASIO, *seul*. — Je ne sais s'il y a une providence, mais
c'est amusant d'y croire **(100)**. Voilà pourtant une pauvre
petite princesse qui allait épouser à son corps défendant un
animal immonde, un cuistre de province, à qui le hasard a
5 laissé tomber une couronne sur la tête, comme l'aigle d'Es-
chyle[79] sa tortue. Tout était préparé ; les chandelles allumées,
le prétendu[80] poudré, la pauvre petite confessée. Elle avait
essuyé les deux charmantes larmes que j'ai vues couler ce
matin. Rien ne manquait que deux ou trois capucinades[81] pour
10 que le malheur de sa vie fût en règle. Il y avait dans tout cela
la fortune de deux royaumes, la tranquillité de deux peuples ;
et il faut que j'imagine de me déguiser en bossu, pour venir me
griser derechef dans l'office de notre bon roi, et pour pêcher
au bout d'une ficelle la perruque de son cher allié ! En vérité,
15 lorsque je suis gris, je crois que j'ai quelque chose de surhu-
main. Voilà le mariage manqué et tout remis en question. Le
prince de Mantoue a demandé ma tête, en échange de sa
perruque. Le roi de Bavière a trouvé la peine un peu forte, et
n'a consenti qu'à la prison. Le prince de Mantoue, grâce à
20 Dieu, est si bête, qu'il se ferait plutôt couper en morceaux que
d'en démordre ; ainsi la princesse reste fille, du moins pour
cette fois. S'il n'y a pas là le sujet d'un poème épique en douze
chants, je ne m'y connais pas. Pope et Boileau[82] ont fait des
vers admirables sur des sujets bien moins importants. Ah ! si
25 j'étais poète, comme je peindrais la scène de cette perruque
voltigeant dans les airs ! Mais celui qui est capable de faire de
pareilles choses dédaigne de les écrire. Ainsi la postérité s'en
passera. *(Il s'endort.)* **[101]**

---

79. Allusion à la légende qui veut que le poète tragique grec soit mort pour avoir reçu sur la
tête une tortue lâchée par un aigle (cf. la fable de La Fontaine, *l'Horoscope*, VIII, 16) ;
80. *Prétendu :* celui dont le mariage est convenu, fiancé ; **81.** *Capucinade :* plate tirade de
morale ou de dévotion ; **82.** Allusions à *la Boucle de cheveux enlevée* (1711) de Pope et au
Lutrin de Boileau ; ce dernier poème, héroï-comique, retrace la dispute d'un trésorier et d'un
chantre de la Sainte-Chapelle.

--- **QUESTIONS** ---

100. A quel effet d'écho se rattache cette allusion à la providence ? Comment
le contexte où se trouve cette allusion diffère-t-il de celui de la scène précédente ?
Question 101, v. p. 65.

(Entrent Elsbeth et sa gouvernante, une lampe à la main.)

30   ELSBETH. — Il dort, ferme la porte doucement.

  LA GOUVERNANTE. — Voyez ; cela n'est pas douteux. Il a ôté sa perruque postiche ; sa difformité a disparu en même temps ; le voilà tel qu'il est, tel que ses peuples le voient sur son char de triomphe ; c'est le noble prince de Mantoue.

35   ELSBETH. — Oui, c'est lui ; voilà ma curiosité satisfaite ; je voulais voir son visage, et rien de plus ; laisse-moi me pencher sur lui. *(Elle prend la lampe.)* Psyché[83], prends garde à ta goutte d'huile.

  LA GOUVERNANTE. — Il est beau comme un vrai Jésus.

40   ELSBETH. — Pourquoi m'as-tu donné à lire tant de romans et de contes de fées ? Pourquoi as-tu semé dans ma pauvre pensée tant de fleurs étranges et mystérieuses ?

---

83. Allusion à la légende grecque de Psyché, reprise en particulier par le poète Apulée : cette jeune fille est aimée d'un inconnu qui ne vient que la nuit ; elle désire le connaître et le regarde à la lumière d'une lampe à l'huile ; mais, ce faisant, elle le réveille d'une goutte d'huile, et celui-ci, l'Amour, s'enfuit.

--------- **QUESTIONS** ---------

101. Faites le plan de la tirade de Fantasio. En quoi peut-elle être le commentaire de la première phrase, où est posé le problème de l'existence d'une providence ? Ne pensez-vous pas que cette phrase pouvait être placée à la fin, telle une conclusion logique, si le genre de cette tirade avait correspondu à une démonstration de type classique ? Enumérez les syntagmes descriptifs : *à son corps défendant, un animal immonde, a laissé tomber une couronne sur la tête, le prétendu poudré, la pauvre petite confessée.* Quelles impressions vous suggère cette accumulation ? A quoi répond le parallélisme des deux derniers ? Le style de Fantasio représente le mélange continuel d'une rhétorique impeccable et l'enchâssement, au sein de ces phrases, des signifiants choisis en fonction de leur incongruité avec le reste et leur cocasserie : comment les syntagmes *dans l'office de notre bon roi,* ou *au bout d'une ficelle* répondent-ils à l'essai de définition que nous venons de donner de ce style ? A quelles intentions cocasses vise le parallélisme dans la place au sein de la phrase et dans la signification même des mots : *ma tête / sa perruque ?* Pourquoi *grâce à Dieu ?* Cela correspond-il à une intention irrévérencieuse de Musset à l'égard de la religion et des croyants ? Est-ce l'expression sincère de Fantasio, qui préfère réellement le bonheur d'une personne qu'il voit, ou plutôt l'absence de son malheur, à l'éventualité d'une guerre ? Montrez comment cette alternative pourrait, si tel est votre avis, être remplacée par la simple juxtaposition de deux hypothèses complémentaires. Pourquoi, justement, les conséquences ultimes, la guerre, conséquences que Fantasio connaît, ne sont-elles pas évoquées ici ? Que signifie l'allusion à un poème possible sur le sujet ? Retrouvez sous cette allusion les éléments d'une idée romantique aux termes de laquelle la vie s'oppose aux mots qui la décrivent, les mots à la création poétique, qui en font une œuvre d'art, et la possibilité de la créer à la nécessité impérieuse d'y consacrer son temps.

LA GOUVERNANTE. — Comme vous voilà émue, sur la pointe de vos petits pieds!

45 ELSBETH. — Il s'éveille; allons-nous-en. **(102)**

FANTASIO, *s'éveillant*. — Est-ce un rêve? Je tiens le coin d'une robe blanche.

ELSBETH. — Lâchez-moi; laissez-moi partir.

FANTASIO. — C'est vous, princesse! Si c'est la grâce du
50 bouffon du roi que vous m'apportez si divinement, laissez-moi remettre ma bosse et ma perruque; ce sera fait dans un instant.

LA GOUVERNANTE. — Ah! prince, qu'il vous sied mal de nous tromper ainsi! Ne reprenez pas ce costume; nous savons
55 tout.

FANTASIO. — Prince! Où en voyez-vous un?

LA GOUVERNANTE. — A quoi sert-il de dissimuler?

FANTASIO. — Je ne dissimule pas le moins du monde; par quel hasard m'appelez-vous prince?

60 LA GOUVERNANTE. — Je connais mes devoirs envers Votre Altesse.

FANTASIO. — Madame, je vous supplie de m'expliquer les paroles de cette honnête dame. Y a-t-il réellement quelque méprise extravagante, ou suis-je l'objet d'une raillerie?

65 ELSBETH. — Pourquoi le demander, lorsque c'est vous-même qui raillez?

FANTASIO. — Suis-je donc un prince, par hasard? Concevrait-on quelque soupçon sur l'honneur de ma mère?

ELSBETH. — Qui êtes-vous, si vous n'êtes pas le prince de
70 Mantoue?-

FANTASIO. — Mon nom est Fantasio; je suis un bourgeois[84] de Munich. *(Il lui montre une lettre.)* **[103]**

ELSBETH. — Un bourgeois de Munich! Et pourquoi êtes-vous déguisé? Que faites-vous ici?

---

84. *Bourgeois :* habitant d'une ville, mais aussi personne qui n'est pas noble.

─────── **QUESTIONS** ───────────────────────

Questions 102 et 103, v. p. 67.

75 FANTASIO. — Madame, je vous supplie de me pardonner. *(Il se jette à genoux.)*

ELSBETH. — Que veut dire cela? Relevez-vous, homme, et sortez d'ici. Je vous fais grâce d'une punition que vous mériteriez peut-être. Qui vous a poussé à cette action?

80 FANTASIO. — Je ne puis dire le motif qui m'a conduit ici.

ELSBETH. — Vous ne pouvez le dire? et cependant je veux le savoir.

FANTASIO. — Excusez-moi, je n'ose l'avouer.

LA GOUVERNANTE. — Sortons, Elsbeth; ne vous exposez
85 pas à entendre des discours indignes de vous. Cet homme est un voleur, ou un insolent qui va vous parler d'amour. **(104)**

ELSBETH. — Je veux savoir la raison qui vous a fait prendre ce costume.

FANTASIO. — Je vous supplie, épargnez-moi.

90 ELSBETH. — Non, non, parlez, ou je ferme cette porte sur vous pour dix ans.

FANTASIO. — Madame, je suis criblé de dettes; mes créanciers ont obtenu un arrêt contre moi; à l'heure où je vous parle, mes meubles sont vendus, et si je n'étais dans cette
95 prison, je serais dans une autre. On a dû venir m'arrêter hier au soir; ne sachant où passer la nuit, ni comment me soustraire aux poursuites des huissiers, j'ai imaginé de prendre ce costume et de venir me réfugier aux pieds du roi; si vous me rendez la liberté, on va me prendre au collet; mon oncle est un
100 avare qui vit de pommes de terre et de radis, et qui me laisse

─────── **QUESTIONS** ───────

102. La princesse a-t-elle eu autre chose qu'une présomption à prendre Fantasio pour le véritable prince de Mantoue? Ou s'est-elle laissée aller à son imagination à partir de l'indiscrétion de l'officier qui fait partie de la suite du prince de Mantoue et à son cœur lorsqu'elle parlait à celui qu'elle prenait pour le bouffon de son père?

103. Citez d'autres œuvres, par exemple chez Shakespeare, où le thème du prince déguisé est traité. N'est-ce pas là également un thème populaire dont les racines plongent loin dans le temps, dont on trouve la trace par exemple dans le conte de *l'Oiseau bleu* ou dans celui de *la Belle et la bête*? Pourquoi est-ce la gouvernante qui parle et pourquoi Musset n'a-t-il pas fait parler la princesse elle-même?

104. Expliquez à la fois la nécessité de la présence de la gouvernante et celle du décalage de sa compréhension de la situation par rapport à celle qu'en ont Fantasio et la princesse.

mourir de faim dans tous les cabarets du royaume. Puisque vous voulez le savoir, je dois vingt mille écus[85]. **(105)**

ELSBETH. — Tout cela est-il vrai?

FANTASIO. — Si je mens, je consens à les payer. **(106)**

105 *(On entend un bruit de chevaux.)*

LA GOUVERNANTE. — Voilà des chevaux qui passent; c'est le roi en personne. Si je pouvais faire signe à un page! *(Elle appelle par la fenêtre.)* Holà! Flamel, où allez-vous donc?

LE PAGE, *en dehors*. — Le prince de Mantoue va partir.

110 LA GOUVERNANTE. — Le prince de Mantoue!

LE PAGE. — Oui, la guerre est déclarée. Il y a eu entre lui et le roi une scène épouvantable devant toute la Cour, et le mariage de la princesse est rompu.

ELSBETH. — Entendez-vous cela, monsieur Fantasio? vous
115 avez fait manquer mon mariage.

LA GOUVERNANTE. — Seigneur mon Dieu! le prince de Mantoue s'en va, et je ne l'aurai pas vu? **(107)**

ELSBETH. — Si la guerre est déclarée, quel malheur! **(108)**

FANTASIO. — Vous appelez cela un malheur, Altesse?
120 Aimeriez-vous mieux un mari qui prend fait et cause pour sa perruque? Eh! Madame, si la guerre est déclarée, nous saurons quoi faire de nos bras; les oisifs de nos promenades mettront leurs uniformes; moi-même je prendrai mon fusil de

---

85. Somme très importante.

QUESTIONS
---

105. Quelle différence fait le personnage de Fantasio entre la prison pour dettes et la prison pour espièglerie, devenue cause d'incident diplomatique? Qualifiez le degré d'écriture de ce passage : est-ce toujours l'éloquence babillarde et verbeuse à laquelle Fantasio nous a habitués? Analysez dans cette perspective certains détails de style : *prendre au collet* (= faire prisonnier), *vit de pommes de terre et de radis* (= vit chichement, preuve d'une avarice sordide), et certaines exagérations habituelles au hâbleur Fantasio : *dans tous les cabarets du royaume.*

106. Expliquez le mot d'esprit caché dans ce paradoxe.

107. Rapprochez cette remarque du dernier mot de la pièce et justifiez la présence d'un personnage comique par sa vraisemblance traditionnelle et par le comique de répétition de ses phrases au sein d'une scène qui ne l'est guère.

108. Rattachez cette remarque à ce que vous savez déjà de la princesse.

Oui, c'est lui; voilà ma curiosité satisfaite. (Acte II, scène VII, l. 35.)
Gravure de Lalauze, d'après Eugène Lami. Paris, Bibliothèque nationale.

chasse, s'il n'est pas encore vendu. Nous irons faire un tour
125 d'Italie, et, si vous entrez jamais à Mantoue, ce sera comme
une véritable reine, sans qu'il y ait besoin pour cela d'autres
cierges que nos épées. **(109)**

ELSBETH. — Fantasio, veux-tu rester le bouffon de mon
père? Je te paie tes vingt mille écus. **(110)**

130 FANTASIO. — Je le voudrais de grand cœur; mais en vérité,
si j'y étais forcé, je sauterais par la fenêtre pour me sauver un
de ces jours. **(111)**

ELSBETH. — Pourquoi? tu vois que Saint-Jean est mort; il
nous faut absolument un bouffon.

135 FANTASIO. — J'aime ce métier plus que tout autre; mais je
ne puis faire aucun métier. Si vous trouvez que cela vaille
vingt mille écus de vous avoir débarrassée du prince de Mantoue, donnez-les-moi et ne payez pas mes dettes. Un gentilhomme[86] sans dettes ne saurait où se présenter. Il ne m'est
140 jamais venu à l'esprit de me trouver sans dettes. **(112)**

---

86. Le gentilhomme est généralement de naissance noble, mais peut aussi s'opposer à l'image du bourgeois du seul point de vue du comportement et de l'éducation.

―――――― **QUESTIONS** ――――――

109. Les critiques se sont interrogés sur le sens de ce développement, comme le rappellent les éditeurs de Musset : « Le dénouement de Fantasio est tout souriant. Eros est victorieux. La gentille Elsbeth n'épousera pas son benêt de prétendu. Il est vrai que deux peuples vont s'égorger; mais la mort de quelques milliers d'hommes n'a jamais eu d'importance dans un conte de fées, où on les ressuscite d'un coup de baguette [...] » Tel est l'avis d'Arvède Barine (*Alfred de Musset*). Au contraire, Gustave Lanson déclare que Fantasio est un militariste comme tous les Français de l'époque, qui se rappellent l'épopée napoléonienne, qui seraient prêts à aller faire une « promenade militaire à Bruxelles [...] » (*Histoire de la littérature française*). Le sérieux des arguments avancés *nous saurons quoi faire de nos bras* est à rattacher, en l'inversant, au personnage de Fantasio, puisque, pour lui, le comble du drôle est de dire une contre-vérité en ayant l'air d'y croire. Cela impliquerait-il que la négation d'une contre-vérité ne nous réintroduit pas dans la vérité du réel, mais dans celle d'une autre vie, la vie rêvée?

110. Cette remarque d'Elsbeth ne prouve-t-elle pas que la cohérence logique et vraisemblable par rapport à la vie est étrangère à la scène, peut-être même surtout à toute la pièce de Musset, pour autant que, si l'on s'y fiait, il serait impossible à la fille d'un roi de libérer celui qui est la cause directe, quoique absurde, du sang qui va être versé?

111. Pourquoi Fantasio tient-il surtout à sa liberté?

112. Dégagez la philosophie généreuse, fantastique ou merveilleuse, autant qu'aristocratique au sens précis du terme, que contient cette belle profession de foi.

Le prince
de Mantoue
(Alain
Feydeau)
et
Elsbeth
(Christine
Fersen)
à la
Comédie-
Française
(1965).

Phot. Bernand.

ELSBETH. — Eh bien! je te les donne, mais prends la clef de mon jardin : le jour où tu t'ennuieras d'être poursuivi par tes créanciers, viens te cacher dans les bluets où je t'ai trouvé ce matin ; aie soin de reprendre ta perruque et ton habit bariolé ;
145 ne parais pas devant moi sans cette taille contrefaite[87] et ces grelots d'argent, car c'est ainsi que tu m'as plu : tu redeviendras mon bouffon pour le temps qu'il te plaira de l'être, et puis tu iras à tes affaires. Maintenant tu peux t'en aller, la porte est ouverte. **(113)**

150   LA GOUVERNANTE. — Est-il possible que le prince de Mantoue soit parti sans que je l'aie vu? **(114) (115)**

FIN DE « FANTASIO »

---

87. *Contrefait :* difforme ou imité par contrefaçon ; ici les deux significations s'ajoutent.

───── **QUESTIONS** ─────────────

113. Pourquoi n'est-ce pas Fantasio lui-même qui a plu à la princesse, mais l'évocation d'un personnage disparu dont il avait pris la place et même l'aspect? Dégagez la similitude de vues entre Fantasio et la princesse révélée par cette tirade. Pourquoi va-t-elle jusqu'à imiter en quelque sorte le style de Fantasio en évoquant les bluets?

114. En vous référant à la question 107, faites l'esquisse de la psychologie de la gouvernante.

115. Dégagez le mouvement général de la scène finale, la solitude profonde de chaque protagoniste et le sens que Musset donne à cette solitude. Pourquoi ce refus de tout lien, même de celui de l'amour? Appréciez le caractère du dénouement.

IL NE FAUT JURER DE RIEN
1836

NOTICE

CE QUI SE PASSAIT EN 1836

■ *EN POLITIQUE. En France :* Règne de Louis-Philippe. Démission du ministère tripartite (de Broglie, Thiers, Guizot) de 1832; ministère éphémère de Thiers, puis ministère Molé. Attentats contre le roi (juin et décembre). Mort de Charles X, à Goritz. Tentative de soulèvement de la garnison de Strasbourg par Louis-Napoléon (octobre), qui s'enfuit en Amérique.

A l'étranger : Révolution de La Granja, en Espagne; guerre carliste; retour à la Constitution de 1812. Révolution au Portugal. Développement du nationalisme tchèque. Le Texas, insurgé contre le Mexique, proclame son indépendance, immédiatement reconnue par les Etats-Unis. En Algérie, Clauzel échoue devant Constantine.

■ *EN LITTÉRATURE :* G. Sand : Mauprat. A. de Musset : la Confession d'un enfant du siècle, Lettre à Lamartine, la Nuit d'août, Stances à la Malibran, Il ne faut jurer de rien, Premières Lettres de Dupuis et Cotonet. A. Dumas père fait jouer Kean. La Mennais publie les Affaires de Rome. Dickens fait paraître Pickwick Papers.

■ *DANS LES SCIENCES ET DANS LES ARTS :* Le chimiste Berzelius découvre les phénomènes de catalyse.
Mort de la Malibran; naissance de Léo Delibes. Triomphe de Meyerbeer avec les Huguenots. Mendelssohn, directeur du Gewandhaus de Leipzig, fait jouer les Symphonies de Beethoven. Chopin visite Schumann et Mendelssohn à Leipzig; de retour à Paris, il est présenté par Liszt à George Sand, qui vient de rompre avec Musset. Liszt et Marie d'Agoult séjournent en Italie. Wagner quitte Magdebourg, où il était chef d'orchestre, après y avoir fait représenter son second opéra, Défense d'aimer, inspiré de Schiller.
Naissance du portraitiste Franz von Lenbach. Caricatures de Daumier. Delacroix peint son Saint Sébastien; Charlet expose son Épisode de la retraite de Russie; le sculpteur Barye voit son Lion au repos refusé au Salon.

PUBLICATION ET REPRÉSENTATION

Il ne faut jurer de rien fut publié pour la première fois dans la *Revue des Deux Mondes* le 1er juillet 1836. Depuis l'échec de *la Nuit vénitienne* en

1830, Musset n'écrivait plus pour le théâtre; son œuvre dramatique s'adressait à un public de lecteurs. Agé de vingt-six ans, il semble être à l'apogée de son activité littéraire poétique, dramatique, narrative. Pourtant, l'essentiel de son œuvre est déjà donné; *Il ne faut jurer de rien* est en fait la dernière grande œuvre dramatique de Musset : par la suite, sa création s'essouffle, s'espace; parmi les pièces qui suivent, seul, en 1837, *Un caprice*, court proverbe en un acte, connaît un succès plus grand; une seule comédie en trois actes, *Carmosine*, publiée en 1850, peut rivaliser en volume avec *Il ne faut jurer de rien*, mais elle ne connaîtra jamais un grand succès.

Après la représentation d'*Un caprice* en 1847, *Il ne faut jurer de rien* est, à son tour, porté à la scène entre plusieurs autres œuvres de Musset; largement remaniée par l'auteur, la pièce est jouée le 22 juin 1848 à la Comédie-Française, où, depuis, elle est inscrite au répertoire : on a pu en compter 651 représentations jusqu'en 1963.

En juillet 1853, du vivant de l'auteur, donc, paraît la première édition complète des *Comédies et proverbes;* puis une seconde édition paraît en 1856. Ces deux éditions publient les œuvres telles que Musset les avait remaniées pour la scène et telles qu'elles ont été, par ailleurs, le plus souvent jouées; jusqu'à ces dernières années, c'est sous cette forme qu'elles ont été souvent éditées; on joue désormais l'œuvre sous la forme originale de 1836, infiniment plus libre et plus riche; c'est cette version que l'on trouvera ici. Les passages de celle-ci placés entre crochets sont, dans l'édition de 1853, supprimés ou remplacés par le texte donné en note.

ANALYSE DE LA PIECE

■ *ACTE PREMIER.* **Un jeune homme à la mode et un projet machiavélique.**

L'oncle Van Buck vient saisir son neveu Valentin au saut du lit, à une heure fort tardive, pour lui faire des remontrances générales pour son insouciance, son oisiveté, sa vie dépensière, particulièrement sur ses dernières dettes. Valentin mène trop grand train aux frais de l'ex-négociant Van Buck, qui menace de lui couper les vivres. Mais il a de la repartie, et il cherche plutôt à regagner l'appui de son oncle qu'à justifier sa conduite; il déguise en discours spirituels le sentiment d'une certaine inutilité de sa vie. Cependant, Van Buck est aussi venu proposer à son neveu une solution à ses problèmes, le mariage. Valentin oppose cette fois un refus très net à son oncle, mais veut bien donner ses raisons : ses expériences de jeune libertin ont ôté de son cœur toute confiance dans l'amour; il croit ne devoir se fier à aucune femme, connaissant à la fois les faiblesses de l'éducation des filles à son époque et les modèles romanesques à la mode; devant le refus de son neveu, l'oncle emploie la menace; mais le naturel affectueux du neveu propose un accommodement : Valentin éprouvera la jeune fille et tentera de la séduire pour montrer qu'il ne fallait pas l'épouser; en cas d'échec, il veut bien l'épouser **(scène première).**

La scène est maintenant au château de Mantes : la baronne fait de la tapisserie en causant à bâtons rompus avec l'abbé — qui, lui, cherche à plaire —, tandis que sa fille prend une leçon de danse. On sait que le neveu de Van Buck est attendu, mais que rien ne doit sembler troubler l'atmosphère naturelle et intime de cet après-midi. Or, voici successivement deux surprises pour la baronne de Mantes : Valentin ne viendra pas, son oncle est venu pour l'excuser. La baronne ne veut pas paraître froissée dans son amour-propre, mais le cours de ses questions à Van Buck est interrompu par un incident imprévu : une voiture versée devant le château (**scène II**).

■ *ACTE II*. **Premières escarmouches et dernière initiative de Valentin.**

Dans le jardin, Van Buck, pris de remords, essaie de raisonner son neveu et de le détourner de son projet initial. Celui-ci, choyé, soigné et dorloté au château, se propose de séduire Mlle de Mantes dans des formes extravagantes qui inquiètent Van Buck : celui-ci se sent pris au piège, oubliant les clauses du traité. Mais les apparitions très réelles de Cécile de Mantes bouleversent cette conversation : Van Buck doit se cacher à chaque fois, et il réapparaît triomphant dès que Cécile a disparu; or, une première fois, Valentin essaie des discours galants, alors que Cécile vient tout simplement lui proposer un bouillon. Van Buck détaille ses qualités; Valentin, piqué par l'attitude de Cécile, que ses paroles ne semblent pas émouvoir, s'irrite de la présence de son oncle; une seconde fois, Cécile vient inviter Valentin pour le dîner et la soirée, mais elle se heurte cette fois à des refus très secs de Valentin; celui-ci, dépité, la voit passer une troisième fois, sans qu'elle détourne même son regard vers lui; ce détail, Van Buck, plus perspicace en ces moments, l'avait prévu contre l'espoir et la certitude de Valentin; pour se venger et reprendre le dessus dans cette entreprise, Valentin projette d'écrire à Cécile (**scène première**). La baronne, maussade, indignée aussi par les événements, joue aux cartes avec son abbé; mais Van Buck, pris de remords, ne peut garder le secret de la lettre; il avertit la baronne, qui, sûre de la bonne éducation de sa fille, est plutôt soulagée d'apprendre la conduite et les projets de Valentin (auxquels les révélations forcément partielles de Van Buck donnent une tournure romanesque, mais non inquiétante). Or, à sa grande surprise, Cécile ne lui dit rien d'elle-même. La baronne, s'étant emparée de la lettre, en fait une lecture publique, agrémentée des commentaires que lui dicte une confiance en elle triomphante; mais, à l'étonnement de Van Buck, qui ne l'avait pas vu, elle trébuche sur le mot *girouette*, employé étourdiment par Valentin; les choses changent de face : la baronne chasse Van Buck, traité de « vieux sot »; par ailleurs, on entend les chevaux de Valentin quittant le château; Cécile s'étonne des ruses de Valentin, alors qu'elle croyait tout beaucoup plus simple (**scène II**).

■ *ACTE III*. **Le séducteur pris au piège de l'innocence.**

Van Buck, furieux, a rejoint Valentin. Il est tard, il pleut; ils frappent à une auberge de campagne. Van Buck souffre de tant d'inconfort; au dépit de Valentin s'ajoute maintenant une piqûre d'amour-propre. Aussi, poursuivre son entreprise amoureuse prend l'allure d'une provocation et le pousse à des engagements dont il était loin au début de la pièce : faire de Cécile sa maîtresse et non sa femme. Pour ce faire, il fait envoyer un mot par le valet de l'auberge et se prend pour un héros séducteur et cynique, dont le modèle lui est fourni par la littérature anglaise : la jeune fille, être vertueux, est l'antithèse du jeune homme, sans moralité, riche et voluptueux. Van Buck cherche seulement le confort et la bonne chère, et il n'est que le témoin impuissant et comique d'un serment imprudent du jeune homme. Ils entrent enfin dans l'auberge pour se restaurer **(scène première)**. Pendant ce temps, la baronne prépare la grande réception mondaine projetée; l'abbé, comme toutes les Cassandres, prévoit un malheur et n'est pas pris au sérieux : il a vu le valet de l'auberge parler à une domestique, et il craint que ce ne soit là un émissaire des Van Buck. La baronne, toute à sa réception, l'avertit que sa fille est enfermée dans la pièce à côté, donc qu'elle est de toute façon hors d'état d'agir, ne l'écoute pas et sort. Cécile, qu'on ne voit pas, indique à l'abbé où est la clé de la pièce dans laquelle elle est, feint de se trouver mal, de sorte que l'abbé, désireux de lui porter secours, ouvre la porte avec la clé et la délivre sans le vouloir. Cécile s'enfuit **(scène II)**.

Le bon dîner, l'excellent chambertin et le feu de bois ont réconcilié Van Buck et son neveu. Ce dernier a promis de ne passer avec Cécile « qu'un quart d'heure d'amourette », au lieu d'en faire sa maîtresse : car Cécile a répondu au billet de Valentin par un autre billet, qu'elle a fait porter par un tiers et dans lequel elle accepte le rendez-vous. Tous deux se rendent donc à travers bois au lieu du rendez-vous; ils aperçoivent des lumières dans la forêt, mais, sans s'en inquiéter, Valentin se sépare de son oncle pour retrouver seul la jeune fille. Pendant que Van Buck, échauffé par le bon dîner, pousse une chansonnette, la baronne et l'abbé paraissent, le second multipliant les explications à propos de son intervention qui a abouti à la fuite de Cécile, et la première cherchant éperdument sa fille. Tombant sur Van Buck, la baronne devine que le neveu est en cause et fait la paix avec le commerçant d'Anvers, qui, tout ému, lui révèle que sa fille a accepté un rendez-vous de son neveu, mais que « tout peut encore se réparer » **(scène III)**. Valentin, dans un duo avec Cécile, se trouve finalement pris au piège du mariage avec la jeune fille; la baronne, Van Buck et l'abbé arrivent pour décider effectivement du mariage **(scène IV)**.

LES PERSONNAGES

A. PSYCHOLOGIE

Le portrait des personnages par l'analyse de texte et les données historiques.

Introduction.

Peu de personnages dans *Il ne faut jurer de rien*, cinq en tout, car on ne peut compter l'aubergiste et le garçon d'auberge de l'acte III. L'abbé doit, d'ailleurs, être placé à part des autres : compagnon de la baronne, il représente aussi le monde où vit celle-ci; par ailleurs, son comportement personnel est soit celui d'un fantoche (à l'occasion duquel Musset tire certains effets comiques sans rapport apparent avec une quelconque volonté de faire la psychologie d'un abbé de compagnie), soit celui d'une utilité, c'est-à-dire d'un quasi-figurant (acte II, scène II et acte III, scène II). Mais les perspectives de la peinture sociale dans cette œuvre sont riches et multiples. Entre les quatre autres personnages, en revanche, existent de très nombreux rapports de similitude ou de contraste : au couple mère-fille correspond le couple oncle-neveu (fondé sur un double jeu d'intérêts communs, mais aussi de contrastes vifs, alors que le couple mère-fille est surtout de similitude); au monde de la noblesse déchue, car ruinée, et devenue bourgeoisie commerçante de Van Buck (« C'est grâce à moi que les débris d'une fortune détruite ont pu encore se relever ») correspond celui de l'aristocratie d'Ancien Régime de la baronne; au monde des adultes, où se concluent les alliances avantageuses, la baronne-Van Buck, répond celui des jeunes gens, Valentin-Cécile, tous deux décidés à suivre leur cœur et non la loi de la société. Entre eux deux, les contrastes se multiplient à leur tour : au jeune homme blasé par trop d'aventures et de dissipation, mais aussi par trop de lectures, répond la jeune fille précieusement surveillée, mais cherchant elle-même, à l'aide de ses souvenirs et de son instinct, la voie de son propre bonheur.

Valentin.

Il semble fait de contradictions : noble et vivant d'expédients, pauvre et fier, jeune et blasé, riche d'idées et de lectures, et démuni devant la vie, désireux de mener un jeu machiavélique, mais généreux avec son oncle et facilement ému, ce héros romanesque, pris à son propre piège, disparaît à l'instant où il oublie ses contradictions pour s'abandonner à la plus délicieuse et la plus bourgeoise des idylles. Sa jeunesse, la mode du temps, le collège façonnent les aspects les plus apparents de son caractère. Agé de vingt-cinq ans, il n'a qu'un an de moins que Musset lui-même. Comme lui, il est un dandy; il est accusé par son oncle de faire le « fashionable », c'est-à-dire le jeune homme dont le vêtement, le langage et les préoccupations suivent étroitement le stéréotype de la mode : il s'habille avec beaucoup de recherche et de goût, avec luxe, même chez lui; il porte des gilets de satin, il a une robe de chambre à fleurs (cette tenue d'intérieur est alors d'une grande nouveauté). A la mode romantique, il porte les cheveux sur les épaules et la barbe en pointe. Son oncle a beau jeu d'évoquer son goût pour le luxe (déjeuners raffinés, carrosse de louage), si différent du besoin de confort du riche marchand de toile et si mal accordé, selon ce dernier, à la pauvreté de Valentin, obligé de prendre au retour de ses brillantes sorties sa chandelle chez son portier pour monter à son modeste logement.

Comme pour Musset, le temps de jeunesse de Valentin est aussi un temps de dissipation : il joue, il fait des dettes — trop, pour son oncle —; il dit à

Cécile n'avoir « fait que jouer, boire et fumer depuis qu'il a ses dents de sagesse ». Il ne lui parle pas de ses maîtresses, comme à son oncle. Mais il ne peut, malgré les remontrances de son oncle, prendre un emploi, ni même découvrir une vocation sérieuse. Sa noblesse est surtout un prétexte (certes, les Van Buck doivent appartenir à la petite noblesse, comme Musset lui-même, à la noblesse de robe), car elle ne l'empêche pas d' « écrivailler dans les gazettes ». Et pire encore! Valentin est même capable, selon son oncle, de devenir « socialiste », c'est-à-dire d'abord un adversaire de l'ordre établi quand lui-même ne pourra plus en profiter : « Tu es capable de te faire saint-simonien quand tu n'auras plus ni sou ni maille » (il va de soi que les idées de Saint-Simon n'ont que peu de chose à voir avec le qualificatif de *saint-simonien*). Sans l'appui de son oncle, à la fois riche et bon, Valentin serait peut-être un de ces faméliques auteurs que l'on trouve dans les *Illusions perdues* (1837-1843). Malgré les remontrances de son oncle, il refuse de prendre la vie au sérieux, si cela signifie « devenir surnuméraire dans l'entresol d'un avoué ». Valentin est aussi l'un des multiples reflets, échos, porte-parole de l'auteur.

Comme l'auteur, excellent élève de collège et parfait humaniste, Valentin cite l'Antiquité aussi facilement et volontiers que la littérature romantique anglaise, dont il est d'ailleurs très profondément imprégné. Il n'a de goût, sans doute, que pour le plaisir et la grande vie, d'une part, et la littérature, d'autre part.

Pour lui la vie est un jeu et non une entreprise à mener rationnellement (beau mariage et belles perspectives d'avenir), et il se trouve impliqué dans une situation de jeu qui lui permettra de découvrir un être sincère et d'éprouver par lui-même des sentiments authentiques, que la vie artificielle qu'il avait menée jusqu'alors ne lui avait pas donné l'occasion de connaître.

Ainsi engagé dans un pari romanesque par affection pour son oncle et par le goût de l'aventure, il est très vite empêtré dans ses serments juvéniles de ne jamais tomber réellement amoureux, de peur d'être dupe, tout en voulant jouer un machiavélique Valmont, le roué libertin qui réussit et dont le roman de Laclos a fourni un modèle, presque un archétype *(les Liaisons dangereuses)*. Valentin est en effet trop peu corrompu pour oser une séduction cynique, et il s'en tient à des moyens purement romanesques. C'est pourquoi il bute contre la réalité lorsqu'il connaît sa première déception d'amour-propre. Il ne porte pas un froid désir de vengeance dont l'objet serait la baronne (peut-être un peu aussi son oncle) et Cécile l'instrument; il renonce à ce nouveau projet un peu solennel pour se préparer à une simple amourette d'un quart d'heure, une fantaisie dans le sens de sa nature dilettante. Mais il s'aperçoit qu'il a été vaincu par Cécile, joué par elle avant de devenir très sincèrement et naïvement amoureux.

On voit tout ce que le personnage de Valentin a repris, dans un alliage nouveau, à ses prédécesseurs.

Mlle de Mantes.

Cécile de Mantes a sans doute reçu une excellente éducation; elle est « jeune fille à marier », dispose d'une bonne dot et a ce qu'on appelle de « belles espérances » (Van Buck dit tout net : « Cette fille-là sera très riche un jour »). Ailleurs il est dit d'elle : « Et après elle aura trente mille livres de rente. » Elle est jolie, elle sait l'anglais et l'italien. Elle aime la vie, et elle l'exprime dans les limites étroites que le code de la société sous Louis-Philippe lui permet : « Maman, pourquoi ne voulez-vous donc pas que j'apprenne la valse à deux temps? — Parce que c'est indécent » (acte premier, scène II). Mais son amour de la vie est le contraire même d'une révolte : ses aspirations au bonheur ne s'expriment qu'au travers de la morale bourgeoise et s'y manifestent avec d'autant plus de force qu'elles rejoignent l'ordre social. L'amour la fait vivre : mais, quand elle sait que Valentin finira par l'épouser, elle lui révèle une morale supérieure. L'amour humain est une étape vers la charité chrétienne. Or celle-ci est le fondement théorique toujours latent dans la société préindustrielle de 1840 et son modèle se trouve dans la civilisation de la campagne. L'opposition de ces deux morales est symbolisée par les deux étoiles auxquelles se réfèrent les partenaires du duo d'amour de l'acte III, scène IV : Vénus et Cérès. Valentin dit : « C'est Vénus, l'astre de l'amour, la plus belle perle de l'océan des nuits. » Cécile répond : « Non pas; c'en est une *plus chaste et bien plus digne de respect*; vous apprendrez à l'aimer un jour, quand vous vivrez *dans les métairies* et que vous aurez *des pauvres* à vous : admirez-la et gardez-vous de sourire; c'est *Cérès, déesse du pain*. » L'idéal est ainsi clairement défini : à la morale de la jouissance, du dandysme de la *ville* s'oppose la morale de la charité, de la hiérarchie sociale aristocratique (« ses pauvres »), dont le lieu d'origine et de référence est la *campagne*. C'est dans ce cadre idéologique que s'inscrit la psychologie de Cécile, qu'on peut analyser en termes traditionnels.

D'abord on constate que cette perspective rejoint sans contradiction l'esprit positif et simple d'une femme qui sait déjà que son rôle est d'abord la pratique ménagère. Cécile apporte un bouillon à Valentin, elle observe qu'il le boit d'un trait, elle lui annonce ses qualités domestiques : « Ah quand nous serons mari et femme, je vous soignerai mieux que cela. » Ses rapports avec sa mère sont faits de franchise, mais que limite la diplomatie, parce qu'elle ne veut quand même pas rater son mariage : d'où sa gêne quand elle tient la lettre de Valentin qui traite la baronne de girouette et ses pleurs quand elle est contrainte de remettre le document compromettant à sa mère (Cécile pleurant : « Mais, maman, ce n'est pas ma faute; c'est ce monsieur qui m'a écrit »).

L'analyse traditionnelle veut que le mélange de pureté virginale et de rouerie de coquette soit inextricable chez ce personnage. En effet, on remarque que, d'un côté, Cécile fait preuve de naïveté quand elle dit, seule avec les spectateurs : « Pourquoi m'écrit-il quand tout le monde veut bien qu'il m'épouse? », et que, d'un autre, beaucoup plus accentué, elle use d'un système diplomatique très au-dessus des capacités de Valentin, pour qu'il comprenne absolument que tout passe avec elle par le mariage : « Pourquoi ne serais-je pas venue, puisque je sais que vous m'épouserez? »; et un peu plus tard, en faisant intervenir le consentement maternel (sa mère est la seule autorité habilitée à la marier) : « Si ma mère le sait, et elle le saura, vous comprendrez qu'il faut qu'on nous marie. »

Cécile est ainsi pleine d'intelligence. Elle a aussi l'esprit de répartie humoristique ; à la rhétorique romantique de Valentin, qui lui parle de la fleur qui sait qu'elle doit être belle au moment où le soleil paraît, elle répond : « J'espère du moins que ma robe de noce ne sera pas mortellement belle. » Ce qui la rend surtout intéressante et presque proche de nous, c'est qu'elle est peut-être sur la voie de saisir un éventuel décalage entre son désir de bonheur et la morale, et qu'en tout cas elle a proposé elle-même un rendez-vous, qu'elle a su choisir comme romantique : « Ce coin de verdure dans un lieu si sauvage » (acte III, scène III). Et elle le dit en opposant « romanesque » et « roman ». Elle refuse le romanesque (elle est lucide sur les causes objectives qui ont mouillé la lettre de Valentin quand elle dit : « C'est le vent et la pluie qui ont pleuré sur ce papier » — manière de dire que ce n'est pas elle qui croira que Valentin a pleuré). Elle ignore le roman, surtout ceux qu'a lus Valentin, ceux de Richardson. Mais elle pressent que les choses ne sont pas claires et que ses motivations profondes (nous pourrions dire ses « pulsions ») ont une parenté, même si elle est indéfinissable, avec les motivations du personnage du roman de Richardson : Clarisse Harlowe. Seulement elle le dit ; et, abstraction faite de la convention théâtrale qui veut qu'un acteur parle, on peut admettre que c'est une façon de se le cacher, ce qui rend son personnage d'autant plus véridique : « Ce soir, quand j'ai reçu votre lettre, et que j'ai vu qu'il s'agissait d'un rendez-vous dans le bois, c'est vrai que j'ai cédé à une envie d'y venir qui tient un peu du roman. »

Roman-romanesque : peut-être pressent-elle que l'opposition n'est pas absolue. Mais aller plus loin serait forcer ce personnage, et pour finir aller contre la vérité de ce personnage.

La baronne.

Elle est représentative d'un milieu aristocratique de l'Ancien Régime, d'avant la Révolution ; autour d'elle gravitent l'abbé et le maître de danse. Son aspect extérieur est celui d'un style de conversation « tête en l'air » : c'est un style de vie plus qu'une vérité psychologique. Elle suit une certaine mode : elle va le dimanche à la messe à Paris, en l'église Saint-Roch ; elle connaît le grand poème de Lamartine, *Jocelyn*. Mais elle refuse de laisser danser la valse à sa fille, car elle estime cette danse indécente. Elle marierait sa fille en toute confiance à un « parti très convenable ». Elle domine adroitement ses réactions sous une brusquerie feinte : elle ne veut pas avoir l'air de tenir rigueur aux Van Buck de ne pas donner suite aux projets de mariage pour sa fille (acte premier, scène II), tout en étant visiblement déçappointée. C'est une mère réaliste : « Si elle [Cécile] était au bal, et qu'il fût quatre heures du matin, elle ne serait pas lasse. » Elle est de l'ancien temps, et elle ne s'en cache pas : « De mon temps, l'abbé, on était galant. » A ce titre, elle n'est que très peu étonnée par les intrigues (à l'opposé de Van Buck) : « Ah ! mon Dieu ! j'en ai vu bien d'autres. » Mieux encore, elle estime l'intrigue : « Il a de la tête, votre petit bonhomme », dit-elle à Van Buck. Elle regarde avec une hauteur méfiante le monde de Van Buck : « Qu'est-ce à dire, monsieur Van Buck? Savez-vous à qui vous parlez? Dans quel monde avez-vous vécu pour élever un pareil doute? Je ne sais pas trop comme on fait aujourd'hui, ni de quel train va votre bourgeoisie [...]. » Elle accepte le billet de Valentin (sauf le terme de « girouette », bien sûr). Elle établit la hiérarchie des devoirs propre à sa classe; en aucun cas, il ne faut retarder un bal malgré les tentatives de séduction de Valentin : « Vous verrez que j'aurai fait venir tout le faubourg Saint-Germain de Paris, pour le remercier et le mettre à la porte! »

Selon les termes de l'abbé, la baronne s'est séparée des Van Buck d'une « manière assez verte ». Voici la réponse de cette dame de l'Ancien Régime : « Bah! des Van Buck? des marchands de toile? qu'est-ce que vous voulez donc que ça fasse? Quand ils crieraient, *est-ce qu'ils ont voix?* » (C'est nous qui soulignons. Le mot d'esprit repose sur une ironie cinglante : même s'ils criaient, ils [c'est-à-dire les « bourgeois », ceux du tiers état]. n'auraient pas le *droit* de se faire entendre. Ce mot évoque même nettement les dispositifs du parlement convoqué juste avant la Révolution en 1788. Pour la baronne, *rien* ne s'est produit depuis.) Cependant, ce personnage devient émouvant; quand trente voitures arrivent pour le bal et que sa fille se sauve, la baronne appelle Van Buck au secours : « Vous êtes mon vieil ami, pas vrai? » (Cf. « je vous ai brusqué ».) Elle pleure même, ce qui étonne Van Buck. Elle est rassurée quand elle connaît la raison de la fuite de sa fille : « Ah! bah! c'était un rendez-vous? Voyez-vous la petite masque! A qui se fier désormais? » D'après Cécile, « il n'y a pas de meilleure femme au monde ». Elle a le même genre de simplicité que sa fille : elle refuse de croire à la noirceur de Valentin et attaque avec sûreté : « Tenez, les voilà qui s'embrassent. Bonsoir, mon gendre. »

Bref, ce personnage pittoresque et sympathique est d'une grande cohérence psychologique, malgré le peu de connaissance précise qu'en fin de compte nous en avons.

L'abbé.

C'est un abbé caricatural, devenu un meuble de salon. Tout ce qu'il dit contribue à faire de lui un abbé ridicule : ses maladresses, le style « vieille rhétorique », à la Massillon, de ses propos, la bêtise dont il fait preuve quand Cécile le joue. Il y a plus drôle et plus profond : le sentiment d'impuissance. Parlant à la baronne après la fuite de Cécile, il dit : « Encore, si j'avais eu le temps, je l'aurais peut-être retenue par son châle... ou du moins... enfin... par mes prières, par mes justes observations. » Il a déjà dit, en aparté destiné aux spectateurs, qu'il trouvait Cécile « une si charmante personne ». Musset n'a pas craint de laisser paraître un doute à propos de cet abbé. Tout le personnage peut être interprété en fonction de l'analyse suivante : il faut démontrer que l'Eglise n'est plus l'alliée naturelle de l'aristocratie. L'anticléricalisme de Musset s'en donne à cœur joie pour tenter d'établir une vérité qui n'est sans doute que le reflet de la situation globale à l'époque de Louis-Philippe : l'Eglise ne soutient plus l'aristocratie efficacement.

Van Buck.

Physiquement, il est bon vivant, encore « vert »; il aime bien manger, bien boire, il aime le confort et déteste la pluie, le mauvais temps et l'aventure au bord des chemins. Terre à terre, il l'est jusque dans ses souvenirs de bonheur : il ne partage pas le goût des jeunes gens pour les subtilités psychologiques ni pour les jeunes filles des salons « moitié chair et moitié coton ». Ses souvenirs de jeunesse, ce sont de belles Flamandes bien en chair et avec lesquelles les aventures se terminent sans histoire. C'est un mélange de bonté d'âme et de caractère bourru, qui se montre affectueux et grognon avec son neveu (trois ans de conseils, trois ans de paiement des dettes). Il aime vivre : il « digère encore vertement ». Il est « le seul de la famille qui se soit mis dans le commerce » pour relever les débris d'une fortune détruite et en est fier, car il a de l'estime pour le travail (« un écrivain public est plus estimable que toi. Je finirai par te couper les vivres, et tu mourras dans un grenier »), car il n'estime pas l'oisiveté : « Aujourd'hui la jeunesse ne respecte rien. » C'est un rusé (cf. sa querelle avec Valentin sur les 60 000 ou 50 000 livres de rentes); il négocie le mariage de son neveu comme une bonne affaire; les choses sont simples pour lui : « Veux-tu une jolie femme, tes dettes payées, et vivre en repos? » Son réalisme prosaïque lui fait trouver extravagant le projet de Valentin, qui s'est « réellement démis le bras »; lui ne vit pas facilement dans le romanesque. Il considère Valentin comme un « roué », et sa morale se résume à « il faut, il ne faut pas » : : « Mon ami, je vous défends d'y aller, si vous avez quelque notion du bien et du mal. » Il est issu de cette même noblesse vraisemblablement petite, dont se targue Valentin, et tout se passe comme s'il était devenu un bourgeois; pour rebâtir la fortune de sa famille, Van Buck s'est lancé dans le commerce; l'époque de la Restauration a vu se développer l'industrie et le commerce des textiles : Van Buck s'est établi à Anvers dans cette branche en expansion; il a la fierté d'avoir amassé un bien considérable, d'avoir sauvé sa famille de la ruine; il a le goût et le respect des affaires. Pris dans les tracas d'une société mondaine, il se sent mal à l'aise et regrette son commerce.

Il adhère fortement à la morale de sa classe d'adoption; plus que la morale qui régit les mœurs, il respecte le travail; c'est l'oisiveté de Valentin, plus que ses frasques, qui le met hors de lui. De plus, il est choqué par le gaspillage de Valentin, qui vit « comme un prince », alors qu'il est pauvre.

Il y a en lui un côté père Goriot. Il prodigue à Valentin les conseils, mais paie ses dettes; il cherche pour Valentin le mariage qui concilie la noblesse et l'argent. L'héritage de Mlle de Mantes sera moins important que celui de Valentin, mais il en vaut les deux tiers, et Cécile aura, en attendant, une très belle dot. Van Buck voudrait négocier ce mariage rondement, et il ne sait déguiser sous des allures romanesques les avantages de la proposition qu'il en fait à Valentin.

Ses rapports avec la noblesse sont assez complexes. Plus que le titre pour lui-même, il apprécie en Mlle de Mantes l'aristocratie personnelle, le fait qu'elle soit « bien élevée ». Vis-à-vis de la baronne, on le sent un peu trop respectueux; il paraît gauche à côté d'elle, parce que trop sérieux, trop direct; il n'a pas le même code moral qu'elle. D'ailleurs, lorsque la baronne se fâche avec lui, elle le traite comme un bourgeois, un marchand de toile, considérant son comportement social, son rôle social de bourgeois et non son identité de noble hollandais.

B. ANTHROPOLOGIE SOCIALE

Les structures de parenté comme base des rapports entre les personnages.

Chaque famille est composée de façon incomplète, et cette structure est importante.

D'un côté, le jeune homme est accompagné du frère de son père, ce qui signifie que la famille est patriarcale et pour ainsi dire sans femme. C'est du frère de son père que Valentin, oisif, reçoit l'argent dont il vit. Cette donnée de base permet déjà une liberté d'expression et de situation plus grande qu'un rapport père-fils; surtout elle rend possibles les effets comiques, qui auraient été irrecevables pour les spectateurs de Musset entre un père et un fils. Il n'est jamais question des vrais parents de Valentin, qui est orphelin. Cette situation justifie ou rend plus acceptable directement le rôle de *marieur* que joue l'oncle vis-à-vis du neveu.

De l'autre côté, la jeune fille vit avec sa mère : du père, il n'est jamais question, en dehors d'une allusion qui permet de conclure qu'il existe (la baronne dit [acte premier, scène II] : « Tout le monde pleurait; le baron ne faisait que se moucher. ») Même par ce détail on voit que le père de Cécile est ridicule pour le spectateur, et cette information lui parvient par son épouse. Le seul homme, en dehors de l'épisodique « maître de danse », qui paraisse dans l'entourage de Cécile est l'abbé. Or, tout le long de la pièce, il est l'occasion de rire pour le spectateur par ses quiproquos (il ne suit pas la conversation primesautière de la baronne [acte premier, scène II]) et dans tous ses actes : il perd au jeu (« Je crois que je suis capot » [acte II, scène II]); il donne des conseils que la baronne n'écoute pas (acte III, scène II); enfin, et surtout, il est berné par Cécile (acte III, scène II). Tel qu'il est, et bien sûr en tant qu'abbé, ce personnage *est* la négation du père. Nous sommes ici dans une société matriarcale.

Ces deux familles, parallèlement incomplètes, sont donc faites pour se compléter : c'est ce qui permet à Musset de ne pas compliquer les rapports Van Buck-baronne, qui sont les plus délicats et qui sont très importants, puisque, pour la baronne, les conventions avec le seul, pour Van Buck, les rapports affectifs et matériels qu'il a avec son neveu font que c'est d'eux que dépend l'acceptation des conditions matérielles et sociales du mariage entre les deux jeunes gens.

L'opposition des conditions sociales par la figure des deux chefs de famille.

Les deux familles sont nobles, mais une seule des deux vit de ses revenus. Le nom de Van Buck ne paraît pas, aux yeux du Français de 1830, aussi noble que le nom de la baronne, qui a une particule et qui est titrée : « la baronne de Mantes ».

Les deux chefs de famille prêtent à sourire, sans être odieux, par une certaine cocasserie : Van Buck par son éloquence de boutiquier marquée par les pires poncifs de la rhétorique latine (voir l'analyse stylistique des structures de phrases qui sont placées par Musset dans sa bouche au cours de la scène première de l'acte premier), son goût de la bonne chère, son esprit positif et terre à terre, etc.; la baronne par sa conversation faite de coq-à-l'âne continuels, sa futilité. Mais l'un et l'autre sont sympathiques au spectateur : Van Buck est généreux; la baronne est bonne et charitable. En conséquence, ce qui, dans leur bouche, exprime leur condition sociale n'est pas finalement dévalorisé : typés et parfois risibles, ils sont en ce sens tous les deux des porte-parole remarquables de leurs classes respectives.

Cependant, les conditions sociales, bien que *nobles*, n'ont pas le même niveau. En réalité, Van Buck a intégré en lui les valeurs de la bourgeoisie, qui, depuis la Révolution et, plus encore, depuis Louis-Philippe, prend le pouvoir économique en main (commerce et industrialisation au détriment de l'agriculture, que ses structures traditionnelles maintiennent politiquement proche de la noblesse et du clergé).

a) D'abord et avant tout, la valeur la plus haute réside dans le travail, celui qu'on choisit bien sûr (non pas ce qu'on est obligé de faire pour ne pas mourir de faim). Les premiers mots sérieux de Van Buck à Valentin sont : « Est-il croyable, je vous le demande, qu'un jeune homme de vingt-cinq ans passe son temps comme vous le faites? [...] Quand prendrez-vous un état? Vous êtes pauvre, puisqu'au bout du compte vous n'avez de fortune que la mienne. »

b) Mais le choix du travail est celui de la bourgeoisie au sens historique du terme : c'est presque un stéréotype de pensée de mettre dans le commerce un bourgeois d'Anvers, stéréotype qui plonge ses racines jusque dans le Moyen Age. Or, c'est le commerce qui restitue la famille dans sa gloire ancienne, donc les vertus bourgeoises qui permettent aux valeurs aristocratiques de se prolonger. C'est là la morale de Van Buck : « Si je suis le seul de la famille qui se soit mis dans le commerce, c'est grâce à moi, ne l'oubliez pas, que les débris d'une fortune détruite ont pu encore se relever. »

La baronne, elle, est typique de la société de l'Ancien Régime : elle vit à la campagne; elle a un abbé à son service exclusif (l'esprit caustique de Musset fait de cet ecclésiastique un joueur de piquet, refusant même de parler à son sacristain). Nous avons eu l'occasion, en analysant la psychologie individuelle des personnages, de préciser quelle était l'idéologie de classe de laquelle le personnage de la baronne relevait. L'intéressant est que cette idéologie n'est pas issue des propos de la baronne, comme pour Van Buck : nous n'avons pu la dégager qu'à l'aide des propos de Cécile (cf. l'évocation de Vénus-Cérès et de la vie dans les métairies, dans le duo d'amour final). Il est donc inutile de revenir sur son contenu même. Cependant, le moyen par lequel nous le connaissons est significatif. Alors que la bourgeoisie du couple Van Buck-Valentin s'accompagne d'une situation de conflit de générations, la noblesse terrienne, vivant à la campagne sur ses terres, est la référence d'une situation sans conflit, rassurante, qui caractérise les rapports de la baronne et de sa fille Cécile. Celle-ci aspire à être comme sa mère. Rien ne changera de l'un à l'autre dans leur système de valeurs et peut-être dans leur mode de vie. C'est dire à quel point la baronne représente la continuité qui caractérise les valeurs aristocratiques, une sorte de fixité dans l'histoire, et dont on peut dire après coup qu'elles étaient, par là même, condamnées à mort.

PERSONNAGES

VAN BUCK	négociant.
Valentin VAN BUCK	son neveu.
UN ABBÉ	
UN MAÎTRE DE DANSE	
UN AUBERGISTE	
UN GARÇON	
LA BARONNE DE MANTES	
CÉCILE	sa fille.

IL NE FAUT JURER DE RIEN

ACTE PREMIER

SCÈNE PREMIÈRE

La chambre de Valentin.

VALENTIN, *assis.* — *Entre* **VAN BUCK.**

VAN BUCK. — Monsieur mon neveu, je vous souhaite le bonjour.

VALENTIN. — Monsieur mon oncle, votre serviteur.

VAN BUCK. — Restez assis ; j'ai à vous parler.

5 VALENTIN. — Asseyez-vous ; j'ai donc à vous entendre. Veuillez vous mettre dans la bergère[1], et poser là votre chapeau.

VAN BUCK, *s'asseyant.* — Monsieur mon neveu, la plus longue patience et la plus robuste obstination doivent, l'une et 10 l'autre, finir tôt ou tard (1). Ce qu'on tolère devient intolérable, incorrigible ce qu'on ne corrige pas ; et qui vingt fois a jeté la perche à un fou qui veut se noyer, peut être forcé un jour ou l'autre de l'abandonner ou de périr avec lui.

VALENTIN. — Oh ! oh ! voilà qui est débuter, et vous avez là 15 des métaphores[2] qui se sont levées de grand matin. (2)

---

1. *Bergère :* large fauteuil garni de coussins. *Var.* éd. 1853 : dans ce fauteuil ; 2. *Métaphore :* figure de style qui consiste à transporter un mot de l'objet qu'il désigne ordinairement à un autre objet ayant quelque analogie avec le premier ; c'est une sorte de comparaison implicite.

--- **QUESTIONS** ---

1. Le début du dialogue entre l'oncle et le neveu : relevez les expressions emphatiques, les parallélismes, les structures du rythme qui lui donnent un caractère aussi « enlevé ». Montrez que, dès le début, est donné le ton comique de la scène : une conversation entre gens d'esprit, que leurs différents opposent moins qu'ils ne feignent de le dire.

2. Opposez le ton des deux interlocuteurs : face à l'éloquence savamment préparée de l'oncle, commentez l'impertinence dans la réponse du neveu.

VAN BUCK. — Monsieur, veuillez garder le silence, et ne pas vous permettre de me plaisanter. C'est vainement que les plus sages conseils, depuis trois ans, [tendent[3]] de mordre sur vous. Une insouciance ou une fureur aveugle, des résolutions sans
20 effet[4], mille prétextes inventés à plaisir, une maudite condescendance, tout ce que j'ai pu ou puis faire encore (mais, par ma barbe[5]! je ne ferai plus rien!)... Où me menez-vous à votre suite? Vous êtes aussi entêté...

VALENTIN. — Mon oncle Van Buck, vous êtes en colère.

25 VAN BUCK. — Non, monsieur, n'interrompez pas. Vous êtes aussi obstiné que je me suis, pour mon malheur, montré crédule et patient. Est-il croyable, je vous le demande, qu'un jeune homme de vingt-cinq ans passe son temps comme vous le faites? De quoi servent mes remontrances, et quand pren-
30 drez-vous un [état[6]]? Vous êtes pauvre, puisqu'au bout du compte vous n'avez de fortune que la mienne; mais, finalement, je ne suis pas moribond, et je digère encore vertement[7]. Que comptez-vous faire d'ici à ma mort?

VALENTIN. — Mon oncle Van Buck, vous êtes en colère, et
35 vous allez vous oublier.

VAN BUCK. — Non, monsieur, je sais ce que je fais; si je suis le seul de la famille qui se soit mis dans le commerce[8], c'est grâce à moi, ne l'oubliez pas, que les débris d'une fortune détruite ont pu encore se relever. Il vous sied bien[9] de sourire
40 quand je parle; si je n'avais pas vendu du guingan[10] à Anvers, vous seriez maintenant à l'hôpital avec votre robe de chambre à fleurs. Mais, Dieu merci, vos chiennes de bouillottes[11]...

VALENTIN. — Mon oncle Van Buck, voilà le trivial; vous changez de ton; vous vous oubliez; vous avez mieux com-
45 mencé que cela.

VAN BUCK. — Sacrebleu! tu te moques de moi? Je ne suis

---

3. *Var.* éd. 1853 : tentent ; 4. Sans suite, non tenues ; 5. A l'époque de la pièce, justement, seuls les gens de la jeune génération portent une barbe ; en revanche, ceux de la génération représentée par l'oncle Van Buck n'en portent pas : la barbe signale les artistes et manifeste un esprit indépendant ; 6. *État :* profession. *Var.* éd. 1853 : parti ; 7. En homme qui se porte bien (cf. un vieillard encore vert) ; 8. Van Buck a prospéré dans le commerce et, loin de considérer cette activité comme dégradante, s'en montre fier. C'est sous la monarchie de Juillet qu'en France le commerce et les transactions d'argent cessent d'être considérés comme infamants, ce qui accélère l'ascension de la bourgeoisie ; mais, de plus, Van Buck est un étranger ; 9. Cela vous va bien ; 10. *Guingan :* grosse étoffe de coton lisse, à rayures blanches sur fond bleu foncé, qui se fabriquait dans l'Inde ; 11. *Bouillotte :* ancien jeu de cartes.

bon apparemment qu'à payer tes lettres de change[12]? J'en ai
reçu une ce matin : soixante louis **(3)**! Te railles-tu des gens? il
te sied bien de faire le fashionable[13] (que le diable soit des
50 mots anglais!) quand tu ne peux pas payer ton tailleur! C'est
autre chose de descendre d'un beau cheval pour retrouver au
fond d'un hôtel une bonne famille opulente, ou de sauter à bas
d'un carrosse de louage pour grimper deux ou trois étages.
Avec tes gilets [de satin[14]], tu demandes, en rentrant du bal, ta
55 chandelle à ton portier[15], et il regimbe quand il n'a pas eu ses
étrennes. Dieu sait si tu les lui donnes tous les ans! Lancé
dans un monde plus riche que toi, tu puises chez tes amis le
dédain de toi-même; tu portes ta barbe en pointe et tes cheveux sur les épaules, comme si tu n'avais pas seulement
60 quoi acheter un ruban pour te faire une queue[16]. Tu écrivailles
dans les gazettes, [tu es capable de te faire saint-simonien[17]
quand tu n'auras plus ni sou ni maille, et cela viendra, je t'en
réponds]. Va, va, un écrivain public[18] est plus estimable que
toi. Je finirai par te couper les vivres, et tu mourras dans un
65 grenier. **(4)**

---

12. *Lettre de change* : acte par lequel un créancier ordonne à son débiteur de payer la
somme due à une date déterminée ; 13. *Fashionable* : qui est à la mode, raffiné et délicat ; les
choses et les mots anglais sont très en vogue alors ; 14. *Var.* éd. 1853 : à la mode ; 15. C'est
chez leur portier, ou chez leur concierge, que tous les locataires d'un immeuble prennent, en
rentrant, leur bougeoir. Mais Valentin pourrait faire croire, à son comportement social et à
ses vêtements, qu'il habite un hôtel particulier ; 16. *Queue* (ou catogan) : coiffure masculine à
la mode au XVIIIᵉ siècle, consistant à nouer les cheveux d'un ruban sur la nuque : c'est une
mode de l'Ancien Régime ; 17. Partisan des théories de Saint-Simon (1760-1825), considéré
comme un révolutionnaire par Van Buck. Le saint-simonisme comprend en effet le refus de la
propriété privée. On peut noter qu'avant de publier ses œuvres Saint-Simon s'était par deux
fois complètement ruiné ; d'où l'hypothèse de Van Buck ; 18. *Ecrivain public* : fonction
pratiquée encore au XIXᵉ siècle ; il s'agit de l'homme qui écrit des lettres ou des actes pour
ceux qui ne savent pas écrire, contre une modeste rétribution.

------- **QUESTIONS** -------

3. Comment se traduit dans ce passage l'opposition entre les deux hommes
(génération, culture)? En quoi cette opposition est-elle consécutive à la situation
même de l'un des deux personnages? Comparez la relation oncle-neveu à la
relation père-fils. — Les effets comiques des réponses mécaniques de Valentin.
N'est-ce pas un procédé de défense très fréquent dans les comédies? (Citez des
exemples de même type, dans des comédies de Molière par exemple.) — La
place du dernier argument de Van Buck dans l'ensemble de ses réprimandes.

4. Etudiez la condition de Valentin vue par Van Buck. En quoi Valentin
diffère-t-il de l'idéal bourgeois qu'apprécierait son oncle? Relevez les traits qui
peuvent caractériser des jeunes gens, de façon générale, par rapport à des êtres
plus âgés et ceux qui s'appliquent plus précisément à l'époque de la monarchie
de Juillet. Rapprochez le personnage de Valentin de créations voisines, chez
Balzac par exemple.

VALENTIN. — Mon bon oncle Van Buck, je vous respecte et
je vous aime. Faites-moi la grâce de m'écouter. Vous avez
payé ce matin une lettre de change à mon intention. Quand
vous êtes venu, j'étais à la fenêtre, et je vous ai vu arriver ;
70 vous méditiez un sermon juste aussi long qu'il y a d'ici chez
vous. Epargnez, de grâce, vos paroles. Ce que vous pensez, je
le sais ; ce que vous dites, vous ne le pensez pas toujours ; ce
que vous faites, je vous en remercie. Que j'aie des dettes et
que je ne sois bon à rien, cela se peut, qu'y voulez-vous faire ?
75 Vous avez soixante mille livres de rente... (5)

VAN BUCK. — Cinquante.

VALENTIN. — Soixante, mon oncle ; vous n'avez pas d'enfants, et vous êtes plein de bonté pour moi. Si j'en profite, où
est le mal ? Avec soixante bonnes mille livres de rente...

80 VAN BUCK. — Cinquante, cinquante ; pas un denier[19] de
plus.

VALENTIN. — Soixante ; vous me l'avez dit vous-même.

VAN BUCK. — Jamais. Où as-tu pris cela ?

VALENTIN. — Mettons cinquante (6). Vous êtes jeune, gail-
85 lard encore, et bon vivant. Croyez-vous que cela me fâche, et
que j'aie soif de votre bien ? Vous ne me faites pas tant
d'injure[20], et vous savez que les mauvaises têtes n'ont pas
toujours les plus mauvais cœurs. Vous me querellez de ma
robe de chambre : vous en avez porté bien d'autres. [Ma
90 barbe en pointe ne veut pas dire que je sois un saint-simonien : je respecte trop l'héritage.] Vous vous plaignez de mes
gilets ; voulez-vous qu'on sorte en chemise ? Vous me dites
que je suis pauvre, et que mes amis ne le sont pas ; tant mieux
pour eux, ce n'est pas ma faute. Vous imaginez qu'ils me
95 gâtent et que leur exemple me rend dédaigneux : je ne le suis
que de ce qui m'ennuie, et puisque vous payez mes dettes,

---

19. *Denier :* ancienne monnaie de valeur infime (douzième partie d'un sou) ; **20.** *Injure :*
offense (de croire que Valentin a *soif* de son bien).

──────── **QUESTIONS** ────────

5. La réponse de Valentin à son oncle : étudiez le mélange d'impertinence et
de confiance en la bonté de celui-ci. Notez les structures de phrases qui traduisent sa désinvolture. Dans quelle mesure Valentin justifie-t-il sa conduite ?

6. L'intérêt psychologique de cette chicane de détail et ses effets comiques ;
montrez que Valentin trouve ici une diversion heureuse aux reproches de son
oncle.

vous voyez bien que je n'emprunte pas. Vous me reprochez
d'aller en fiacre[21] ; c'est que je n'ai pas de voiture. Je prends,
dites-vous, en rentrant, ma chandelle chez mon portier : c'est
100 pour ne pas monter sans lumière ; à quoi bon se casser le cou ?
Vous voudriez me voir un état : faites-moi nommer premier
ministre, et vous verrez comme je ferai mon chemin. Mais
quand je serai surnuméraire[22] dans l'entresol d'un avoué, je
vous demande ce que j'y apprendrai, sinon que tout est vanité.
105 Vous dites que je joue à la bouillotte[23] : c'est que j'y gagne
quand j'ai brelan[24] ; mais soyez sûr que je n'y perds pas plus
tôt que je me repens de ma sottise. Ce serait, dites-vous, autre
chose, si je descendais d'un beau cheval, pour entrer dans un
bon hôtel : je le crois bien ; vous en parlez à votre aise. Vous
110 ajoutez que vous êtes fier, quoique vous ayez vendu du guingan[25], et plût à Dieu que j'en vendisse! ce serait la preuve que
je pourrais en acheter (7). [Pour ma noblesse elle m'est aussi
chère qu'elle peut vous l'être à vous-même ; mais c'est pourquoi je ne m'attelle pas[26], ni plus que moi les chevaux de pur
115 sang (8).] Tenez, mon oncle, ou je me trompe, ou vous n'avez
pas déjeuné. Vous êtes resté le cœur à jeun sur cette maudite
lettre de change ; avalons-la de compagnie, [je vais demander
le chocolat[27]]. (9)

> *(Il sonne. On sert à déjeuner.)*

120 VAN BUCK. — Quel déjeuner ! Le diable m'emporte ! tu vis
comme un prince.

---

21. *Fiacre* : voiture à cheval, de louage ; **22.** *Surnuméraire* : personne qui travaille en plus
des titulaires réguliers d'un poste, sans recevoir de rémunération ; **23.** *Bouillote* : voir note 11 ;
24. *Brelan* : réunion de trois cartes de même valeur (trois as, etc.) ; **25.** *Guingan* : voir
note 10 ; **26.** *S'atteler à une tâche* : se mettre à une tâche, à un travail (les chevaux de pur sang
se montent, mais ne s'attellent pas) ; **27.** *Var*. éd. 1853 : justement voici le chocolat.

━━━ QUESTIONS ━━━

7. Etudiez la tactique de Valentin dans sa défense et montrez qu'il décompose
un ensemble de reproches constituant globalement l'accusation passionnée de
son oncle en autant de problèmes indépendants. Quels effets en découlent ?

8. La défense véritable de Valentin : le sentiment de sa dignité ne peut-il le
rapprocher de son oncle ? Montrez en quoi le culte des apparences — seule
préoccupation sérieuse de Valentin — est à distinguer de la vanité pure et
simple et recouvre le sentiment vague d'une absence d'utilité véritable. Rapprochez Valentin d'autres personnages de dandys.

9. La conclusion de la dispute ; notez son ambiguïté psychologique et
comique ; si Valentin cherche à brusquer son oncle en coupant court à la conversation, ne semble-t-il pas lui donner raison plus que jamais ?

VALENTIN. — Eh! que voulez-vous? quand on meurt de faim, il faut bien tâcher de se distraire.

(Ils s'attablent.)

125 VAN BUCK. — Je suis sûr que, parce que je me mets là, tu te figures que je te pardonne.

VALENTIN. — Moi? pas du tout. Ce qui me chagrine, lorsque vous êtes irrité, c'est qu'il vous échappe malgré vous des expressions d'arrière-boutique. Oui, sans le savoir, vous 130 vous écartez de cette fleur[28] de politesse qui vous distingue particulièrement; mais quand ce n'est pas devant témoins, vous comprenez que je ne vais pas le dire.

VAN BUCK. — C'est bon, c'est bon, il ne m'échappe rien. Mais brisons là[29], et parlons d'autre chose; tu devrais bien te 135 marier. **(10)**

VALENTIN. — Seigneur, mon Dieu! qu'est-ce que vous dites?

VAN BUCK. — Donne-moi à boire. Je dis que tu prends de l'âge, et que tu devrais te marier.

140 VALENTIN. — Mais, mon oncle, qu'est-ce que je vous ai fait?

VAN BUCK. — Tu m'as fait des lettres de change. Mais quand tu ne m'aurais rien fait, qu'a donc le mariage de si effroyable? Voyons, parlons sérieusement. Tu serais, parbleu, 145 bien à plaindre quand on te mettrait ce soir dans les bras une jolie fille bien élevée, avec cinquante mille écus sur ta table pour t'égayer demain matin au réveil. Voyez un peu le grand malheur, et comme il y a de quoi faire l'ombrageux! Tu as des dettes, je te les [paierais[30]]; une fois marié, tu te rangeras. 150 [Mademoiselle de Mantes[31]] a tout ce qu'il faut...

VALENTIN. — Mademoiselle de Mantes! Vous plaisantez?

---

28. *Fleur* : ornement, raffinement suprême en quelque chose; **29.** Cessons de discuter (expression légèrement archaïque); **30.** *Var.* éd. 1853 : paierai; **31.** *Var.* éd. 1853 : Mademoiselle Cécile de Mantes.

──────── **QUESTIONS** ────────

10. La remarque de Valentin sur son oncle vient-elle à propos? En quoi constitue-t-elle sa seule réponse possible? Comment Van Buck se situe-t-il lui-même par rapport à ce code de l'élégance, que Valentin place au-dessus de toute autre chose? — La proposition de Van Buck apporte-t-elle ou non un effet de surprise? Le sujet abordé est-il totalement différent?

VAN BUCK. — Puisque son nom m'est échappé, je ne plaisante pas. C'est d'elle qu'il s'agit, et si tu veux... **(11)**

VALENTIN. — Et si elle veut. C'est comme dit la chanson :

155
Je sais bien qu'il ne tiendrait qu'à moi
De l'épouser, si elle voulait.

VAN BUCK. — Non ; c'est de toi que cela dépend. Tu es
agréé, tu lui plais.

VALENTIN. — Je ne l'ai jamais vue de ma vie.

160 VAN BUCK. — Cela ne fait rien ; je te dis que tu lui plais.

VALENTIN. — En vérité?

VAN BUCK. — Je t'en donne ma parole.

VALENTIN. — Eh bien donc! elle me déplaît.

VAN BUCK. — Pourquoi?

165 VALENTIN. — Par la même raison que je lui plais.

VAN BUCK. — Cela n'a pas le sens commun, de dire que les
gens nous déplaisent, quand nous ne les connaissons pas.

VALENTIN. — Comme de dire qu'ils nous plaisent. Je vous
en prie, ne parlons plus de cela.

170 VAN BUCK. — Mais, mon ami, en y réfléchissant (donne-moi
à boire), il faut faire une fin.

VALENTIN. — Assurément, il faut mourir une fois dans sa
vie.

VAN BUCK. — J'entends qu'il faut prendre un parti[32], et se
175 caser **(12)**. Que deviendras-tu? Je t'en avertis, un jour ou
l'autre, je te laisserai là malgré moi. Je n'entends pas que tu
me ruines, et si tu veux être mon héritier, encore faut-il que tu
puisses m'attendre. Ton mariage me coûterait, c'est vrai, mais
une fois pour toutes, et moins en somme que tes folies. Enfin,
180 j'aime mieux me débarrasser de toi ; pense à cela : veux-tu une
jolie femme, tes dettes payées, et vivre en repos?

VALENTIN. — Puisque vous y tenez, mon oncle, et que vous

---

32. Voir note 6 ; la correction de 1853, d'*état* en *parti*.

─────── **QUESTIONS** ───────

11. La surprise de Valentin dans tout ce passage : dans quelle mesure est-elle
feinte ou accentuée? — Quel gros avantage Van Buck voit-il au mariage de
Valentin? La précipitation de Van Buck opposée aux finesses de Valentin?

12. Les articulations logiques dans cet échange de reparties et leur résonance
comique. Valentin ne cherche-t-il pas à créer artificiellement un malentendu?

Van Buck
(Georges
Chamarat)
et
Valentin
(Michel
Duchaussoy)
à la
Comédie-
Française
(1970).

Phot. Bernand.

parlez sérieusement, sérieusement je vais vous répondre ; prenez du pâté, et écoutez-moi. **(13)**

185   VAN BUCK. — Voyons, quel est ton sentiment?

    VALENTIN. — Sans vouloir remonter bien haut, ni vous
lasser par trop de préambules, je commencerai par l'antiquité.
Est-il besoin de vous rappeler la manière dont fut traité un
homme qui ne l'avait mérité en rien, qui toute sa vie fut
190 d'humeur douce, jusqu'à reprendre, même après sa faute, celle
qui l'avait si outrageusement trompé[33]? Frère d'ailleurs d'un
puissant monarque[34], et couronné bien mal à propos...

    VAN BUCK. — De qui diantre me parles-tu?

    VALENTIN. — De Ménélas, mon oncle.

195   VAN BUCK. — Que le diable t'emporte et moi avec! Je suis
bien sot de t'écouter. **(14)**

    VALENTIN. — Pourquoi? Il[35] me semble tout simple...

    VAN BUCK. — Maudit gamin! cervelle fêlée! il n'y a pas
moyen de te faire dire un mot qui ait le sens commun. (*Il se
200 lève.*) Allons! finissons! en voilà assez. Aujourd'hui la jeunesse ne respecte rien.

    VALENTIN. — Mon oncle Van Buck, vous allez vous mettre
en colère.

    VAN BUCK. — Non, monsieur ; mais en vérité, c'est une
205 chose inconcevable. Imagine-t-on qu'un homme de mon âge
serve de jouet à un bambin? Me prends-tu pour ton camarade,
et faudra-t-il te répéter...

    VALENTIN. — Comment! mon oncle, est-il possible que vous
n'ayez jamais lu Homère?

210   VAN BUCK, *se rasseyant.* — Eh bien! quand je l'aurais lu?

    VALENTIN. — Vous me parlez de mariage ; il est tout simple
que je vous cite le plus grand mari de l'antiquité.

---

33. Hélène, fille de Léda et femme du roi Ménélas de Sparte, qui, à la fin de la guerre de
Troie (dont la cause était son enlèvement par Pâris), revint à Sparte avec Ménélas ; **34.** Aga-
memnon ; **35.** Cela (ce que je veux dire).

——————— **QUESTIONS** ———————

13. Comparez le sérieux de Van Buck et le sérieux de Valentin ; notez le côté
naïf de Van Buck et les traits enjoués chez Valentin.

14. En quoi cette longue réflexion de Valentin peut-elle surprendre le spectateur? Le rapport du ton au sujet dans ce développement : notez en particulier
les familiarités de ton pour un thème antique, caractéristiques du pastiche.

VAN BUCK. — Je me soucie bien de tes proverbes. Veux-tu
répondre sérieusement? **(15)**

215 VALENTIN. — Soit; trinquons à cœur ouvert; je ne serai
compris de vous que si vous voulez bien ne pas m'interrompre. Je ne vous ai pas cité Ménélas pour faire parade de ma
science, mais pour ne pas nommer beaucoup d'honnêtes gens;
faut-il m'expliquer sans réserve?

220 VAN BUCK. — Oui, sur-le-champ; ou je m'en vais.

VALENTIN. — J'avais seize ans, et je sortais du collège,
quand une belle dame de notre connaissance me distingua
pour la première fois. A cet âge-là, peut-on savoir ce qui est
innocent ou criminel? J'étais un soir chez ma maîtresse, au
225 coin du feu, son mari en tiers. Le mari se lève et dit qu'il va
sortir. A ce mot, un regard rapide échangé entre ma belle et
moi me fait bondir le cœur de joie. Nous allions être seuls! Je
me retourne, et vois le pauvre homme mettant ses gants. Ils
étaient en daim de couleur verdâtre, trop larges, et décousus
230 au pouce. Tandis qu'il y enfonçait ses mains, debout au milieu
de la chambre, un imperceptible sourire passa sur le coin des
lèvres de la femme, et dessina comme une ombre légère les
deux fossettes de ses joues. L'œil d'un amant voit seul de tels
sourires, car on les sent plus qu'on ne les voit. Celui-ci m'alla
235 jusqu'à l'âme [, et je l'avalai comme un sorbet]. Mais, par une
bizarrerie étrange, le souvenir de ce moment de délices se lia
invinciblement dans ma tête à celui de deux grosses mains
rouges se débattant dans des gants verdâtres; et je ne sais ce
que ces mains, dans leur opération confiante, avaient de triste
240 et de piteux, mais je n'y ai jamais pensé depuis sans que le
féminin sourire ne vînt me chatouiller le coin des lèvres[36], et
j'ai juré que jamais femme au monde ne me ganterait de ces
gants-là. **(16)**

VAN BUCK. — C'est-à-dire qu'en franc libertin, tu doutes de
245 la vertu des femmes, et que tu as peur que les autres ne te
rendent le mal que tu leur as fait.

---

36. *Var.* éd. 1853 : les lèvres.

15. Notez ici l'effet de « miroir », puisqu'*il ne faut jurer de rien* est justement
une sorte de « proverbe ». L'attitude de Valentin dans ce dernier passage :
quelle touche complémentaire cela ajoute-t-il à son portrait?
Question 16, v. p. 97.

VALENTIN. — Vous l'avez dit ; j'ai peur du diable, et je ne veux pas être ganté.

VAN BUCK. — Bah ! c'est une idée de jeune homme.

250 VALENTIN. — Comme il vous plaira, c'est la mienne ; dans une trentaine d'années, si j'y suis, ce sera une idée de vieillard, car je ne me marierai jamais.

VAN BUCK. — Prétends-tu que toutes les femmes soient fausses, et que tous les maris soient trompés ?

255 VALENTIN. — Je ne prétends rien, et je n'en sais rien. Je prétends, quand je vais dans la rue, ne pas me jeter sous les roues des voitures ; quand je dîne, ne pas manger de merlan ; quand j'ai soif, ne pas boire dans un verre cassé, et, quand je vois une femme, ne pas l'épouser ; et encore je ne suis pas sûr 260 de n'être ni écrasé, [ni étranglé,] ni brèche-dent, ni... (17)

VAN BUCK. — Fi donc ! mademoiselle de Mantes est sage et bien élevée ; c'est une bonne petite fille.

VALENTIN. — A Dieu ne plaise que j'en dise du mal ! elle est sans doute la meilleure du monde. Elle est bien élevée, dites-265 vous ? Quelle éducation a-t-elle reçue ? La conduit-on au bal, au spectacle, aux courses de chevaux ? Sort-elle seule en fiacre, le matin, à midi, pour revenir à six heures ? A-t-elle une femme de chambre adroite, un escalier dérobé ? [A-t-elle vu *la Tour de Nesle*[37], et lit-elle les romans[38] de M. de Balzac[39] ?] La 270 mène-t-on, après un bon dîner, les soirs d'été, quand le vent est au sud, voir lutter aux Champs-Elysées[40] dix ou douze

---

37. Drame d'Alexandre Dumas père, représenté en 1832 ; **38.** *Var.* éd. 1853 : lit-elle les romans-feuilletons ? (C'est A. Dumas père qui utilise le premier cette forme littéraire) ; **39.** Son premier roman, signé *les Chouans*, parut en 1829 ; **40.** En 1828, les Champs-Elysées sont aménagés en promenade publique, avec des fontaines et des bassins ; on y trouve aussi des attractions foraines.

─── **QUESTIONS** ───

16. Notez dans ce récit-confession le mélange de l'analyse des sentiments personnels et de la recherche littéraire formelle, par le développement du symbole en particulier. Dans le développement de ce thème, très fréquent chez Musset : le libertinage adolescent, traité de façon intimiste, analysez les éléments, conscients ou inconscients pour Valentin, par lesquels le héros exprime sa jeunesse. Rapprochez cette analyse d'autres passages semblables dans l'œuvre de Musset pour le ton ou pour les thèmes.

17. L'esprit de Valentin : notez l'humour de ses résolutions systématiques. Caractérisez le comique de ce passage ; relevez l'humour exhaustif de Valentin, interrompu par une aposiopèse. Distinguez l'utilisation comique des thèmes de ce passage chez Musset et chez Molière.

gaillards nus, aux épaules carrées? A-t-elle [pour maître] un beau valseur[41], grave et frisé, au jarret prussien, qui lui serre les doigts quand elle a bu du punch[42]? Reçoit-elle des visites en tête à tête, l'après-midi, [sur un sopha élastique,] sous le demi-jour d'un rideau rose? A-t-elle à sa porte un verrou doré, qu'on pousse du petit doigt en tournant la tête, et sur lequel retombe mollement une tapisserie sourde et muette? Met-elle son gant dans son verre lorsqu'on commence à passer le
280 champagne[43]? [Fait-elle semblant d'aller au bal de l'Opéra, pour s'éclipser un quart d'heure, courir chez Musard[44] et revenir bâiller?] Lui a-t-on appris, quand Rubini[45] chante, à ne montrer que le blanc de ses yeux, comme une colombe amoureuse? [Passe-t-elle l'été à la campagne chez une amie pleine
285 d'expérience, qui en répond à sa famille, et qui, le soir, la laisse au piano, pour se promener sous les charmilles, en chuchotant avec un hussard?] Va-t-elle aux eaux[46]? A-t-elle des migraines[47]? **(18)**

    VAN BUCK. — Jour de Dieu! qu'est-ce que tu dis là!

290   VALENTIN. — C'est que si elle ne sait rien de tout cela, on ne lui a pas appris grand-chose; car, dès qu'elle sera femme, elle le saura, et alors qui peut rien prévoir?

---

41. La chose et le terme sont récents à l'époque romantique; **42.** Boisson très en usage à l'époque romantique; **43.** Pratique élégante chez les femmes durant la première moitié du XIXᵉ siècle; **44.** *Musard :* musicien français (1793-1859), compositeur de musique de danse et chef d'orchestre de bals publics; en 1836, il était chef d'orchestre d'une salle de bal rue Vivienne; **45.** *Rubini :* ténor italien (1795-1854), qui chanta à Paris de 1825 à 1843. *Var.* éd. 1853 : Mario; **46.** Dans les villes d'eaux. Les saisons thermales ou les villégiatures dans les villes d'eaux étaient l'occasion d'une vie mondaine intense; **47.** Maladie à la mode au début du XIXᵉ siècle, comme les « vapeurs » au XVIIIᵉ siècle pour les femmes (et non pour les jeunes filles).

——— QUESTIONS ———

18. Analysez les différentes perspectives selon lesquelles on peut étudier ce nouveau « morceau » de Valentin; en ce qui concerne Valentin : en quoi ce passage traduit-il sa jeunesse, son goût des choses à la mode et de la vie mondaine, son désir de liberté et sa recherche du plaisir? pour l'étude de la vie contemporaine des héros de Musset (les plaisirs et les activités interdites aux jeunes filles bien élevées étaient, encore, autorisés aux jeunes gens et aux femmes mariées; cf., par exemple, Mᵐᵉ de Léry dans *Un caprice*)? pour les revendications exprimées : qu'est-ce qui distingue, et jusqu'à quel point, selon Valentin, une bonne éducation des jeunes filles d'une mauvaise éducation? Valentin peut-il être considéré, ici encore, comme le porte-parole de l'auteur? Dans quelle mesure la création des personnages féminins de Musset répond-elle au problème posé par Valentin? Parmi les héroïnes de Musset que vous connaissez, lesquelles répondent au programme d'éducation de Valentin, lesquelles ont été « mal élevées »?

VAN BUCK. — Tu as de singulières idées sur l'éducation des femmes. Voudrais-tu [qu'on les suivît[48]]?

295 VALENTIN. — Non; mais je voudrais qu'une jeune fille fût une herbe dans un bois, et non une plante dans une caisse. Allons, mon oncle, venez [aux Tuileries[49]], et ne parlons plus de tout cela.

VAN BUCK. — Tu refuses mademoiselle de Mantes?

300 VALENTIN. — Pas plus qu'une autre, mais ni plus ni moins. **(19)**

VAN BUCK. — Tu me feras damner; tu es incorrigible. J'avais les plus belles espérances; cette fille-là sera très riche un jour; tu me ruineras, et tu iras au diable; voilà tout ce qui 305 arrivera. Qu'est-ce que c'est? Qu'est-ce que tu veux?

VALENTIN. — Vous donner votre canne et votre chapeau, pour prendre l'air, si cela vous convient.

VAN BUCK. — Je me soucie bien de prendre l'air! Je te déshérite, si tu refuses de te marier.

10 VALENTIN. — Vous me déshéritez, mon oncle?

VAN BUCK. — Oui, par le ciel! j'en fais serment! Je serai aussi obstiné que toi, et nous verrons qui des deux cédera.

VALENTIN. — Vous me déshéritez par écrit, ou seulement de vive voix?

15 VAN BUCK. — Par écrit, insolent que tu es!

VALENTIN. — Et à qui laisserez-vous votre bien? Vous fonderez donc un prix de vertu, ou un concours de grammaire latine?

VAN BUCK. — Plutôt que de me laisser ruiner par toi, je me 20 ruinerai tout seul et à mon plaisir.

VALENTIN. — Il n'y a plus de loterie[50] ni de jeu; vous ne pourrez jamais tout boire.

---

48. *Var.* éd. 1853 : qu'on suivît tes conseils?; 49. Les Tuileries, dès l'époque de Catherine de Médicis, sont le premier jardin-promenade de Paris. *Var.* éd. 1853 : venez faire un tour de promenade; 50. La loterie royale, créée en 1660, venait, en effet, d'être abolie par un arrêté du 21 mai 1836.

─────── **QUESTIONS** ───────

19. En quoi les dernières réponses de Valentin nuancent-elles le programme d'éducation défini plus haut?

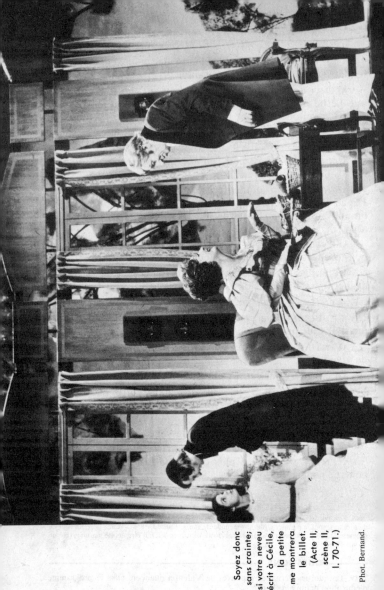

Soyez donc
sans crainte;
si votre neveu
a écrit à Cécile,
la petite montrera
me montrera
le billet.
(Acte II,
scène II,
l. 70-71.)

Phot. Bernand.

VAN BUCK. — Je quitterai Paris ; je retournerai à Anvers ; je me marierai moi-même, s'il le faut, et je te ferai six cousins
325 germains.

VALENTIN. — Et moi je m'en irai à Alger[51] ; je me ferai trompette de dragons, j'épouserai une Ethiopienne, et je vous ferai vingt-quatre petits-neveux, noirs comme de l'encre, et bêtes comme des pots.

330 VAN BUCK. — Jour de ma vie! si je prends ma canne...

VALENTIN. — Tout beau, mon oncle, prenez garde, en frappant, de casser votre bâton de vieillesse. **(20)**

VAN BUCK, *l'embrassant*. — Ah! malheureux! tu abuses de moi.

335 VALENTIN. — Ecoutez-moi ; le mariage me répugne ; mais pour vous, mon bon oncle, je me déciderai à tout. Quelque bizarre que puisse vous sembler ce que je vais vous proposer, promettez-moi d'y souscrire sans réserve, et, de mon côté, j'engage ma parole.

340 VAN BUCK. — De quoi s'agit-il? Dépêche-toi.

VALENTIN. — Promettez-moi d'abord, je parlerai ensuite.

VAN BUCK. — Je ne le puis pas sans rien savoir.

VALENTIN. — Il le faut, mon oncle ; c'est indispensable.

VAN BUCK. — Eh bien! soit, je te le promets.

345 VALENTIN. — Si vous voulez que j'épouse mademoiselle de Mantes, il n'y a pour cela qu'un moyen, c'est de me donner la certitude qu'elle ne me mettra jamais aux mains la paire de gants dont nous parlions.

VAN BUCK. — Et que veux-tu que j'en sache?

350 VALENTIN. — Il y a pour cela des probabilités qu'on peut calculer aisément. Convenez-vous que si j'avais l'assurance qu'on peut la séduire en huit jours, j'aurais grand tort de l'épouser?

---

51. La question d'Algérie est à l'ordre du jour sous Louis-Philippe. Le premier débarquement à Sidi-Ferruch a eu lieu en juin 1830.

—————— **QUESTIONS** ——————

20. L'esprit de repartie et ses différentes formes. Définissez l'insolence de Valentin, à l'égard de Van Buck. Les rapports entre l'impertinence et l' « esprit » de Valentin.

VAN BUCK. — Certainement[52]. Quelle apparence?... **(21)**

355   VALENTIN. — Je ne vous demande pas un plus long délai. La baronne ne m'a jamais vu, non plus que la fille ; vous allez faire atteler, et vous irez leur faire visite. Vous leur direz qu'à votre grand regret, votre neveu reste garçon : j'arriverai au château une heure après vous, et vous aurez soin de ne pas me 360 reconnaître ; voilà tout ce que je vous demande, le reste ne regarde que moi.

VAN BUCK. — Mais tu m'effraies. Qu'est-ce que tu veux faire ? A quel titre te présenter ?

VALENTIN. — C'est mon affaire ; ne me reconnaissez pas, 365 voilà tout ce dont je vous charge. [Je passerai huit jours au château ; j'ai besoin d'air, et cela me fera du bien. Vous y resterez si vous voulez.]

VAN BUCK. — Deviens-tu fou ? et que prétends-tu faire ? [Séduire une jeune fille en huit jours ?] Faire le galant[53] sous un 370 nom supposé ? La belle trouvaille ! Il n'y a pas de conte de fées où ces niaiseries ne soient rebattues. Me prends-tu pour un oncle du Gymnase[54] ? **(22)**

VALENTIN. — [Il est deux heures, allons-nous-en chez vous[55].] **(23)**

375   *(Ils sortent.)*

---

52. *Var.* éd. 1853 : Mais ; 53. *Galant :* homme très empressé auprès des femmes ; le terme est cependant moins fort que « séducteur » ; 54. Théâtre parisien construit en 1820 ; on y joua d'abord des comédies-vaudevilles à couplets, puis des comédies de mœurs ; 55. *Var. :* « Moi, grand Dieu ! le ciel m'en préserve ! je vous tiens pour un oncle véritable et, de plus, pour le meilleur des oncles. Croyez-moi, venez aux Champs-Elysées. Après un bon repas et une petite querelle, un tour de promenade au soleil fait grand bien. Venez, je vous conterai mes projets, je vous dirai toute ma pensée. Pendant que vous me gronderez, je plaiderai ma thèse ; pendant que je parlerai, vous ferez de la morale, et c'est bien le diable s'il ne passe pas un beau cheval ou une jolie femme, qui nous distraira tous les deux. Nous causerons sans nous écouter ; c'est le meilleur moyen de s'entendre. Allons venez. » Ici s'achève dans l'édition de 1853 l'acte premier.

QUESTIONS

21. La conciliation entre l'oncle et le neveu ; Valentin a-t-il l'air de céder ? Notez chez lui l'art de renverser les rôles. Etudiez le cynisme de Valentin — conséquence de son libertinage.

22. Les effets de surprise dans cette fin d'entretien : la rapidité de la décision prise par Valentin, la brusque apparition du romanesque. Notez que Van Buck, qui refusait de suivre son neveu dans ses conclusions cyniques, en demeure au ton du libertinage et ne peut pas davantage le suivre dans son imagination romanesque. Notez dans son opposition à Van Buck la peinture de la jeunesse de Valentin.

Question 23, v. p. 103.

SCÈNE II

Au château.

LA BARONNE, CÉCILE, UN ABBÉ, UN MAÎTRE DE DANSE.

*La baronne, assise, cause avec l'abbé en faisant de la tapisserie.
Cécile prend sa leçon de danse*

LA BARONNE. — C'est une chose assez singulière que je ne trouve pas mon peloton bleu[56].

L'ABBÉ. — Vous le teniez il y a un quart d'heure; il aura roulé quelque part.

5 LE MAÎTRE DE DANSE. — Si mademoiselle veut faire encore la poule[57], nous nous reposerons après cela.

CÉCILE. — Je veux apprendre la valse à deux temps[58].

LE MAÎTRE DE DANSE. — Madame la baronne s'y oppose. Ayez la bonté de tourner la tête, et de me faire des opposi-
10 tions[59].

L'ABBÉ. — Que pensez-vous, madame, du dernier sermon? ne l'avez-vous pas entendu?

---

56. *Var.* éd. 1853 : jaune; 57. *Poule* : une des figures de quadrille français (danse apparue en France vers la fin du XVIIIᵉ siècle); 58. Après la Révolution, la valse a remplacé le menuet, mais elle paraît encore très osée dans le monde aristocratique. On peut se demander si l'erreur de Cécile sur les temps est volontaire ou non; 59. *Opposition* : figure de danse qui consiste à tourner la tête du côté opposé à la direction des jambes.

—— QUESTIONS ——

23. SUR L'ENSEMBLE DE LA SCÈNE PREMIÈRE. — *Le contenu de la scène :* étudiez de façon synthétique la peinture de la jeunesse à travers Valentin et le conflit qui l'oppose à la classe de ses aînés — tout en en faisant une génération complémentaire de celle de ses aînés.

— Le personnage de Van Buck et certaines créations contemporaines de celui-ci, chez Balzac par exemple. Dans quelle mesure ce personnage est-il profondément ancré dans son époque?

— *Le rythme du dialogue :* notez l'alternance de morceaux de bravoure, formant comme des morceaux d'anthologie, avec leur unité et leur autonomie propre, et les échanges de reparties vives et rapides, véritables articulations du dialogue. Que peut-on en déduire sur l'esthétique de Musset auteur dramatique?

— Montrez qu'une scène d'exposition devient ici une scène essentielle de la comédie, avec des effets de surprise, des renversements de situation, etc. Notez la perspective théâtrale qui place le spectateur dans la connivence d'un des personnages : citez d'autres exemples de cette même donnée dramatique.

LA BARONNE. — C'est vert et rose, sur fond noir, pareil au petit meuble d'en haut.

15 L'ABBÉ. — Plaît-il?

LA BARONNE. — Ah! pardon, je n'y étais pas.

L'ABBÉ. — J'ai cru vous y apercevoir.

LA BARONNE. — Où donc?

L'ABBÉ. — A Saint-Roch[60], dimanche dernier.

20 LA BARONNE. — Mais oui, très bien. Tout le monde pleurait; le baron ne faisait que se moucher. Je m'en suis allée à la moitié parce que ma voisine avait des odeurs, et que je suis dans ce moment-ci entre les bras des homéopathes[61]. **(24)**

LE MAÎTRE DE DANSE. — Mademoiselle, j'ai beau vous le 25 dire, vous ne faites pas d'oppositions. Détournez donc légèrement la tête, et arrondissez-moi les bras.

CÉCILE. — Mais, monsieur, quand on veut ne pas tomber, il faut bien regarder devant soi.

LE MAÎTRE DE DANSE. — Fi donc! C'est une chose horrible. 30 Tenez, voyez; y a-t-il rien de plus simple? Regardez-moi; estce que je tombe? Vous allez à droite, vous regardez à gauche; vous allez à gauche, vous regardez à droite; il n'y a rien de plus naturel.

LA BARONNE. — C'est une chose inconcevable que je ne 35 retrouve pas mon peloton [bleu[62]].

CÉCILE. — Maman, pourquoi ne voulez-vous donc pas que j'apprenne la valse à deux temps?

LA BARONNE. — Parce que c'est indécent. Avez-vous lu [*Jocelyn*[63]]?

40 L'ABBÉ. — Oui, madame, il y a de [beaux vers[64]]; mais le fond, je vous l'avouerai...

---

60. Eglise située rue Saint-Honoré, fréquentée par les aristocrates; **61.** La vogue de l'homéopathie est très récente; elle est liée à l'installation à Paris, en 1835, d'un médecin allemand, Hahnemann; **62.** *Var.* éd. 1853 : jaune (voir note 56); **63.** *Var.* éd. 1853 : *le Juif errant*; **64.** *Var.* éd. 1853 : fort belles choses.

───── **QUESTIONS** ─────────────────

24. Appréciez la manière dont Musset donne, par quelques touches simples, l'atmosphère du salon de la baronne de Mantes : préoccupations, mœurs quotidiennes, ton de désinvolture. Le ton comique par les divers quiproquos : entrecroisement des thèmes de conversation, coq-à-l'âne de la baronne.

LA BARONNE. — Le fond est noir ; tout le petit meuble l'est ; vous verrez cela sur du palissandre.

CÉCILE. — Mais, maman, miss Clary valse bien, et mesde-
45 moiselles de Raimbaut aussi.

LA BARONNE. — Miss Clary est Anglaise, mademoiselle. Je suis sûre, l'abbé, que vous êtes assis dessus.

L'ABBÉ. — Moi, madame ! sur miss Clary !

LA BARONNE. — Eh ! c'est mon peloton, le voilà. Non, c'est
50 du rouge, où est-il passé ?

L'ABBÉ. — Je trouve [la scène de l'évêque fort belle[65]] ; il y a certainement du génie, beaucoup de talent, et de la facilité.

CÉCILE. — Mais, maman, de ce qu'on est Anglaise, pourquoi est-ce décent de valser ?

55 LA BARONNE. — Il y a aussi un roman que j'ai lu, qu'on m'a envoyé de chez [Mongie[66]]. Je ne sais plus le nom, ni de qui c'était. L'avez-vous lu ? [C'est assez bien écrit[67].]

L'ABBÉ. — Oui, madame. Il semble qu'on ouvre la grille. Attendez-vous quelque visite ? **(25)**

60 LA BARONNE. — Ah ! c'est vrai ; Cécile, écoutez.

LE MAÎTRE DE DANSE. — Madame la baronne veut vous parler, mademoiselle.

L'ABBÉ. — Je ne vois pas entrer de voiture ; ce sont des chevaux qui vont sortir.

65 CÉCILE, *s'approchant.* — Vous m'avez appelée, maman ?

LA BARONNE. — Non. Ah ! oui. Il va venir quelqu'un ; bais-sez-vous donc que je vous parle à l'oreille. C'est un parti. Êtes-vous coiffée ?

CÉCILE. — Un parti !

---

65. *Var.* éd. 1853 : plusieurs scènes fort belles ; **66.** Libraire et éditeur, qui publia en particulier les premières œuvres de Stendhal ; *var.* éd. 1853 : Charpentier ; **67.** Ici se place dans l'édition de 1853 la remarque de la baronne : c'est assez bien écrit.

─────── **QUESTIONS** ───────

25. Étudiez les allusions à la littérature contemporaine : montrez que, tout en constituant un des thèmes favoris de la conversation de salon, elles situent très précisément les personnages par rapport à leur époque. Citez d'autres scènes semblables, chez Musset et aussi chez Molière. La critique du snobisme litté-raire à travers le personnage de la baronne.

70   LA BARONNE. — Oui, très convenable. — Vingt-cinq à trente ans, ou plus jeune; non, je n'en sais rien; [très bien; allez danser[68].]

CÉCILE. — Mais, maman, je voulais vous dire...

LA BARONNE. — C'est incroyable où est allé ce peloton. Je
75 n'en ai qu'un de [bleu[69]], et il faut qu'il s'envole[70]. **(26)**

(Entre Van Buck.)

VAN BUCK. — Madame la baronne, je vous souhaite le bonjour. Mon neveu n'a pu venir avec moi; il m'a chargé de vous présenter ses regrets, et d'excuser son manque de parole.

80   LA BARONNE. — Ah, bah! vraiment, il ne vient pas? Voilà ma fille qui prend sa leçon; permettez-vous qu'elle continue? Je l'ai fait descendre, parce que c'est trop petit chez elle.

VAN BUCK. — J'espère bien ne déranger personne. Si mon écervelé de neveu...

85   LA BARONNE. — Vous ne voulez pas boire quelque chose? [Asseyez-vous donc. Comment allez-vous[71]?]

VAN BUCK. — Mon neveu, madame, est bien fâché...

LA BARONNE. — Ecoutez donc que je vous dise. L'abbé, vous nous restez, pas vrai? Eh bien! Cécile, qu'est-ce qui
90 t'arrive?

LE MAÎTRE DE DANSE. — Mademoiselle est lasse, madame.

LA BARONNE. — Chansons! si elle était au bal, et qu'il fût quatre heures du matin, elle ne serait pas lasse, c'est clair comme le jour. Dites-moi donc, vous :
95 *(Bas à Van Buck.)*
Est-ce que c'est manqué?

VAN BUCK. — J'en ai peur; et s'il faut tout dire...

---

68. *Var.* éd. 1853 : LA BARONNE. — [...] un parent à Van Buck.
CÉCILE. — Un parent...
LA BARONNE. — A Van Buck, je ne le connais pas, mais il est très bien; allez danser;
69. *Var.* éd. 1853 : jaune (voir note 56); **70.** *Add.* éd. 1853 : UN DOMESTIQUE, *annonçant.* — Monsieur Van Buck; **71.** *Var.* éd. 1853 : Comment allez-vous? Asseyez-vous donc.

━━━━━━ **QUESTIONS** ━━━━━━

26. Etudiez dans ce passage la peinture d'un milieu aristocratique et à la mode. — Qu'apparaît-il de l'éducation de Cécile, si l'on se réfère au programme défini par Valentin? Y a-t-il conflit de générations entre la baronne et sa fille? — L'esquisse du personnage de l'abbé dans ce début de scène : son rôle auprès de la baronne, ses façons de parler s'opposant au laisser-aller de celle-ci.

LA BARONNE. — Ah, bah! il refuse? Eh bien! c'est joli.

100 VAN BUCK. — Mon Dieu, madame, n'allez pas croire qu'il y ait là de ma faute en rien. Je vous jure bien par l'âme de mon père...

LA BARONNE. — Enfin il refuse, pas vrai? C'est manqué?

VAN BUCK. — Mais, madame, si je pouvais, sans mentir... **(27)**

105 *(On entend un grand tumulte au dehors.)*

LA BARONNE. — Qu'est-ce que c'est? regardez donc, l'abbé.

L'ABBÉ. — Madame, c'est une voiture versée devant la porte du château. On apporte ici un jeune homme qui semble privé de sentiment.

110 LA BARONNE. — Ah! mon Dieu! un mort qui m'arrive! Qu'on arrange vite la chambre verte. Venez, Van Buck, donnez-moi le bras[72]. **(28) (29)**

(Ils sortent.)

---

72. *Add.* éd. 1853 : Restez, Cécile; attendez-nous. Ici se placent dans l'édition de 1853 deux courtes scènes, les scènes III et IV.

Scène III : CÉCILE *seule.* — Un mort, grand Dieu! quel événement horrible! je voudrais voir, et je n'ose regarder... Ah! ciel! c'est ce jeune homme que j'ai vu l'hiver passé au bal... C'est le neveu de M. Van Buck. Serait-ce de lui que ma mère vient de parler? Mais il n'est pas mort du tout... Le voilà qui parle à maman, et qui vient par ici. C'est bien étrange. Je ne me trompe pas, je le reconnais bien. Quel motif peut-il donc avoir pour ne pas vouloir qu'on le reconnaisse? Oh! je le saurai.

Scène IV. — CÉCILE, LA BARONNE.

LA BARONNE. — Venez, Cécile, il est inutile que vous restiez ici dans ce moment.

CÉCILE. — Est-il blessé, maman?

LA BARONNE. — Qu'est-ce que cela vous fait? Venez, venez, mademoiselle. *(Elles sortent.)*

--- **QUESTIONS** ---

27. L'art de la baronne pour recevoir Van Buck ; le mélange de désinvolture et de sérieux dans son attitude.

28. L'opposition des styles entre l'abbé et la baronne. Etudiez les effets de comique typé de ces deux personnages. Peut-on user du terme de *fantoche* pour caractériser l'un ou l'autre? En quoi se justifie, dans la version originale, la succession des deux premières scènes sans interruption dans un même acte? Quels rapports ont-elles l'une avec l'autre? En quoi la coupure qui sépare cette première scène du château des suivantes paraît-elle nécessaire?

29. SUR L'ENSEMBLE DE LA SCÈNE II. — L'accélération du rythme dans cette fin de scène : en quoi le spectateur n'est-il pas déçu dans son attente, bien qu'il soit déjà au courant de ce qui va se passer (notez en particulier le changement de point de vue)? Analysez ici encore l'art des transitions rapides, des passages francs — sans fondu-enchaîné — chez Musset.

— La peinture de l'aristocratie sous la monarchie de Juillet : les rapports de cette aristocratie avec la bourgeoisie.

ACTE II

SCÈNE PREMIÈRE

Une allée sous une charmille.

Entrent VAN BUCK *et* VALENTIN, *qui a le bras en écharpe.*

VAN BUCK. — Est-il possible, malheureux garçon, que tu te sois réellement démis le bras?

VALENTIN. — Il n'y a rien de plus possible; [c'est même probable, et, qui pis est, assez douloureusement réel.

5   VAN BUCK. — Je ne sais lequel, dans cette affaire, est le plus à blâmer de nous deux. Vit-on jamais pareille extravagance[73]!]

VALENTIN. — Il fallait bien trouver un prétexte pour m'introduire convenablement. Quelle raison voulez-vous qu'on ait de se présenter ainsi incognito à une famille respectable?
10 J'avais donné un louis à mon postillon[74] en lui demandant sa parole de me verser[75] devant le château. C'est un honnête homme, il n'y a rien à lui dire, et son argent est parfaitement gagné; il a mis sa roue dans le fossé avec une [constance[76]] héroïque[77]. [Je me suis démis le bras, c'est ma faute;] mais j'ai
15 versé, et je ne me plains pas. Au contraire, j'en suis bien aise; cela donne aux choses un air de vérité qui intéresse en ma faveur. **(30)**

VAN BUCK. — Que vas-tu faire? et quel est ton dessein?

VALENTIN. — Je ne viens pas du tout ici pour épouser
20 mademoiselle de Mantes, mais uniquement pour vous prouver que j'aurais tort de l'épouser. Mon plan est fait, [ma batterie pointée;] et, jusqu'ici, tout va à merveille. Vous avez tenu

---

73. *Var.* éd. 1853 : VALENTIN. — [...] cela pourrait même être probable; mais pour réel, c'est une autre affaire. *(Il dégage son bras.)*
VAN BUCK. — Comment! encore une mauvaise plaisanterie?
74. *Postillon :* domestique monté sur l'un des chevaux d'un attelage pour le diriger; 75. *Verser :* renverser, jeter à terre; 76. *Var.* éd. 1853 : conscience; 77. *Add.* éd. 1853 : j'aurais très bien pu me casser le cou.

QUESTIONS

30. Le changement de ton chez Valentin : pourquoi Van Buck ne peut-il comprendre l'accident de Valentin et la manière dont celui-ci prend la chose?

votre promesse comme Régulus[78] ou Hernani[79]. Vous ne
m'avez pas appelé mon neveu, c'est le principal et le plus
25 difficile[; me voilà reçu, hébergé, couché dans une belle chambre verte, de la fleur d'orange sur ma table, et des rideaux
blancs à mon lit]. C'est une justice à rendre à votre baronne,
elle m'a aussi bien recueilli que mon postillon m'a versé.
Maintenant il s'agit de savoir si tout le reste ira à l'avenant. Je
30 compte d'abord faire ma déclaration, secondement écrire un
billet... **(31)**

VAN BUCK. — C'est inutile, je ne souffrirai pas que cette
mauvaise plaisanterie s'achève.

VALENTIN. — Vous dédire! comme vous voudrez; je me
35 dédis aussi sur-le-champ.

VAN BUCK. — Mais, mon neveu...

VALENTIN. — Dites un mot, je reprends la poste[80] et
retourne à Paris; plus de parole, plus de mariage; vous me
déshériterez si vous voulez.

40 VAN BUCK. — C'est un guêpier incompréhensible, et il est
inouï que je[81] sois fourré là. Mais enfin, voyons, explique-toi!

VALENTIN. — Songez, mon oncle, à notre traité. Vous
m'avez dit et accordé que, s'il était prouvé que ma future
devait me ganter de certains gants, je serais un fou d'en faire
45 ma femme. [Par conséquent, l'épreuve étant admise, vous
trouverez bon, juste et convenable qu'elle soit aussi complète

---

78. Héros de l'histoire romaine, fait prisonnier par les Carthaginois et envoyé à Rome sur
sa parole pour négocier un échange avec de jeunes nobles carthaginois prisonniers des
Romains. Il parla contre son intérêt personnel et prouva aux Romains qu'il valait mieux qu'il
rentrât à Carthage comme prisonnier plutôt que de retrouver sa liberté, si elle était rendue en
même temps à des notables ennemis ; **79.** En vertu d'un serment juré à son rival, don Ruy
Gomez (acte III d'*Hernani*), Hernani devra livrer sa vie au vieillard après avoir tué le prince
don Carlos. A l'acte V de la pièce, don Ruy Gomez vient demander à Hernani l'accomplisse-
ment de son serment — le prince a, par ailleurs, pardonné à tous les conjurés —, ce qui a
empêché Hernani de poursuivre une vengeance personnelle ; **80.** *Poste :* relais de chevaux,
étape pour le service des voyageurs (on peut y louer soit un cheval, soit une chaise de poste);
81. *Var.* éd. 1853 : que je *me*...

━━━ QUESTIONS ━━━━━━━━━━━━━━━━━━

31. L'effet de surprise causé par cette réponse de Valentin ; notez la désinvolture de celui-ci, favorisée par le succès total de son entreprise ; relevez les
termes d'impertinence légère, de confiance en la victoire dans ses paroles. Les
détails donnés par Valentin sur l'hospitalité qu'on lui offre : en quoi contras-
tent-ils avec l'humeur de Valentin? Celui-ci a-t-il conscience du fait qu'il peut
être désarmé par ces circonstances ou y voit-il des signes de son triomphe?
Pourquoi Van Buck ne peut-il interpréter correctement l'humeur de Valentin?

que possible. Ce que je dirai sera bien dit, ce que j'essaierai,
bien essayé, et ce que je pourrai faire, bien fait : vous ne me
chercherez pas chicane, et j'ai carte blanche en tout cas.]

50   VAN BUCK. — Mais, monsieur, il y a pourtant de certaines
bornes, de certaines choses... — Je vous prie de remarquer
que si vous allez vous prévaloir... — Miséricorde! comme tu y
vas! **(32)**

    VALENTIN. — Si [notre future[82]] est telle que vous la croyez
55 et que vous me l'avez représentée, il n'y a pas le moindre
danger, et elle ne peut que s'en trouver plus digne. Figurez-
vous que je suis le premier venu; je suis amoureux de mademoiselle de Mantes, vertueuse épouse de Valentin Van Buck ;
songez comme la jeunesse du jour est entreprenante et hardie!
60 que ne fait-on pas, d'ailleurs, quand on aime? Quelles esca-
lades, quelles lettres de quatre pages, quels torrents de larmes,
quels cornets de dragées! Devant quoi recule un amant? De
quoi peut-on lui demander compte? Quel mal fait-il, et de quoi
s'offenser? il aime, ô mon oncle Van Buck! Rappelez-vous le
65 temps où vous aimiez.

    VAN BUCK. — De tout temps j'ai été décent, et j'espère que
vous le serez, sinon je dis tout à la baronne.

    VALENTIN. — Je ne compte rien faire qui puisse choquer
personne. Je compte d'abord faire ma déclaration ; seconde-
70 ment, écrire plusieurs billets ; troisièmement, gagner la fille de
chambre ; quatrièmement, rôder dans les petits coins ; cinquiè-
mement, prendre l'empreinte des serrures avec de la cire à
cacheter ; sixièmement, faire une échelle de corde, et couper
les vitres avec ma bague ; septièmement, me mettre à genoux
75 par terre en récitant *la Nouvelle Héloïse*[83], et huitièmement, si
je ne réussis pas, m'aller noyer dans la pièce d'eau ; mais je
vous jure d'être décent, et de ne pas dire un seul mot, [ni] rien
qui blesse les convenances. **(33)**

---

82. *Future :* jeune fille que l'on se propose d'épouser. Terme fréquent dans les comédies ;
var. éd. 1853 : au contraire, elle ; 83. Le roman par lettres de *la Nouvelle Héloïse* est pourtant
de 1761.

--- **QUESTIONS** ---

32. La colère de Van Buck : comment s'explique son refus actuel de tenir
l'engagement conclu avec Valentin? Qu'y a-t-il de comique dans ses interventions? De quoi se sent-il prisonnier?
Question 33, v. p. 111.

VAN BUCK. — Tu es un roué[84] et un impudent ; je ne souffri-
80 rai rien de pareil.

VALENTIN. — Mais pensez donc que tout ce que je vous dis
là, dans quatre ans d'ici un autre le fera, si j'épouse mademoiselle de Mantes ; et comment voulez-vous que je sache de
quelle résistance elle est capable, si je ne l'ai d'abord
85 [essayé[85]] moi-même ? Un autre tentera bien plus encore, et
aura devant lui un bien autre délai ; en ne demandant que huit
jours, j'ai fait un acte de grande humilité.

VAN BUCK. — C'est un piège que tu m'as tendu ; jamais je
n'ai prévu cela.

90 VALENTIN. — Et que pensiez-vous donc prévoir, quand
vous avez accepté la gageure ?

VAN BUCK. — Mais, mon ami, je pensais, je croyais — je
croyais que tu allais faire ta cour... mais poliment... à cette
jeune personne, comme par exemple, de lui... de lui dire... Ou
95 si par hasard... et encore je n'en sais rien... Mais que diable ! tu
es effrayant. **(34)**

VALENTIN. — Tenez! voilà la blanche Cécile qui nous arrive
à petits pas. [Entendez-vous craquer le bois sec ? La mère
tapisse[86] avec son abbé. Vite, fourrez-vous dans la char-
100 mille[87].] Vous serez témoin de la première escarmouche, et
vous m'en direz votre avis.

VAN BUCK. — Tu l'épouseras si elle te reçoit mal ?
(Il se cache dans la charmille.)

---

84. *Roué :* nom donné aux jeunes gens débauchés sous la Régence et qui désigne, de façon
générale, quelqu'un qui n'a pas de principes ni de mœurs ; **85.** *Var.* éd. 1853 : vu ; **86.** *Tapis-*
ser : faire de la tapisserie (usage rare et volontairement comique dans la bouche de Valentin) ;
87. *Var.* éd. 1853 : Entrez là... (v. note 99).

─────── **QUESTIONS** ───────────────

33. La rhétorique de Valentin. En quoi celui-ci est-il très proche du romantisme ? Relevez, ici encore, le tour personnel de son imagination et de son style. Etudiez le mélange de termes vagues, emphatiques, avec des précisions réalistes, d'apparence naïve ; le contraste entre une certaine grandiloquence et des détails précis et inattendus comme *m'aller noyer dans la pièce d'eau*.

34. Rapprochez cet entretien de celui de l'acte premier : comment ont évolué l'attitude de Valentin et celle de Van Buck ? L'élément comique de leur opposition actuelle. En quoi la désapprobation de Van Buck est-elle en quelque sorte nécessaire pour ôter au projet de Valentin toute résonance inquiétante ? Doit-on rapprocher Valentin du Valmont des *Liaisons dangereuses* ? A quel niveau se situe sa sincérité ?

VALENTIN. — Laissez-moi faire, et ne bougez pas. Je suis
105 ravi de vous avoir pour spectateur, et l'ennemi détourne l'allée. [Puisque vous m'avez appelé fou, je veux vous montrer
qu'en fait d'extravagances, les plus fortes sont les meilleures.]
[Vous allez voir[88]], avec un peu d'adresse, ce que rapportent
les blessures honorables reçues pour plaire à la beauté. [Con-
110 sidérez cette démarche pensive, et faites-moi la grâce de me
dire si ce bras estropié ne me sied pas. Eh! que voulez-vous?
C'est qu'on est pâle; il n'y a au monde que cela :
Un jeune malade à pas lents...]
Surtout, pas de bruit; voici l'instant critique; respectez la foi
115 des serments. [Je vais m'asseoir au pied d'un arbre, comme un
pasteur[89] des temps passés.] **(35)**

(Entre Cécile un livre à la main.)

VALENTIN. — [Déjà levée, mademoiselle, et seule à cette
heure dans le bois[90]?]

120 CÉCILE. — C'est vous, monsieur? je ne vous reconnaissais
pas. Comment se porte votre foulure?

VALENTIN, *à part.* — Foulure! voilà un vilain mot.
(Haut.)
C'est trop de grâce que vous me faites, et il y a de certaines
125 blessures qu'on ne sent jamais qu'à demi.

CÉCILE. — [Vous a-t-on servi à déjeuner?

VALENTIN. — Vous êtes trop bonne; de toutes les vertus de
votre sexe, l'hospitalité est la moins commune, et on ne la
trouve nulle part aussi douce, aussi précieuse que chez vous;
130 et si l'intérêt qu'on m'y témoigne[91]...]

CÉCILE. — Je vais dire qu'on vous monte un bouillon. **(36)**
(Elle sort.)

---

88. *Var.* éd. 1853 : Vous verrez...; le vers cité ensuite provient de « la Chute des feuilles »
de Millevoye (*Elégies,* livre I, 1 [1812]); 89. *Pasteur :* berger (langue classique et littéraire);
90. *Var.* éd. 1853 : VALENTIN. — Mademoiselle...; 91. *Add.* éd. 1853 : et si l'intérêt qu'on me
témoigne ici...

─────── **QUESTIONS** ───────

35. Etudiez l'humour de Valentin, exercé aussi à l'égard de lui-même.

36. Caractérisez le ton de Cécile. Ses paroles ne pourraient-elles se trouver
dans la bouche de sa mère? Comment expliquez-vous l'assurance tranquille dont
elle fait preuve? Opposez ses remarques aux paroles de Valentin : qu'y a-t-il
d'amusant dans ce contraste? La grâce de Cécile dans un cadre frais et charmant, et la banalité des détails exprimés : l'effet de surprise pour Valentin et
pour le spectateur.

VAN BUCK, *rentrant*. — Tu l'épouseras! tu l'épouseras!
Avoue qu'elle a été parfaite. Quelle naïveté[92]! quelle pudeur
135 divine! On ne peut pas faire un meilleur choix.

VALENTIN. — Un moment, mon oncle, un moment; vous
allez bien vite en besogne.

VAN BUCK. — Pourquoi pas? Il n'en faut pas plus; tu vois
clairement à qui tu as affaire, et ce sera toujours de même.
140 Que tu seras heureux avec cette femme-là! Allons tout dire à
la baronne; je me charge de l'apaiser.

VALENTIN. — Bouillon! Comment une jeune fille peut-elle
prononcer ce mot-là? Elle me déplaît; elle est laide et sotte.
Adieu, mon oncle, je retourne à Paris.

145 VAN BUCK. — Plaisantez-vous? où est votre parole? Est-ce
ainsi qu'on se joue de moi? [Que signifient ces yeux baissés, et
cette contenance défaite?] Est-ce à dire que vous me prenez
pour un libertin[93] de votre espèce, et que vous vous servez de
ma folle complaisance comme d'un manteau pour vos
150 méchants desseins? N'est-ce donc vraiment qu'une séduction
que vous venez tenter ici [sous le masque de cette épreuve]!
Jour de Dieu! si je le croyais!...

VALENTIN. — Elle me déplaît, ce n'est pas ma faute, et [je
n'en[94] ai pas répondu[95].] **(37)**

155 VAN BUCK. — En quoi peut-elle vous déplaire? Elle est jolie,
ou je ne m'y connais pas. Elle a les yeux longs et bien fendus,
des cheveux superbes, une taille passable. Elle est parfaitement bien élevée; elle sait l'anglais et l'italien; elle aura trente
mille livres de rente, et en attendant une très belle dot. Quel
160 reproche pouvez-vous lui faire, et pour quelle raison n'en
voulez-vous pas?

VALENTIN. — Il n'y a jamais de raison à donner pourquoi

---

92. Qualité qui allie la grâce, le naturel et la simplicité (sens classique); **93.** Homme qui ne
suit que son plaisir et s'affranchit et des préjugés et des lois établies; en particulier, homme
qui recherche le plaisir amoureux, au mépris des lois du mariage; **94.** De cela (qu'elle me
plairait ou me déplairait); **95.** *Var.* éd. 1853 : je n'ai pas répondu de cela.

──────── **QUESTIONS** ────────

37. Le contraste entre l'attitude de l'oncle et celle du neveu : pourquoi
n'est-ce plus Valentin qui mène le dialogue? Que décèle-t-on à travers ses
paroles? Qu'a de comique l'enthousiasme de Van Buck? Comment les paroles
de Cécile ont-elles été reçues par l'oncle et par le neveu? Quel argument
nouveau Valentin donne-t-il, par deux fois, pour refuser d'épouser Mlle de
Mantes? Comment l'interprétez-vous?

les gens plaisent ou déplaisent. Il est certain qu'elle me
déplaît, elle, sa foulure et son bouillon. **(38)**

165   VAN BUCK. — C'est votre amour-propre qui souffre. Si je
n'avais pas été là, vous seriez venu me faire cent contes sur
votre premier entretien, et vous targuer de belles espérances.
Vous vous étiez imaginé faire sa conquête en un clin d'œil, et
c'est là où le bât vous blesse. [Elle vous plaisait hier au soir,
170 quand vous ne l'aviez encore qu'entrevue, et qu'elle s'empres-
sait avec sa mère à vous soigner de votre sot accident. Maintenant,] vous la trouvez laide parce qu'elle a fait à peine attention à vous. Je vous connais mieux que vous ne pensez, et je
ne céderai pas si vite. Je vous défends de vous en aller. **(39)**

175   VALENTIN. — Comme vous voudrez ; je ne veux pas d'elle ;
je vous répète que je la trouve laide, et elle a un air niais qui
est révoltant. Ses yeux sont [grands⁹⁶], c'est vrai, mais ils ne
veulent rien dire ; [ses cheveux sont beaux, mais elle a le front
plat ;] quant à la taille, c'est peut-être ce qu'elle a de mieux,
180 quoique vous ne la trouviez que passable. Je la félicite de
savoir l'italien, elle y a peut-être plus d'esprit qu'en français ;
pour ce qui est de sa dot, qu'elle la garde ; je n'en veux pas
plus que de son bouillon. **(40)**

  VAN BUCK. — A-t-on idée d'une pareille tête, et peut-on
185 s'attendre à rien de semblable ? Va, va, ce que je te disais hier
n'est que la pure vérité. Tu n'es capable que de rêver des
balivernes, et je ne veux plus m'occuper de toi. Épouse une
blanchisseuse si tu veux. Puisque tu refuses ta fortune, lorsque
tu l'as entre les mains, que le hasard décide du reste ; cherche-

---

96. *Var.* éd. 1853 : gentils.

─────── **QUESTIONS** ───────

38. Qu'y a-t-il d'amusant dans la défense de Cécile par Van Buck ? Quels
arguments, décisifs à ses yeux, Van Buck avait-il déjà invoqués au premier acte ?

39. L'analyse de Van Buck : est-il lucide en pensant que Valentin est, plus
encore que lui, pris au piège de son propre pari ? Pourquoi juge-t-il différemment
les choses par rapport au début de la scène ? Les conséquences de ce revirement
en ce qui concerne ses interventions auprès de Valentin : montrez qu'il est ainsi
amené à des contradictions du tout au tout, le suppliant d'abord de tout arrêter,
puis le lui interdisant. L'art de la peinture psychologique qui complète le portrait
délicat de Valentin par celui, à gros traits, de Van Buck.

40. La structure de la réponse de Valentin : retrouvez ce même genre d'esprit
au cours de la scène première. Le thème du *bouillon* : quel symbole
exprime-t-il ? Quelle résonance introduit-il ?

90 le au fond de tes cornets[97]. Dieu m'est témoin que ma patience
a été telle depuis trois ans que nul autre peut-être à ma place...

VALENTIN. — Est-ce que je me trompe? Regardez donc,
mon oncle. [Il me semble qu'elle revient par ici. Oui, je l'aperçois entre les arbres; elle va repasser dans le taillis[98].]

95 VAN BUCK. — Où donc? quoi? qu'est-ce que tu dis?

VALENTIN. — Ne voyez-vous pas une robe blanche derrière
ces touffes de lilas? Je ne me trompe pas; c'est bien elle. Vite,
mon oncle, rentrez [dans la charmille[99]] qu'on ne nous sur-
prenne pas ensemble.

100 VAN BUCK. — A quoi bon, puisqu'elle te déplaît?

VALENTIN. — Il n'importe, je veux l'aborder, pour que vous
ne puissiez pas dire que je l'ai jugée trop légèrement.

VAN BUCK. — Tu l'épouseras si elle persévère?
(Il se cache de nouveau.)

105 VALENTIN. — Chut! pas de bruit; la voici qui arrive. **(41)**

CÉCILE, *entrant.* — Monsieur, ma mère m'a chargée de vous
demander si vous comptiez partir aujourd'hui.

VALENTIN. — Oui, mademoiselle, c'est mon intention, et j'ai
demandé des chevaux.

110 CÉCILE. — [C'est qu'on fait un whist[100] au salon], et [que]
ma mère vous serait bien obligée si vous vouliez faire le
quatrième.

VALENTIN. — J'en suis fâché, mais je ne sais pas jouer.

CÉCILE. — Et si vous vouliez rester à dîner, nous avons un
115 faisan truffé.

VALENTIN. — Je vous remercie : je n'en mange pas.

CÉCILE. — Après dîner, il nous vient du monde, et nous
danserons la mazourke[101].

---

97. Gobelets servant à agiter les dés pour les jeux de hasard; **98.** *Var.* éd. 1853 : la voilà qui
revient; **99.** *Charmille :* berceau, tonnelle de verdure; **100.** *Whist :* jeu de cartes très répandu
au XIXe siècle et qui ressemble un peu au bridge, qui l'a remplacé ; *var.* éd. 1853 : On va faire
un whist; **101.** *Mazourke,* puis mazurka; le mot et la chose, une danse polonaise à trois temps,
ont pénétré en France en 1829.

QUESTIONS

41. Comment Musset traduit-il les changements de Valentin? En quoi le cadre
de cette scène — telle qu'elle a été conçue dans la version originale — est-il loin
d'être un simple décor? Quelle est l'atmosphère des apparitions de Cécile?

VALENTIN. — Excusez-moi, je ne danse jamais.

220 CÉCILE. — C'est bien dommage. Adieu, monsieur. **(42)**
(*Elle sort.*)

VAN BUCK, *rentrant*. — Ah çà! voyons, l'épouseras-tu?
Qu'est-ce que tout cela signifie? Tu dis que tu as demandé des
chevaux; est-ce que c'est vrai? ou si tu te moques de moi?

225 VALENTIN. — Vous aviez raison, elle est agréable; je la
trouve mieux que la première fois; elle a un petit signe au coin
de la bouche que je n'avais pas remarqué.

VAN BUCK. — Où vas-tu? Qu'est-ce qui t'arrive? Veux-tu
me répondre sérieusement?

230 VALENTIN. — Je ne vais nulle part, je me promène avec
vous. Est-ce que vous la trouvez mal faite?

VAN BUCK. — Moi? Dieu m'en garde! je la trouve complète
en tout.

VALENTIN. — Il me semble qu'il est bien matin pour jouer
235 au whist; y jouez-vous, mon oncle? [Vous devriez rentrer au
château.]

VAN BUCK. — [Certainement, je devrais y rentrer[102];] j'attends que vous daigniez me répondre. Restez-vous ici, oui ou
non?

240 VALENTIN. — Si je reste, c'est pour notre gageure; je n'en
voudrais pas avoir le démenti; mais ne comptez sur rien
jusqu'à tantôt; [mon bras malade me met au supplice.

VAN BUCK. — Rentrons; tu te reposeras.

VALENTIN. — Oui,] j'ai envie de prendre ce bouillon qui est
245 là-haut; il faut que j'écrive; je vous reverrai à dîner. **(43)**

---

102. *Var.* éd. 1853 : VAN BUCK. — Certainement.
VALENTIN. — Faites donc ce quatrième.
VAN BUCK. — Je le devrais.

QUESTIONS

42. Les nouvelles propositions de Cécile : traduisent-elles une intention plus
ou moins aimable à l'égard de Valentin? Opposez le style des réponses actuelles
de Valentin à ses réponses précédentes. La sécheresse de ses paroles n'est-elle
pas une réponse à la première rencontre de Cécile? Le caractère systématique-
ment négatif de ses réponses ne traduit-il pas autre chose que ce qu'il signifie
apparemment?

Question 43, v. p. 117.

van buck. — Écrire! j'espère que ce n'est pas à elle que tu écriras.

valentin. — Si je lui écris, c'est pour notre gageure. Vous savez que c'est convenu.

250 van buck. — Je m'y oppose formellement, à moins que tu me montres ta lettre.

valentin. — Tant que vous voudrez; je vous dis et je vous répète qu'elle me plaît médiocrement.

van buck. — Quelle nécessité de lui écrire? Pourquoi ne lui 255 as-tu pas fait tout à l'heure ta déclaration de vive voix, comme tu te l'étais promis?

valentin. — Pourquoi?

van buck. — Sans doute; qu'est-ce qui t'en empêchait? Tu avais le plus beau courage[103] du monde.

260 valentin. — C'est que mon bras me faisait souffrir **(44)**. Tenez, la voilà qui repasse une troisième fois; la voyez-vous là-bas dans l'allée?

van buck. — Elle tourne autour de la plate-bande[, et la charmille est circulaire. Il n'y a rien là que de très conve-265 nable].

valentin. — Ah! coquette fille! c'est autour du feu qu'elle tourne, comme un papillon ébloui. Je veux jeter cette pièce à pile ou face pour savoir si je l'aimerai.

van buck. — Tâche donc qu'elle t'aime auparavant; le 270 reste est le moins difficile.

valentin. — Soit; regardons-la bien tous les deux. Elle va passer entre ces deux touffes d'arbres. Si elle tourne la tête de notre côté, je l'aime, sinon, je m'en vais à Paris.

van buck. — Gageons qu'elle ne se retourne pas.

275 valentin. — Oh! que si; ne la perdons pas de vue.

---

103. *Courage :* ardeur.

━━━━ QUESTIONS ━━━━

43. Notez les jeux de scène relatifs à Van Buck : alternativement caché dans les buissons, puis réapparaissant avec un ton triomphant; montrez que ces jeux de scène créent une certaine atmosphère qui complète le déroulement des escarmouches Cécile-Valentin et contraste avec lui. Par quels moyens Valentin cherche-t-il à se séparer de son oncle? Pourquoi éprouve-t-il ce besoin?

44. Ce thème ne joue-t-il pas progressivement le rôle d'un alibi?

VAN BUCK. — Tu as raison. — Non, pas encore ; elle paraît lire attentivement.

VALENTIN. — Je suis sûr qu'elle va se retourner.

VAN BUCK. — Non, elle avance [; la touffe d'arbres appro-
280 che]. Je suis convaincu qu'elle n'en fera rien.

VALENTIN. — Elle doit pourtant nous voir ; rien ne nous cache ; je vous dis qu'elle se retournera.

VAN BUCK. — Elle a passé, tu as perdu. **(45)**

VALENTIN. — Je vais lui écrire, ou que le ciel m'écrase ! Il
285 faut que je sache à quoi m'en tenir. C'est incroyable qu'une petite fille traite les gens aussi légèrement. Pure hypocrisie ! pur manège ! Je vais lui dépêcher[104] un billet en règle ; je lui dirai que je meurs d'amour pour elle, que je me suis cassé le bras pour la voir, que si elle me repousse je me brûle la
290 cervelle, et que si elle veut de moi je l'enlève demain matin. Venez, rentrons, je veux écrire devant vous.

VAN BUCK. — Tout beau, mon neveu, quelle mouche vous pique ? Vous nous ferez quelque mauvais tour ici.

VALENTIN. — Croyez-vous donc que deux mots en l'air
295 puissent signifier quelque chose ? Que lui ai-je dit que d'indif-férent, et que m'a-t-elle dit elle-même ? Il est tout simple qu'elle ne se retourne pas. Elle ne sait rien, et je n'ai rien su lui dire. Je ne suis qu'un sot, si vous voulez ; il est possible que je me pique d'orgueil et que mon amour-propre soit en jeu. Belle
300 ou laide, peu m'importe ; je veux voir clair dans son âme. Il y a là-dessous quelque ruse, quelque parti pris que nous ignorons ; laissez-moi faire, tout s'éclaircira. **(46)**

VAN BUCK. — Le diable m'emporte, tu parles en amoureux. Est-ce que tu le serais, par hasard ?

305 VALENTIN. — Non ; je vous ai dit qu'elle me déplaît. [Faut-il

---

104. *Dépêcher* : expédier.

■ **QUESTIONS** ────────

45. La troisième apparition de Cécile : en quoi la logique de leurs rapports veut-elle que Cécile ne cherche pas à s'entretenir avec Valentin et ne détourne même pas la tête ? Quel rôle joue alors ce troisième passage ? Comment Valentin l'interprète-t-il ? En quoi modifie-t-il son jugement sur Cécile ? — Le pari sur le hasard : en quoi exprime-t-il à la fois le libertinage de Valentin et son esthétisme de dandy ? En quoi la présence de Van Buck le rend-il nécessaire ?

Question 46, v. p. 119.

vous rebattre cent fois la même chose?] Dépêchons-nous, [rentrons au château[105]].

VAN BUCK. — Je vous ai dit que je ne veux pas de lettre, et surtout de celle dont vous parlez.

310   VALENTIN. — [Venez toujours, nous nous déciderons[106].] **(47)**

(Ils sortent.)

SCÈNE II

Le salon.

LA BARONNE *et* L'ABBÉ,
devant une table de jeu préparée.

LA BARONNE. — Vous direz ce que vous voudrez, c'est désolant de jouer avec un mort. Je déteste la campagne à cause de cela.

---

105. *Var.* éd. 1853 : Je vais écrire ma lettre ; ce sera bientôt fait ; je vous la montrerai ;
106. *Var.* éd. 1853 : Puisque je vous dis que je vous la montrerai. *(Il sort. Van Buck le suit.)*

━━━━━ **QUESTIONS** ━━━━━

46. Analysez les mouvements passionnés de Valentin : la brusque explosion de son humeur et les réflexions par lesquelles il tente ensuite de s'apaiser. Montrez qu'il cesse de lutter et de jouer avec Van Buck, et qu'il s'adresse en fait à lui-même. En quoi, dans son comportement, conserve-t-il une lucidité qui le distingue d'un héros romantique traditionnel ?

47. SUR L'ENSEMBLE DE LA SCÈNE PREMIÈRE. — En quoi cette scène réalise-t-elle le plan annoncé à l'acte premier? En quoi réserve-t-elle des surprises (personnage de Cécile ; évolution de Valentin ; déroulement des événements)? Dans quelle mesure laisse-t-elle prévoir et le dénouement et les péripéties ultérieures de l'action?

— Etudiez la composition de la scène : l'art des tableaux très brefs illustrant une étape de l'action et une évolution des sentiments ; montrez qu'à des scènes rhétoriques, comme la scène première de l'acte premier, répondent, chez Musset, des scènes dramatiques où les mouvements sur scène, le jeu des attitudes expriment, bien plus que le dialogue, les sentiments des personnages.

— Appréciez l'importance du cadre et du lieu pour cette scène : montrez qu'en plus de sa nouveauté et de la fraîcheur qu'il apporte à cette scène de naissance de l'amour, le cadre convient parfaitement à l'expression des mouvements complexes et subtils des personnages.

— Le comportement de Valentin ; contradictions et unité du personnage : à quelle logique obéit-il?

— Les contrastes Valentin-Van Buck et l'opposition Valentin-Cécile.

L'ABBÉ. — Mais où est donc M. Van Buck? est-ce qu'il n'est
5 pas encore descendu?

LA BARONNE. — Je l'ai vu tout à l'heure dans le parc avec ce
monsieur de la chaise[197], qui, par parenthèse, n'est guère poli
de ne pas vouloir nous rester à dîner.

L'ABBÉ. — S'il a des affaires pressées...

10 LA BARONNE. — Bah! des affaires, tout le monde en a. La
belle excuse! Si on ne pensait jamais qu'aux affaires, on ne
serait jamais à rien. Tenez, l'abbé, jouons au piquet[108]; je me
sens d'une humeur massacrante.

L'ABBÉ, *mêlant les cartes.* — Il est certain que les jeunes
15 gens du jour ne se piquent pas d'être polis.

LA BARONNE. — Polis! je crois bien. Est-ce qu'ils s'en dou-
tent? et qu'est-ce que c'est que d'être poli? Mon cocher est
poli. De mon temps, l'abbé, on était galant.

L'ABBÉ. — C'était le bon, madame la baronne[, et plût au
20 ciel que j'y fusse né]!

LA BARONNE. — J'aurais voulu voir que mon frère, qui était
à Monsieur[109], [tombât[110]] de carrosse à la porte d'un château,
et qu'on l'y eût [gardé à coucher[111]]. Il aurait plutôt perdu sa
fortune que de refuser de faire un quatrième. [Tenez, ne par-
25 lons plus de ces choses-là[112].] C'est à vous de prendre; vous
n'en laissez pas?

---

107. *Chaise* [de poste] : voiture à chevaux, louée pour transporter une ou deux personnes;
108. *Piquet* : jeu de cartes où le joueur doit réunir le plus de cartes possible d'une même
couleur ainsi que certaines suites de cartes; **109.** *Monsieur* : titre porté régulièrement par
l'aîné des frères du roi ou le Dauphin : soit Charles X (mort en 1836), soit le duc de Berry
(mort en 1820); **110.** *Var.* éd. 1853 : fût tombé; **111.** *Var.* éd. 1853 : recueilli; **112.** *Var.* éd.
1853 : LA BARONNE. — [...] Des affaires! Est-ce que je n'en ai pas, moi? et ce bal de ce soir, je
n'ai pas la force de m'en occuper. Ah! voilà ma migraine qui me prend.

L'ABBÉ. — Dans une circonstance aussi grave, ne pourriez-vous retarder vos projets?

LA BARONNE. — Etes-vous fou? Vous verrez que j'aurai fait venir tout le faubourg Saint-
Germain de Paris pour le remercier et le remettre à la porte! Réfléchissez donc à ce que vous
dites.

L'ABBÉ. — Je croyais qu'en telle occasion on aurait pu sans blesser personne...

LA BARONNE. — Et au milieu de tout cela, je n'ai pas de bougies! Voyez donc un peu si
Dupré est là.

L'ABBÉ. — Je pense qu'il s'occupe des sirops.

LA BARONNE. — Vous avez raison. Ces maudits sirops, voilà encore de quoi mourir. Il y a
huit jours que j'ai écrit moi-même, et ils ne sont arrivés qu'il y a une heure. Je vous demande
si on va boire ça...

L'ABBÉ. — Je n'ai pas un as ; voilà M. Van Buck. **(48)**
(Entre Van Buck.)

LA BARONNE. — Continuons ; c'est à vous de parler.

30 VAN BUCK, *bas à la baronne*. — Madame, j'ai deux mots à vous dire qui sont de la dernière importance.

LA BARONNE. — Eh bien ! après le marqué[113].

L'ABBÉ. — Cinq cartes, valant quarante et cinq.

LA BARONNE. — Cela ne vaut pas. *(A Van Buck.)* Qu'est-ce 35 donc ?

VAN BUCK. — Je vous supplie de m'accorder un moment ; je ne puis parler devant un tiers, et ce que j'ai à vous dire ne souffre aucun retard.

LA BARONNE *se lève*. — Vous me faites peur ; de quoi s'agit-40 il ?

VAN BUCK. — Madame, c'est une grave affaire, et vous allez peut-être vous fâcher contre moi. La nécessité me force de manquer à une promesse que mon imprudence m'a fait accorder. Le jeune homme à qui vous avez donné l'hospitalité cette 45 nuit est mon neveu.

LA BARONNE. — Ah ! bah ! quelle idée !

VAN BUCK. — Il désirait approcher de vous sans être connu ; je n'ai pas cru mal faire en me prêtant à une fantaisie qui, en pareil cas, n'est pas nouvelle.

50 LA BARONNE. — Ah ! mon Dieu ! j'en ai vu bien d'autres !

VAN BUCK. — Mais je dois vous avertir qu'à l'heure qu'il est, il vient d'écrire à mademoiselle de Mantes, et dans les termes les moins retenus. Ni mes menaces, ni mes prières n'ont pu le dissuader de sa folie ; et un de vos gens, je le dis à 55 regret, s'est chargé de remettre le billet à son adresse. Il s'agit d'une déclaration d'amour, et je dois ajouter, des plus extravagantes.

---

113. Cf. la marque : moment du jeu où l'on marque les points, où l'on compte les cartes ; fait de les marquer (sans doute une expression de langue parlée ou un emploi forgé par la baronne).

--------- **QUESTIONS** ---------

48. L'atmosphère du salon de la baronne : rapprochez cette esquisse rapide de celle de la scène II de l'acte premier. Notez la permanence du coq-à-l'âne dans la conversation ainsi que la notation d'une hiérarchie des valeurs caractéristiques d'un milieu mondain. Soulignez le durcissement de la baronne.

LA BARONNE. — Vraiment! eh bien! ce n'est pas si mal. Il a de la tête, votre petit bonhomme.

60   VAN BUCK. — Jour de Dieu! je vous en réponds! ce n'est pas d'hier que j'en sais quelque chose. Enfin, madame, c'est à vous d'aviser aux moyens de détourner les suites de cette affaire. Vous êtes chez vous; et, quant à moi, je vous avouerai que je suffoque, et que les jambes vont me manquer. Ouf! **(49)**

65   *(Il tombe dans une chaise.)*

LA BARONNE. — Ah! ciel! qu'est-ce que vous avez donc? Vous êtes pâle comme un linge! Vite! racontez-moi tout ce qui s'est passé, et faites-moi confidence entière.

VAN BUCK. — Je vous ai tout dit; je n'ai rien à ajouter.

70   LA BARONNE. — Ah! bah! ce n'est que ça? Soyez donc sans crainte; si votre neveu a écrit à Cécile, la petite me montrera le billet.

VAN BUCK. — En êtes-vous sûre, baronne? Cela est dangereux.

75   LA BARONNE. — Belle question! Où en serions-nous si une fille ne montrait pas à sa mère une lettre qu'on lui écrit?

VAN BUCK. — Hum! je n'en mettrais pas ma main au feu.

LA BARONNE. — Qu'est-ce à dire, monsieur Van Buck? Savez-vous à qui vous parlez? Dans quel monde avez-vous[114]
80   vécu pour élever un pareil doute? Je ne sais pas trop comme on fait aujourd'hui, ni de quel train va votre bourgeoisie; mais, vertu de ma vie, en voilà assez; j'aperçois justement ma fille, et vous verrez qu'elle m'apporte sa lettre. [Venez[115]], l'abbé, continuons. **(50)**

85   *(Elle se remet au jeu. — Entre Cécile, qui va à la fenêtre, prend son ouvrage et s'assoit à l'écart.)*

---

114. *Add.* éd. 1853 : donc; 115. *Var.* éd. 1853 : Allons, allons...

QUESTIONS

49. Commentez le malentendu entre Van Buck et la baronne. En quoi les révélations de Van Buck sont-elles plutôt un soulagement pour la baronne? Montrez que la différence de jugement porté sur la conduite de Valentin révèle la différence du code moral dans la bourgeoisie et la noblesse. En quoi Valentin apparaît-il comme seul susceptible de passer d'un milieu à un autre? — Expliquez le comique de l'évanouissement de Van Buck.

50. Notez le changement progressif de ton chez la baronne à l'égard de Van Buck : montrez que l'échec, que lui fait redouter Van Buck au sujet de Cécile, est aggravé par la conscience de leur différence sociale.

L'ABBÉ. — Quarante-cinq ne valent pas?

LA BARONNE. — Non, vous n'avez rien ; quatorze d'as, six et quinze, c'est quatre-vingt-quinze. A vous de jouer.

90 L'ABBÉ. — Trèfle. Je crois que je suis capot[116].

VAN BUCK, *bas à la baronne.* — Je ne vois pas que mademoiselle Cécile vous fasse encore de confidence.

LA BARONNE, *bas à Van Buck.* — Vous ne savez ce que vous dites ; c'est l'abbé qui la gêne ; je suis sûre d'elle comme 95 de moi. Je fais repic[117] seulement. Cent dix-sept de reste. A vous [à[118]] faire.

UN DOMESTIQUE, *entrant.* — Monsieur l'abbé, on vous demande ; c'est le sacristain et le bedeau du village.

L'ABBÉ. — Qu'est-ce qu'ils me veulent? je suis occupé.

100 LA BARONNE. — Donnez vos cartes à Van Buck ; il jouera ce coup-ci pour vous. **(51)**

(L'abbé sort. Van Buck prend sa place.)

LA BARONNE. — C'est vous qui faites, et j'ai coupé. Vous êtes marqué[119] selon toute apparence. Qu'est-ce que vous avez 105 donc dans les doigts?

VAN BUCK, *bas.* — Je vous confesse que je ne suis pas tranquille ; votre fille ne dit mot[, et je ne vois pas mon neveu].

LA BARONNE. — Je vous dis que j'en réponds ; c'est vous qui la gênez ; je la vois d'ici qui me fait des signes.

110 VAN BUCK. — Vous croyez? moi, je ne vois rien. **(52)**

LA BARONNE. — Cécile, venez donc un peu ici ; vous vous tenez à une lieue[120]. *(Cécile approche son fauteuil.)* Est-ce que vous n'avez rien à me dire, ma chère?

CÉCILE. — Moi? non, maman.

---

116. *Capot* (adj.) : battu à plate couture, dans une partie de cartes ; **117.** Autre terme du jeu de piquet : *faire repic* désigne l'avantage de celui qui peut compter trente sur table sans jouer les cartes ; **118.** *Var.* éd. 1853 : de ; **119.** D'après son propre jeu, la baronne sait que son partenaire est battu par elle en ce qui concerne les points à marquer ; **120.** Très loin.

━━━ QUESTIONS ━━━

51. Notez la légèreté de Musset, auteur dramatique, se débarrassant, comme par miracle, du personnage de l'abbé lorsqu'il devient gênant pour la suite de l'entretien.

52. Commentez la balourdise naïve de Van Buck avec la baronne et l'art de la préparation du spectateur à la maladresse finale de Van Buck, lors de la lecture de la lettre.

Je suis curieuse
de lire
de son style,
à ce monsieur,
comme vous
l'appelez.
(Acte II,
scène II,
l. 135.)

Phot. Bernand.

115   LA BARONNE. — Ah! bah! Je n'ai que quatre cartes, Van Buck. Le point est à vous ; j'ai trois valets.

    VAN BUCK. — Voulez-vous que je vous laisse seules?

    LA BARONNE. — Non ; restez donc ; ça ne fait rien. Cécile, tu peux parler devant monsieur.

120   CÉCILE. — Moi, maman? Je n'ai rien de secret à dire.

    LA BARONNE. — Vous n'avez pas à me parler?

    CÉCILE. — Non, maman.

    LA BARONNE. — C'est inconcevable ; qu'est-ce que vous venez donc me conter, Van Buck?

125   VAN BUCK. — Madame, j'ai dit la vérité.

    LA BARONNE. — Ça ne se peut pas : Cécile n'a rien à me dire ; il est clair qu'elle n'a rien reçu.

    VAN BUCK, *se levant*. — Eh! morbleu, je l'ai vu de mes yeux.

    LA BARONNE, *se levant aussi*. — Ma fille, qu'est-ce que cela
130 signifie? levez-vous droite, et regardez-moi. Qu'est-ce que vous avez dans vos poches?

    CÉCILE, *pleurant*. — Mais, maman, ce n'est pas ma faute ; c'est ce monsieur qui m'a écrit. **(53)**

    LA BARONNE. — Voyons cela. *(Cécile donne la lettre.)* Je
135 suis curieuse de lire de son style, à ce monsieur, comme vous l'appelez.

    (Elle lit.)

    « Mademoiselle, je meurs d'amour pour vous. Je vous ai vue l'hiver passé, et vous sachant à la campagne, j'ai résolu de
40 vous revoir ou de mourir. J'ai donné un louis à mon postillon... »

    Ne voudrait-il pas qu'on le lui rende[121]? Nous avons bien affaire de le savoir.

    « à mon postillon, pour me verser devant votre porte. Je vous
45 ai rencontrée deux fois ce matin, et je n'ai rien pu vous dire, tant votre présence m'a troublé. Cependant la crainte de vous perdre, et l'obligation de quitter le château... »

---

121. *Var.* éd. 1853 : rendît.

    QUESTIONS

---

53. L'attitude de Cécile : que révèlent ses premières résistances et son changement d'attitude lorsqu'elle cède à sa mère? La part de la droiture, de l'innocence et de la ruse chez elle.

J'aime beaucoup ça. Qu'est-ce qui le priait de partir? C'est lui qui me refuse de rester à dîner.

150 « me déterminent à vous demander de m'accorder un rendez-vous. Je sais que je n'ai aucun titre à votre confiance... »

La belle remarque, et faite à propos.

« mais l'amour peut tout excuser; ce soir, à neuf heures, pendant le bal, je serai caché [dans le bois[122]], tout le monde
155 [ici] me croira parti, car je sortirai du château en voiture avant dîner, mais seulement pour faire quatre pas et descendre. »

Quatre pas! quatre pas! l'avenue est longue; ne dirait-on pas qu'il n'y a qu'à enjamber?

« et descendre. Si dans la soirée [vous pouvez vous échapper,
160 je vous attends[123]]; sinon, je me brûle la cervelle. » **(54)**

Bien.

« la cervelle. Je ne crois pas que votre mère... »

Ah! que votre mère? voyons un peu cela.

« fasse grande attention à vous. Elle a une tête de gir... »
165 Monsieur Van Buck, qu'est-ce que cela signifie?

VAN BUCK. — Je n'ai pas entendu, madame.

LA BARONNE. — Lisez vous-même, et faites-moi le plaisir de dire à votre neveu qu'il sorte de ma maison tout à l'heure, et qu'il n'y mette jamais les pieds.

170 VAN BUCK. — Il y a *girouette;* c'est positif; je ne m'en étais pas aperçu. Il m'avait cependant lu sa lettre avant que de la cacheter.

LA BARONNE. — Il vous avait lu cette lettre, et vous l'avez laissé la donner à mes gens! Allez, vous êtes un vieux sot, et je
175 ne vous reverrai de ma vie[124]. **(55)**

(Elle sort. On entend le bruit d'une voiture.)

---

122. *Var.* éd. 1853 : près de la ferme; 123. *Var.* éd. 1853 : vous pouvez m'accorder un instant d'entretien, tâchez de faire en sorte que je trouve la petite porte du pavillon entrou-verte.

Note 124, v. p. 127.

--- **QUESTIONS** ---

54. Les effets comiques de la lecture de la lettre de Valentin par la baronne elle-même. Les commentaires de celle-ci : montrez qu'ils désamorcent, en quelque sorte, la lettre de Valentin.

55. Qu'est-ce qui détermine la colère de la baronne? Appréciez l'habileté du dialogue autour du mot *girouette*. Pour quelle faute la baronne chasse-t-elle Van Buck? En quoi la déconfiture de Van Buck est-elle complète? Quels traits de son caractère en sont responsables?

[VAN BUCK. — Qu'est-ce que c'est? mon neveu qui part sans moi? Eh! comment veut-il que je m'en aille? J'ai renvoyé mes chevaux. Il faut que je coure après lui.

80   *(Il sort en courant.)*

CÉCILE, *seule.* — C'est singulier; pourquoi m'écrit-il, quand tout le monde veut bien qu'il m'épouse?] **(56) (57)**

---

124. *Var.* éd. 1853 : *(A Cécile.)* Quant à vous, mademoiselle, entrez ici.
CÉCILE. — Mais, maman.
LA BARONNE. — Allons, mademoiselle, ne raisonnez pas. *(Elle la fait entrer dans la chambre voisine.)*
Ces mots sont suivis des scènes XIV et XV qui suivent.
Scène XIV : L'ABBÉ. — Madame la baronne, je viens vous dire...
LA BARONNE, *mettant la clé dans la table à jeu.* — Dieu soit loué, ma fille est enfermée.
L'ABBÉ. — Enfermée, madame? que se passe-t-il? *(A Van Buck)* Qu'avez-vous monsieur?
VAN BUCK. — Ce que j'ai, monsieur? J'ai... que j'en ai assez.
LA BARONNE. — Et moi aussi.
VAN BUCK. — J'ai que je sors de cette maison, qu'on ne m'y reverra de ma vie, et que je n'ai qu'un regret, c'est d'y avoir mis les pieds.
LA BARONNE. — Et moi, de vous y avoir reçu. *(Ils sortent.)*
Scène XV : L'ABBÉ *seul.* — Qu'est-ce que cela signifie? *(Cécile frappe à la porte.)*
CÉCILE, *dans la chambre voisine.* — Monsieur l'abbé! monsieur l'abbé! voulez-vous m'ouvrir?
L'ABBÉ. — Mademoiselle, je ne le puis sans autorisation préalable.
CÉCILE. — La clef est là, dans la table de jeu.
L'ABBÉ. — Ah! Et comment le savez-vous?
CÉCILE. — J'ai regardé par le trou de la serrure; vous n'avez qu'à la prendre et vous m'ouvrirez.
L'ABBÉ, *prenant la clef.* — Vous avez raison, mademoiselle, la clef s'y trouve effectivement; mais je ne puis m'en servir en aucune façon, bien contrairement à mon vouloir.
CÉCILE. — Ah! mon Dieu! je me trouve mal!
L'ABBÉ. — Grand Dieu! rappelez vos esprits. Je vais quérir madame la baronne. Est-il possible qu'un accident funeste vous ait frappée si subitement! Au nom du ciel, mademoiselle, répondez-moi. Que ressentez-vous?
CÉCILE. — Je me trouve mal! Je me trouve mal!
L'ABBÉ. — Je ne puis laisser expirer ainsi une si charmante personne. Ma foi, je prends sur moi d'ouvrir; on en dira ce qu'on voudra. *(Il ouvre la porte.)*
CÉCILE. — Ma foi, l'abbé, je prends sur moi de m'en aller; on en dira ce qu'on voudra. *(Elle sort en courant.)*
Cette dernière scène existe sous une forme à peu près identique. Dans l'édition de 1836, elle se trouve placée à l'acte III, à la fin de la scène II.

───────── **QUESTIONS** ─────────

56. SUR L'ENSEMBLE DE LA SCÈNE II. — Etudiez l'importance de cette dernière réflexion de Cécile : l'explication rétrospective de son attitude avec Valentin; le décalage dramatique qui sépare Cécile de Valentin dans la manière dont ils perçoivent chacun l'attitude de l'autre; l'enrichissement romanesque de l'intrigue.

— L'accélération des événements vers la fin de la scène : tous les liens tissés entre les personnages ne semblent-ils pas rompus?

— La construction dramatique : de qui le spectateur peut-il attendre un rebondissement de l'action?

57. SUR L'ENSEMBLE DE L'ACTE II. — Montrez que cet acte a une unité dramatique et esthétique propre, et qu'il répond à l'acte premier beaucoup plus qu'il ne le prolonge.

ACTE III

SCÈNE PREMIÈRE

Un chemin[125].

Entrent VAN BUCK *et* VALENTIN, *qui frappe à une auberge.*

[VALENTIN. — Holà! hé! y a-t-il quelqu'un ici capable de me faire une commission?

UN GARÇON, *sortant.* — Oui, monsieur, si ce n'est pas trop loin; car vous voyez qu'il pleut à verse.

5   VAN BUCK. — Je m'y oppose de toute mon autorité, et au nom des lois du royaume.

VALENTIN. — Connaissez-vous le château de Mantes, ici près?

LE GARÇON. — Que oui, monsieur, nous y allons tous les 10 jours. C'est à main gauche; on le voit d'ici.

VAN BUCK. — Mon ami, je vous défends d'y aller, si vous avez quelque notion du bien et du mal.

VALENTIN. — Il y a deux louis à gagner pour vous. Voilà une lettre pour mademoiselle de Mantes, que vous remettrez à 15 sa femme de chambre, et non à d'autres, et en secret. Dépêchez-vous et revenez.

LE GARÇON. — Oh! monsieur, n'ayez pas peur.

VAN BUCK. — Voilà quatre louis si vous refusez.

---

125. Dans l'édition de 1853, la scène se passe dans un bois, avec une petite maison sur le côté. Le début de la scène est assez différent :

VAN BUCK. — Encore une lettre? C'est trop fort!

VALENTIN. — Oui, une autre, et dix s'il le faut. Puisque cette maudite baronne a éventé mon rendez-vous, il faut bien en donner un autre, et j'attends ici la réponse. Holà! hé!

UN GARÇON, *sortant de la maison.* — Est-ce que ces messieurs nous feront l'honneur de dîner ici?

VALENTIN. — Non; donnez-nous tout bonnement du champagne, si vous en avez.

VAN BUCK. — Ils auront un vin détestable, un vinaigre affreux.

LE GARÇON. — Pardonnez-moi, nous avons ici tout ce que vous pouvez désirer.

VAN BUCK. — En vérité? Dans un pareil trou? C'est impossible; vous nous en imposez.

LE GARÇON. — C'est ici le rendez-vous de chasse, monsieur, et nous ne manquons de rien.

(Il apporte du vin et sort. Van Buck boit de temps en temps pendant toute la scène.)

VALENTIN. — Allons, mon oncle, un peu de fermeté.

LE GARÇON. — Oh! mon seigneur, il n'y a pas de danger.

20 VALENTIN. — En voilà dix; et si vous n'y allez pas, je vous casse ma canne sur le dos.

LE GARÇON. — Oh! mon prince, soyez tranquille; je serai bientôt revenu.

(Il sort.)

25 VALENTIN. — Maintenant, mon oncle, mettons-nous à l'abri; et si vous m'en croyez, buvons un verre de bière. Cette course à pied doit vous avoir fatigué.] **(58)**

(Ils s'assoient sur un banc.)

VAN BUCK. — Sois-en certain, je ne te quitterai pas; j'en jure 30 par l'âme de feu mon frère et par la lumière du soleil. Tant que mes pieds pourront me porter, tant que ma tête sera sur mes épaules, je m'opposerai à cette action infâme et à ses horribles conséquences.

VALENTIN. — Soyez-en sûr, je n'en démordrai pas; j'en jure 35 par ma juste colère et par la nuit qui me protégera. Tant que j'aurai du papier et de l'encre, [et qu'il me restera un louis dans ma poche,] je poursuivrai et achèverai mon dessein, quelque chose qui puisse en arriver.

[VAN BUCK. — N'as-tu donc plus ni foi ni vergogne, et se 40 peut-il que tu sois mon sang? Quoi! ni le respect pour l'innocence, ni le sentiment du convenable, ni la certitude de me donner la fièvre, rien n'est capable de te toucher!

VALENTIN. — N'avez-vous donc ni orgueil ni honte, et se peut-il que vous soyez mon oncle? Quoi! ni l'insulte que l'on 45 nous a fait, ni la manière dont on nous chasse, ni les injures qu'on vous a dit à votre barbe, rien n'est capable de vous donner du cœur!]

VAN BUCK. — Encore si tu étais amoureux! si je pouvais croire que tant d'extravagances partent d'un motif qui eût 50 quelque chose d'humain! Mais non, tu n'es qu'un Lovelace[126],

---

126. *Lovelace* : héros de *Clarisse Harlowe*, roman (1748) de l'écrivain anglais Richardson. Il est cité souvent comme type de séducteur.

——— ▮ **QUESTIONS** ————————————————

58. Soulignez le retour chez Valentin à un ton de désinvolture et de décision qu'il semblait avoir abandonné. — Le dialogue avec le garçon d'auberge : relevez un procédé emprunté à Molière (*le Bourgeois gentilhomme*, II, v); quelle utilisation différente en fait ici Musset?

tu ne respires que trahisons, et la plus exécrable vengeance est
ta seule soif et ton seul amour[127].

VALENTIN. — Encore si je vous voyais pester! si je pouvais
me dire qu'au fond de l'âme vous envoyez cette baronne et
55 son monde à tous les diables! [Mais non, vous ne craignez que
la pluie, vous ne pensez qu'au mauvais temps qu'il fait, et le
soin de vos bas chinés est votre seule peur et votre seul
tourment[128].] **(59)**

[VAN BUCK. — Ah! qu'on a bien raison de dire qu'une
60 première faute mène à un précipice! Qui m'eût pu prédire ce
matin, lorsque le barbier m'a rasé, et que j'ai mis mon habit
neuf, que je serais ce soir dans une grange, crotté et trempé
jusqu'aux os! Quoi! c'est moi! Dieu juste! à mon âge! il faut
que je quitte ma chaise de poste où nous étions si bien instal-
65 lés, il faut que je coure à la suite d'un fou, à travers champs,
en rase campagne! Il faut que je me traîne à ses talons, comme
un confident de tragédie, et le résultat de tant de sueurs sera le
déshonneur de mon nom!

VALENTIN. — C'est au contraire par la retraite que nous
70 pourrions nous déshonorer, et non par une glorieuse campagne
dont nous ne sortirons que vainqueurs.] Rougissez, mon oncle
Van Buck, mais que ce soit d'une noble indignation. Vous me
traitez de Lovelace; oui, par le ciel! ce nom me convient.
Comme à lui on me ferme une porte surmontée de fières
75 armoiries; comme lui, une famille odieuse croit m'abattre par
un affront; comme lui, comme l'épervier, j'erre et je tournoie
aux environs; mais comme lui, je saisirai ma proie, et comme
Clarisse, [sa[129]] sublime bégueule[130], ma bien-aimée m'appar-
tiendra. **(60)**

80 [VAN BUCK. — Ah! ciel! que ne suis-je à Anvers, assis

---

127. *Add.* éd. 1853 : va, va, tu n'es pas mon neveu ; **128.** *Var.* éd. 1853 : mais non, vous ne
craignez que la fatigue, vous ne ressentez pas l'outrage qu'on nous fait. Allez, vous n'êtes pas
mon oncle. Cette jeune fille, je ne l'aime pas, mais je l'aimerais, que la vengeance serait la
plus forte et tuerait l'amour dans mon cœur. Je jure qu'elle sera ma maîtresse, mais qu'elle ne
sera jamais ma femme! Il n'y a maintenant ni épreuve, ni promesse, ni alternative ; **129.** *Var.*
éd. 1853 : la... ; **130.** *Bégueule :* femme prude, exagérément réservée.

─────── **QUESTIONS** ───────

59. Comparez cet entretien à celui de la scène première de l'acte premier ;
notez le retour à une construction systématique de l'échange des répliques chez
Van Buck et Valentin. Quel est maintenant celui qui a l'initiative des
décisions? Qu'est-ce qui fait la continuité du personnage de Van Buck?
Question 60, v. p. 131.

devant mon comptoir, sur mon fauteuil de cuir, et dépliant
mon taffetas! Que mon frère n'est-il mort garçon, au lieu de se
marier à quarante ans passés! Ou plutôt que ne suis-je mort
moi-même, le premier jour que la baronne de Mantes m'a
85 invité à déjeuner!

VALENTIN. — Ne regrettez que le moment où, par une fatale
faiblesse, vous avez révélé à cette femme le secret de notre
traité. C'est vous qui avez causé le mal; cessez de m'injurier,
moi qui le réparerai. Doutez-vous que cette petite fille, qui
90 cache si bien les billets doux dans les poches de son tablier, ne
fût venue au rendez-vous donné? Oui, à coup sûr elle y serait
venue; donc elle viendra encore mieux cette fois. Par mon
patron[131]! je me fais une fête de la voir descendre en peignoir,
en cornette[132] et en petits souliers, de cette grande caserne de
95 briques rouillées! Je ne l'aime pas, mais je l'aimerais, que la
vengeance serait la plus forte, et tuerait l'amour dans mon
cœur. Je jure qu'elle sera ma maîtresse, mais qu'elle ne sera
jamais ma femme; il n'y a maintenant ni épreuve, ni promesse,
ni alternative; je veux qu'on se souvienne à jamais dans cette
100 famille du jour où l'on m'en a chassé. **(61)**

L'AUBERGISTE, *sortant de la maison*. — Messieurs, le soleil
commence à baisser; est-ce que vous ne me ferez pas l'honneur de dîner chez moi?

VALENTIN. — Si fait; apportez-nous la carte, et faites-nous
105 allumer du feu. Dès que votre garçon sera revenu, vous lui
direz qu'il me donne réponse. Allons, mon oncle, un peu de
fermeté; venez et commandez le dîner.

---

131. Saint Valentin est le patron des amoureux; **132.** *Cornette :* coiffe d'intérieur, ornée de
dentelles.

━━━━━━ **QUESTIONS** ━━━━━━━━━━━━━━━━━━━━━━━━━

60. Qu'est-ce qui a acculé Valentin dans ce rôle de Lovelace? Notez l'opposition des tempéraments, des préoccupations chez Valentin et chez son oncle.
Van Buck soutient-il ici les mêmes soucis que devant la baronne?

61. Les regrets de Van Buck; qu'y a-t-il de cocasse dans le rapport de la
forme au thème de ses paroles? — Valentin a-t-il raison de rejeter la responsabilité de sa conduite à venir sur Van Buck? Ne se trouve-t-il pas, par certains
côtés, proche de la morale en usage chez la baronne de Mantes? Montrez que
son projet de séduction est très différent de celui de l'acte premier; montrez que
Valentin obéit désormais à une sorte de logique de la passion — croyant avoir le
désir de se venger. Montrez qu'il est désormais libéré du pari fait avec son
oncle. — L'aptitude de Valentin à se croire placé dans des situations typiques,
extrêmes.

VAN BUCK. — Ils auront du vin détestable ; je connais le pays ; c'est un vinaigre affreux.

110 L'AUBERGISTE. — Pardonnez-moi ; nous avons du champagne, du chambertin[133], et tout ce que vous pouvez désirer.

VAN BUCK. — En vérité ? dans un trou pareil ? c'est impossible ; vous nous en imposez.

L'AUBERGISTE. — C'est ici que descendent les messageries, 115 et vous verrez si nous manquons de rien.

VAN BUCK. — Allons ! tâchons donc de dîner ; je sens que ma mort est prochaine, et que dans peu je ne dînerai plus.] **(62)**
(Ils sortent.)

SCÈNE II

Au château. Un salon.

Entrent LA BARONNE *et* L'ABBÉ.

[LA BARONNE. — Dieu soit loué, ma fille est enfermée. Je crois que j'en ferai une maladie.

L'ABBÉ. — Madame, s'il m'est permis de vous donner un conseil, je vous dirai que j'ai grandement peur. Je crois avoir 5 vu en traversant la cour un homme en blouse[134], et d'assez mauvaise mine[135], qui avait une lettre à la main.

LA BARONNE. — Le verrou est mis ; il n'y a rien à craindre. Aidez-moi un peu à ce bal ; je n'ai pas la force de m'en occuper.

10 L'ABBÉ. — Dans une circonstance aussi grave, ne pourriez-vous retarder vos projets ?

LA BARONNE. — Êtes-vous fou ? Vous verrez que j'aurai fait venir tout le faubourg Saint-Germain[136] de Paris, pour le remercier et le mettre à la porte ? Réfléchissez donc à ce que 15 vous dites.

---

133. *Chambertin* : excellent vin de Bourgogne ; 134. *Blouse* : vêtement ample que portaient les paysans et les ouvriers ; 135. *Mine* : apparence, allure ; 136. C'est le quartier le plus aristocratique de Paris à cette époque.

--- **QUESTIONS** ---

62. SUR L'ENSEMBLE DE LA SCÈNE PREMIÈRE. — Notez, ici encore, l'importance des lieux et du cadre des événements. En quoi l'atmosphère de l'auberge prépare-t-elle à une aventure incertaine ? En quoi souligne-t-elle le contraste entre les deux hommes ?

Cécile (Mony Dalmès) et Valentin (Jean Weber)
à la Comédie-Française.

L'ABBÉ. — Je croyais qu'en telle occasion, on aurait pu sans blesser personne...

LA BARONNE. — Et au milieu de ça, je n'ai pas de bougies! Voyez donc un peu si Dupré est là.

20 L'ABBÉ. — Je pense qu'il s'occupe des sirops.

LA BARONNE. — Vous avez raison; ces maudits sirops, voilà encore de quoi mourir. Il y a huit jours que j'ai écrit moi-même, et ils ne sont arrivés qu'il y a une heure. Je vous demande si on va boire ça. **(63)**

25 L'ABBÉ. — Cet homme en blouse, madame la baronne, est quelque émissaire, n'en doutez pas. Il m'a semblé, autant que je me le rappelle, qu'une de vos femmes causait avec lui. Ce jeune homme d'hier est mauvaise tête, et il faut songer que la manière assez verte dont vous vous en êtes délivrée...

30 LA BARONNE. — Bah! des Van Buck? des marchands de toile? qu'est-ce que vous voulez donc que ça fasse? Quand ils crieraient, est-ce qu'ils ont voix? Il faut que je démeuble[137] le petit salon; jamais je n'aurai de quoi asseoir mon monde.

L'ABBÉ. — Est-ce dans sa chambre, madame, que votre fille 35 est enfermée?

LA BARONNE. — Dix et dix font vingt; les Raimbaut sont quatre; vingt, trente. Qu'est-ce que vous dites, l'abbé?

L'ABBÉ. — Je demande, madame la baronne, si c'est dans sa belle chambre jaune que mademoiselle Cécile est enfermée?

40 LA BARONNE. — Non; c'est là, dans la bibliothèque; c'est encore mieux; je l'ai sous la main. Je ne sais ce qu'elle fait, ni si on l'habille, et voilà la migraine qui me prend.

L'ABBÉ. — Désirez-vous que je l'entretienne?

LA BARONNE. — Je vous dis que le verrou est mis; ce qui est 45 fait est fait; nous n'y pouvons rien.

L'ABBÉ. — Je pense que c'était sa femme de chambre qui

---

137. Prenne les meubles de...

──────── **QUESTIONS** ────────

63. Les préparatifs matériels chez la baronne : montrez l'impression de divertissement par rapport à l'intrigue romanesque et, en même temps, le changement de rythme, par opposition aux occupations habituelles de la baronne (cartes, ouvrages manuels).

— Les inquiétudes de l'abbé : le contraste avec le ton de la baronne; les préoccupations de chaque personnage et le comique de leur entretien.

causait avec ce lourdaud. Veuillez me croire, je vous en supplie ; il s'agit là de quelque anguille sous roche, qu'il importe
de ne pas négliger.

50   LA BARONNE. — Décidément, il faut que j'aille à l'office[138] ;
c'est la dernière fois que je reçois ici. **(64)**

  (Elle sort.)

  L'ABBÉ, *seul.* — Il me semble que j'entends du bruit dans la
pièce attenante à ce salon. Ne serait-ce point la jeune fille ?
55 Hélas ! ceci est inconsidéré !

  CÉCILE, *en dehors.* — Monsieur l'abbé, voulez-vous m'ouvrir ?

  L'ABBÉ. — Mademoiselle, je ne le puis pas sans autorisation
préalable.

60   CÉCILE, *de même.* — La clé est là, sous le coussin de la
causeuse[139] ; vous n'avez qu'à la prendre, et vous m'ouvrirez.

  L'ABBÉ, *prenant la clé.* — Vous avez raison, mademoiselle,
la clé s'y trouve effectivement ; mais je ne puis m'en servir
d'aucune façon, bien contrairement à mon vouloir.

65   CÉCILE, *de même.* — Ah ! mon Dieu ! je me trouve mal !

  L'ABBÉ. — Grand Dieu ! rappelez vos esprits. Je vais quérir
madame la baronne. Est-il possible qu'un accident funeste
vous ait frappée si subitement ? Au nom du ciel ! mademoiselle,
répondez-moi, que ressentez-vous ?

70   CÉCILE, *de même.* — Je me trouve mal ! je me trouve mal !

  L'ABBÉ. — Je ne puis laisser expirer ainsi une si charmante
personne. Ma foi ! je prends sur moi d'ouvrir ; on en dira ce
qu'on voudra.

  (Il ouvre la porte.)

75   CÉCILE. — Ma foi, l'abbé, je prends sur moi de m'en aller ;
on en dira ce qu'on voudra.] **(65)**

  (Elle sort en courant.)

---

138. *Office :* pièce où les domestiques se tiennent à la disposition des maîtres et d'où l'on va
aux cuisines, etc. ; **139.** *Causeuse :* petit canapé à dossier bas.

──────── ■ **QUESTIONS** ────────────────────

64. Montrez le rôle joué par l'abbé dans cette partie de scène, son interprétation des événements. Les attitudes de la baronne à l'égard de Van Buck.

65. Relevez le vocabulaire et les expressions de l'abbé ; les deux tactiques
successives de Cécile : quelle réponse de l'abbé peut l'avoir incitée à l'emploi de
la ruse ? — Notez le rôle décisif joué ici par l'abbé dans l'action et étudiez le
contraste entre son attitude et ses interventions auprès de la baronne.

SCÈNE III[140]

Un petit bois.

[Entrent VAN BUCK et VALENTIN.

VALENTIN. — La lune se lève et l'orage passe. Voyez ces perles sur les feuilles ; comme ce vent tiède les fait rouler ! A

---

140. Ici s'intercale un long passage assez différent.

Scène II. — VAN BUCK, VALENTIN, UN VALET DE FERME.

LE VALET. — Monsieur, voici votre réponse.

VALENTIN. — Tu as été preste, l'ami.

LE VALET. — Monsieur, j'ai trouvé justement la femme de chambre à la grille du château ; elle est partie avec mon billet, et, presque à l'instant même, m'a apporté celui-ci.

VALENTIN. — Tiens, voilà un louis pour ta peine. *(Le garçon sort.)*

Scène III. — VAN BUCK, VALENTIN.

VAN BUCK. — Il y a, pardieu, bien de quoi faire le généreux pour un billet où l'on t'envoie promener.

VALENTIN. — Ce billet-là ?

VAN BUCK. — C'est indubitable ; Mlle de Mantes te donne ton congé pour la seconde fois. Ouvre un peu ce papier, je sais d'avance ce qu'il renferme.

VALENTIN. — Et moi aussi, je crois le savoir.

VAN BUCK. — Ecervelé ! tu te plains d'un outrage, et tu t'en attires un second.

VALENTIN. — Un outrage, là-dedans ! que vous êtes jeune, mon bon oncle ! regardez donc comme ce petit billet est gentil, et quoiqu'on l'ait écrit si vite, comme il a encore trouvé le moyen d'être coquet !... Regardez surtout comme il est plié !... Voyez-vous ces trois petites pointes avec un cachet de bague au milieu ? C'est ce qu'on appelle un petit chapeau. On n'écrit ainsi ni à un notaire, ni aux grands-parents, ni à son curé, pas même à ses bonnes amies. Un outrage ! Croyez-moi, mon oncle, jamais lettre en colère ne fut pliée ainsi.

VAN BUCK. — Ouvre donc ton chapeau, puisque chapeau il y a, et voyons ce qui en est.

VALENTIN. — Il ne renferme qu'un seul mot.

VAN BUCK. — Un seul mot ?

VALENTIN. — Un seul.

VAN BUCK. — Peste ! voilà une petite fille bien laconique... et quel est ce mot, s'il vous plaît ?

VALENTIN. — Ce mot est : « oui ».

VAN BUCK. — Oui ?

VALENTIN. — Voyez vous-même.

VAN BUCK. — Est-il possible ?

VALENTIN. — Dame ! à ce qu'il paraît. Allons, videz donc votre verre, et ne vous étonnez pas si fort.

VAN BUCK. — C'est inconcevable ! et c'est un rendez-vous que tu lui demandais ?

VALENTIN. — Vous le savez bien. Buvez donc. Quand vous retournerez ce billet cent fois, vous n'en tirerez pas deux paroles.

VAN BUCK. — Une telle demande faite à la bonne venue ! un seul mot de réponse, et ce seul mot est « oui » ! En vérité ce « oui » trouble toutes mes idées, je n'ai jamais rien vu de pareil à ce « oui ». Ma foi, je te prenais pour un fou, et tout ce qu'il y a de bienséances au monde se révoltait en moi en voyant ton audace ; mais j'avoue que ce « oui » me bouleverse, ce « oui » m'assomme, ce « oui » est plus que d'étrange, il est exhorbitant ; et si je n'étais pas ton oncle, je croirais presque que tu as raison. *(La nuit commence.)*

VALENTIN. — Cela ne prouverait pas encore tout. Eh ! garçon, une autre bouteille. Dans ce bas monde chacun fait à sa guise. Qu'est-ce qu'un oui ou un non de plus ou de moins ? Tenez, mon oncle, réconciliation : au lieu de sévérité, indulgence ; au lieu de colère, une amourette ; au lieu de nous quereller, trinquons... Ce « oui » qui vous offusque tant n'est pas si niais, savez-vous. Cette petite fille a de l'esprit, et même quelque chose de mieux ; il y a du cœur dans ce seul mot, je ne sais quoi de tendre et de hardi, de simple et de brave en même temps. Ah ! que le cœur est un grand maître ! On n'invente rien de ce qu'il trouve, et c'est lui seul qui choisit tout.

peine si le sable garde l'empreinte de nos pas ; le gravier sec a déjà bu la pluie.

5 VAN BUCK. — Pour une auberge de hasard, nous n'avons pas trop mal dîné. J'avais besoin de ce fagot flambant ; mes vieilles jambes sont ragaillardies. Eh bien! garçon, arrivons-nous?

VALENTIN. — Voici le terme de notre promenade ; mais si 10 vous m'en croyez, à présent, vous pousserez jusqu'à cette ferme dont les fenêtres brillent là-bas. Vous vous mettrez au coin du feu, et vous nous commanderez un grand bol de vin chaud avec du sucre et de la cannelle.

VAN BUCK. — Ne te feras-tu pas trop attendre? Combien de 15 temps vas-tu rester ici? Songe du moins à toutes tes pro-messes, et à être prêt en même temps que les chevaux.

VALENTIN. — Je vous jure de n'entreprendre ni plus ni moins que ce dont nous sommes convenus. Voyez, mon oncle, comme je vous cède, et comme, en tout, je fais vos volontés. 20 Au fait, dîner porte conseil, et je sens bien que la colère est quelquefois mauvais ami. Capitulation de part et d'autre. Vous me permettez un quart d'heure d'amourette, et je renonce à toute espèce de vengeance. La petite retournera chez elle, nous à Paris, et tout sera dit. Quant à la détestée baronne, je 25 lui pardonne en l'oubliant. **(66)**

VAN BUCK. — C'est à merveille! Et n'aie pas de crainte que tu manques de femme pour cela. Il n'est pas dit qu'une vieille folle fera tort à d'honnêtes gens, qui ont amassé un bien considérable, et qui ne sont point mal tournés. Vrai Dieu! il 30 fait beau clair de lune ; cela me rappelle mon jeune temps. **(67)**

VALENTIN. — Ce billet doux que je viens de recevoir n'est pas si niais, savez-vous? cette petite fille a de l'esprit, et même quelque chose de mieux ; oui, il y a du cœur [dans ces trois lignes[141]] ; je ne sais quoi de tendre et de hardi, de virginal[142] et

---

141 *Var.* éd. 1853 : dans ce seul mot ; 142 *Var.* éd. 1853 : de simple...

━━━━ **QUESTIONS** ━━━━━━━━━━━━

66. L'évolution de Valentin : notez la concordance entre ses états d'âme et l'atmosphère et le temps de cette soirée, évoqués dans les premières lignes de la scène. Comment Valentin justifie-t-il ses propres changements? Est-il important qu'il renonce à tout projet auprès de Cécile avant de la rencontrer?

67. Après le jugement de la baronne sur les Van Buck, notez celui de Van Buck sur la baronne et sur lui-même : le parallélisme de leurs appréciations.

35 de brave en même temps[; le rendez-vous qu'elle m'assigne
est, du reste, comme son billet. Regardez ce bosquet, ce ciel,
ce coin de verdure dans un lieu si sauvage]. Ah! que le cœur
est un grand maître![On n'invente rien de ce qu'il trouve, et
c'est lui seul qui choisit tout.]]

40 VAN BUCK. — Je me souviens qu'étant à La Haye, j'eus une
équipée de ce genre. C'était, ma foi, un beau brin de fille : elle
avait cinq pieds et quelques pouces, et une vraie moisson
d'appas. Quelles Vénus que ces Flamandes! On ne sait ce que
c'est qu'une femme à présent; que toutes vos beautés pari-
45 siennes, il y a moitié chair et moitié coton[143].

[VALENTIN. — Il me semble que j'aperçois des lueurs qui
errant là-bas dans la forêt. Qu'est-ce que cela voudrait dire?
Nous traquerait-on à l'heure qu'il est?

VAN BUCK. — C'est sans doute le bal qu'on prépare; il y a
50 fête ce soir au château.

VALENTIN. — Séparons-nous pour plus de sûreté; dans une
demi-heure, à la ferme[144].]

---

143. Allusion aux modes vestimentaires sous la monarchie de Juillet : taille très serrée,
hanches et poitrine artificiellement rembourrées ; 144. *Var.* éd. 1853 : VALENTIN. — Allons,
mon oncle, à vos anciennes amours!

VAN BUCK. — Sais-tu que, pour une auberge de hasard, ce petit vin-là n'est pas trop
mauvais? J'avais besoin de cette halte. Je me sens tout ragaillardi.

VALENTIN. — Ecoutez-moi; voici le traité de paix que je vous propose. Permettez-moi
d'abord mon rendez-vous.

VAN BUCK. — Mais, mon ami... j'espère bien...

VALENTIN. — Je vous jure de n'entreprendre rien que vous ne fissiez vous-même à ma
place. N'est-ce pas tout dire? Voyez, mon oncle, comme je vous cède, et comme en tout je
fais vos volontés! En somme, le verre porte conseil, et je sens bien que la colère est
quelquefois mauvaise amie. Vous me permettez un quart d'heure d'amourette, et je renonce à
toute espèce de vengeance. La petite retournera chez elle, nous à Paris, et tout sera dit. Quant
à la détestée baronne, je lui pardonne en l'oubliant. *(Nuit complète.)*

VAN BUCK, *à demi pris de vin.* — Pardieu! garçon, je le veux bien. Au fait, épouse-t-on les
petites filles qui vous envoient des « oui » comme celui-là? Et puisque tu me promets, mon
ami, de te conduire en galant homme, va ton train, et vogue la galère! Et n'aie pas de crainte
que tu manques de femme, pour ce sot mariage avorté. Je m'en charge, moi, j'en fais mon
affaire. Il ne sera pas dit qu'une vieille folle fasse tort à d'honnêtes gens qui ont amassé un
bien considérable, et qui ne sont point mal tournés. Avec soixante bonnes mille livres de
rente...

VALENTIN. — Cinquante, mon oncle.

VAN BUCK. — Soixante, morbleu! et avec cela, on n'a jamais manqué ni de femmes... ni de
vin. *(Il boit.)* Il fait beau clair de lune ce soir; cela me rappelle mon jeune temps.

VALENTIN. — Il me semble que j'aperçois des lueurs qui errent dans la forêt. Qu'est-ce que
cela peut vouloir dire? Nous traquerait-on à l'heure qu'il est.

VAN BUCK. — C'est sans doute le bal qu'on prépare. Il y a fête ce soir au château.

VALENTIN. — Séparons-nous pour plus de sûreté. Si vous m'en croyez, à présent, vous
rentrerez dans cette auberge, vous ferez faire un bon feu, et vous fumerez votre bon tabac
flamand, en vous rôtissant bien les jambes devant un bon fagot flambant. Cela vous ragaillar-
dira encore davantage. Dans une demi-heure, je suis à vous.

VAN BUCK. — C'est dit ; bonne chance, garçon ; tu me conte-
ras ton affaire, et nous en ferons quelque chanson ; c'était
55 notre ancienne manière ; pas de fredaine qui ne fît un couplet.

(Il chante.)

[Eh! vraiment, oui, mademoiselle,
Eh! vraiment, oui, nous serons trois.] **(68)**

(Valentin sort. On voit des hommes qui portent des torches
60 *rôder à travers la forêt. Entrent la baronne et l'abbé.)*

LA BARONNE. — C'est clair comme le jour ; elle est folle.
C'est un vertige qui lui a pris.

L'ABBÉ. — Elle me crie : « Je me trouve mal! » Vous conce-
vez ma position.

VAN BUCK, *chantant.*

65 [Il est donc bien vrai,
Charmante Colette,
Il est donc bien vrai
Que pour votre fête,
Colin vous a fait...
70 Présent d'un bouquet[145].]

LA BARONNE. — Et justement, dans ce moment-là, je vois
arriver une voiture. Je n'ai eu que le temps d'appeler Dupré.
Dupré n'y était pas. On entre, on descend. C'était la marquise
de Valangoujar et le baron de Villebouzin.

5 L'ABBÉ. — Quand j'ai entendu ce premier cri, j'ai hésité ;
mais que voulez-vous faire? Je la voyais là, sans connaissance,
étendue à terre ; elle criait à tue-tête, et j'avais la clé dans ma
main.

VAN BUCK, *chantant.*

Quand il vous l'offrit,
Charmante brunette,
Quand il vous l'offrit,

---

145. Ajout éd. 1853 :

Il est donc bien vrai,
Charmante Colette,
Il est donc bien vrai,
Que pour votre fête
Colin vous a fait...
Présent d'un bouquet. *(Il entre dans l'auberge.)*

─────── **QUESTIONS** ───────────────

68. L'évolution de Van Buck parallèlement à celle de Valentin : pourquoi
abandonne-t-il toute rancune? Qu'est-ce qui lui rend sa propre assurance? Montrez le rôle joué par les faits concrets — le dîner à l'auberge — introduisant le
temps vrai dans le déroulement de l'action. — La réconciliation de l'oncle et du
neveu : y a-t-il entre eux une exacte harmonie de sentiments?

> Petite Colette,
> On dit qu'il vous prit...
> Un frisson subit,

85 LA BARONNE. — Conçoit-on ça? je vous le demande. Ma fille qui se sauve à travers champs, et trente voitures qui entrent ensemble. Je ne survivrai jamais à un pareil moment.

L'ABBÉ. — Encore si j'avais eu le temps, je l'aurais peut-être retenue par son châle... ou du moins... enfin, par mes prières, 90 par mes justes observations. **(69)**

> VAN BUCK.
> [Dites à présent,
> Charmante bergère,
> Dites à présent
95 Que vous n'aimez guère,
> Qu'un amant constant...
> Vous fasse un présent[146].]

LA BARONNE. — C'est vous, Van Buck? Ah! mon cher ami, nous sommes perdus; [qu'est-ce que ça veut dire?] Ma fille est folle, elle court les champs! [Avez-vous idée d'une chose 100 pareille? J'ai quarante personnes chez moi; me voilà à pied par le temps qu'il fait.] Vous ne l'avez pas vue dans le[147] bois? Elle s'est sauvée, c'est comme en rêve; [elle était coiffée et poudrée d'un côté, c'est sa fille de chambre qui me l'a dit. Elle est partie en souliers de satin blanc]; elle a renversé l'abbé qui 105 était là, et lui a passé sur le corps. [J'en vais mourir! Mes gens ne trouvent rien; et il n'y a pas à dire, il faut que je rentre. Ce n'est pas votre neveu, par hasard, qui nous jouerait un tour pareil?] Je vous ai brusqué, n'en parlons plus. Tenez, aidez-moi et faisons la paix. Vous êtes mon vieil ami, pas vrai? Je 110 suis mère, Van Buck. Ah! cruelle fortune! cruel hasard! que t'ai-je donc fait? **(70)**

(Elle se met à pleurer.)

VAN BUCK. — Est-il possible, madame la baronne! vous,

---

146. Dans l'édition de 1853, ce couplet est remplacé par le précédent, qui était supprimé à sa place; 147. *Var.* éd. 1853 : les.

─────── **QUESTIONS** ───────

69. Etudiez la construction dramatique de ce début d'acte : la multiplicité des lieux d'action et l'habileté des transitions; quels sont les effets de cet unanimisme? — Le dialogue repris entre l'abbé et la baronne : étudiez l'art de peindre en quelques touches chaque personnage par ses propres manies.

70. Notez, à travers l'affolement de la baronne, les propos qui introduisent l'atmosphère de fraîcheur de la scène IV. — Comment le changement de ton de la baronne à l'égard de Van Buck s'intègre-t-il à l'ensemble de son personnage?

seule à pied! Vous, cherchant votre fille! Grand Dieu! vous
115 pleurez! Ah! malheureux que je suis[148]!

L'ABBÉ. — Sauriez-vous quelque chose, monsieur? De
grâce, prêtez-nous vos lumières[149].

VAN BUCK. — Venez, baronne; prenez mon bras, et Dieu
veuille que nous les trouvions! Je vous dirai tout; soyez sans
120 crainte. Mon neveu est homme d'honneur, et tout peut encore
se réparer.

LA BARONNE. — Ah! bah! C'était un rendez-vous? Voyez-
vous la petite masque[150]! A qui se fier désormais? **(71)**

(Ils sortent.)

SCÈNE IV

Une clairière dans le bois.

Entrent CÉCILE et VALENTIN.

VALENTIN. — [Qui est là?] Cécile, est-ce vous?

CÉCILE. — C'est moi. Que veulent dire [ces torches et] ces
clartés dans la forêt?

VALENTIN. — Je ne sais; qu'importe? Ce n'est pas pour
5 nous.

CÉCILE. — Venez là, où la lune éclaire; [là, où vous voyez
ce rocher].

VALENTIN. — Non, venez là, où il fait sombre [; là, sous
l'ombre de ces bouleaux]. Il est possible qu'on vous cherche,
10 et il faut échapper aux yeux.

CÉCILE. — Je ne verrais pas votre visage; venez, Valentin,
obéissez.

---

148. Note de l'édition de 1853 : *(Il pleure.)*
Avec l'addition : LA BARONNE. — Qu'est-ce qu'il a donc?
L'ABBÉ. — Il paraît fort ému;
149. Sens figuré ; **150.** Au féminin, terme de la comédie désignant un personnage qui cache son
jeu.

QUESTIONS
---

71. Notez à la scène II de l'acte II une remarque semblable chez la baronne.
Les nuances nouvelles apportées à son caractère par cette apparition, hors du
château : la note touchante de ce portrait de mère. Le retournement de Van
Buck : comment s'explique-t-il?

VALENTIN. — Où tu voudras, charmante fille ; où tu iras, je
te suivrai. [Ne m'ôte pas cette main tremblante, laisse mes
15 lèvres la rassurer[151].] (72)

CÉCILE. — [Je n'ai pas pu venir plus vite[152].] Y a-t-il longtemps que vous m'attendez ?

VALENTIN. — [Depuis que la lune est dans le ciel[153]] ;
regarde cette lettre trempée de larmes ; c'est le billet que tu
20 m'as écrit.

CÉCILE. — Menteur ! C'est le vent et la pluie qui ont pleuré
sur ce papier.

VALENTIN. — Non, ma Cécile, c'est la joie et l'amour, [c'est
le bonheur et le désir]. Qui[154] t'inquiète ? [Pourquoi ces
25 regards ?] que cherches-tu autour de toi ?

CÉCILE. — C'est singulier ; je ne me reconnais pas ; où est
votre oncle ? Je croyais le voir ici.

VALENTIN. — Mon oncle est gris de [chambertin[155]] ; ta
mère est loin, et tout est tranquille. Ce lieu est celui que tu as
30 choisi, et que ta lettre m'indiquait.

CÉCILE. — Votre oncle est gris ? Pourquoi, ce matin, se
cachait-il dans la [charmille[156]] ?

VALENTIN. — Ce matin ? où donc ? que veux-tu dire ? [Je me
promenais seul dans le jardin.]

35 CÉCILE. — Ce matin, quand je vous ai parlé, votre oncle
était derrière [un arbre[157]]. Est-ce que vous ne le saviez pas ?
Je l'ai vu [en détournant l'allée[158]].

VALENTIN. — Il faut que tu te sois trompée ; je ne me suis
aperçu de rien.

---

151. Note de l'édition 1853 : *(Ils s'asseoient sur un banc de gazon)*; **152.** *Var.* éd. 1853 :
Figurez-vous qu'il y a déjà longtemps que je m'étais enfermée moi-même dans le pavillon.
J'attendais, je ne savais pas, et je m'étais choisi cette prison de peur d'être mise dans une
autre. Et vous... ; **153.** *Var.* éd. 1853 : *Depuis le soir* ; **154.** *Qu'est-ce qui* ; **155.** *Var.* éd. 1853 :
champagne ; **156.** *Var.* éd. 1853 : *bibliothèque* ; **157.** *Var.* éd. 1853 : *la porte* ; **158.** *Var.* éd.
1853 : *en entrant au salon.*

QUESTIONS

72. L'atmosphère de la clairière choisie par Cécile comme lieu de rendez-
vous, avec les contrastes lumière-obscurité : quelle est, pour chacun des héros,
la signification de l'ombre et de la lumière ? L'assurance de Cécile est-elle faite
de naïveté ? Montrez en elle la prudence discrète et l'autorité dont elle fait
preuve en face de Valentin.

Regarde comme cette nuit est pure.
(Acte III, scène IV, l. 100-101.)
Illustration de P. Brissard.

40 CÉCILE. — Oh! je l'ai bien vu; [il écartait les branches[159];] c'était peut-être pour nous épier. **(73)**

VALENTIN. — Quelle folie! tu as fait un rêve. N'en parlons plus. Donne-moi [un baiser[160]].

CÉCILE. — Oui, mon ami, et de tout mon cœur [; asseyez-45 vous là près de moi]. Pourquoi donc, dans votre lettre d'hier, avez-vous dit du mal de ma mère?

VALENTIN. — Pardonne-moi; c'est un moment de délire, et je n'étais pas maître de moi.

CÉCILE. — Elle m'a demandé cette lettre, et je n'osais la lui 50 montrer. Je savais ce qui allait arriver; mais qui est-ce donc qui l'avait avertie? Elle n'a pourtant rien pu deviner; la lettre était là, dans ma poche.

VALENTIN. — Pauvre enfant! On t'a[161] maltraitée; c'est ta femme de chambre qui t'aura trahie. [A qui se fier en pareil 55 cas?]

CÉCILE. — Oh! non; ma femme de chambre est sûre; il n'y avait que faire de lui donner de l'argent. Mais en manquant de respect pour ma mère, vous deviez penser que vous en man-quiez pour moi.

60 VALENTIN. — N'en parlons plus, puisque tu me pardonnes. Ne gâtons pas un si précieux moment. Oh! ma Cécile, [que tu es belle, et quel bonheur repose en toi! Par quels serments, par quels trésors puis-je payer tes douces caresses? Ah! la vie n'y suffirait pas. Viens sur mon cœur; que le tien le sente battre, 65 et que ce beau ciel les emporte à Dieu[162]!] **(74)**

CÉCILE. — Oui, Valentin, mon cœur est sincère. [Sentez

---

159. *Var*. éd. 1853 : il entr'ouvrait la porte; 160. *Var*. éd. 1853 : ta main; 161. *Var*. éd. 1853 : on t'aura...; 162. *Var*. éd. 1853 : par quels serments puis-je payer ta douce confiance?

──────── **QUESTIONS** ────────

73. Le désir de Cécile d'éclaircir tous les événements précédents : que traduit-il chez la jeune fille? En quoi le fait qu'elle ait remarqué l'oncle Van Buck caché dans la charmille peut-il expliquer son comportement dans le jardin? Qu'y a-t-il de désarmant pour Valentin dans les questions de Cécile (contenu, façon de les poser)?

74. A propos du mot *péjoratif*, par lequel Valentin avait désigné la baronne de Mantes, que nous révèlent les reproches de Cécile? Valentin est-il en mesure de répondre aux différentes questions ou remarques de Cécile? Quelle sorte de bonheur souhaite-t-il trouver, imagine-t-il à ce moment-là? Est-ce ce à quoi pense Cécile? Notez l'amplification des sentiments au sein d'une nature, en quelque sorte, panthéiste.

mes cheveux, comme ils sont doux ; j'ai de l'iris de ce côté-là, mais je n'ai pas pris le temps d'en mettre de l'autre.] Pourquoi donc, pour venir chez nous, avez-vous caché votre nom?

70 VALENTIN. — Je ne puis le dire ; c'est un caprice, une gageure que j'avais faite.

CÉCILE. — Une gageure! Avec qui donc?

VALENTIN. — Je n'en sais plus rien. Qu'importent ces folies?

75 CÉCILE. — Avec votre oncle, peut-être : n'est-ce pas?

VALENTIN. — Oui. Je t'aimais, [et] je voulais te connaître, et que personne ne fût entre nous.

CÉCILE. — Vous avez raison. A votre place, j'aurais voulu faire comme vous. **(75)**

80 VALENTIN. — Pourquoi es-tu si curieuse, et à quoi bon toutes ces questions? Ne m'aimes-tu pas, ma belle Cécile? Réponds-moi oui, et que tout soit oublié.

CÉCILE. — Oui, [cher[163]], oui, Cécile vous aime, et elle voudrait être plus digne d'être aimée ; mais c'est assez qu'elle 85 le soit pour vous. [Mettez vos deux mains dans les miennes.] Pourquoi donc m'avez-vous refusé tantôt quand je vous ai prié à dîner?

VALENTIN. — Je voulais partir : j'avais affaire ce soir.

CÉCILE. — Pas grande affaire, ni bien loin, il me semble ; car 90 vous êtes descendu au bout de l'avenue.

VALENTIN. — Tu m'as vu! Comment le sais-tu?

CÉCILE. — Oh! je guettais. Pourquoi m'avez-vous dit que vous ne dansiez pas la mazourke? [je vous l'ai vu danser l'autre hiver[164].]

95 VALENTIN. — Où donc? je ne m'en souviens pas.

CÉCILE. — Chez madame de Gesvres, au bal déguisé. Comment [ne vous en souvenez-vous pas[165]]? Vous me disiez dans

---

163. *Var.* éd. 1853 : mon ami ; 164. *Var.* éd. 1853 : nous l'avons dansée ensemble l'autre hiver ; 165. *Var.* éd. 1853 : vous ne vous en souvenez pas?

─────── **QUESTIONS** ───────

75. Sur quel point Cécile semble-t-elle apte à comprendre réellement Valentin, à partager ses sentiments, au lieu de les deviner simplement? Qu'est-ce qui, dans son propre rôle, répond à l'attitude romanesque qu'elle prête à Valentin? Montrez que le malentendu persiste entre Cécile et Valentin, même lorsque Cécile croit découvrir le secret de Valentin.

votre lettre d'hier que vous m'aviez vue cet hiver; c'était
là. **(76)**

100 VALENTIN. — Tu as raison; je m'en souviens. Regarde
comme cette nuit est pure! [Comme ce vent soulève sur tes
épaules cette gaze avare qui les entoure! Prête l'oreille; c'est
la voix de la nuit; c'est le chant de l'oiseau qui invite au
bonheur. Derrière cette roche élevée, nul regard ne peut nous
105 découvrir.] Tout dort, excepté ce qui s'aime. Laisse ma main
écarter ce voile, et mes deux bras le remplacer.

CÉCILE. — Oui, mon ami. Puissé-je vous sembler belle!
Mais ne m'ôtez pas votre main; je sens que mon cœur est dans
la mienne, et qu'il va au vôtre par là. Pourquoi donc vouliez-
110 vous partir, et faire semblant d'aller à Paris? **(77)**

VALENTIN. — Il le fallait; c'était pour mon oncle. Osais-je,
d'ailleurs, prévoir que tu viendrais à ce rendez-vous? Oh! que
je tremblais en écrivant cette lettre, et que j'ai souffert en
t'attendant!

115 CÉCILE. — Pourquoi ne serais-je pas venue, puisque je sais
que vous m'épouserez (78)? *(Valentin se lève et fait quelques
pas.)* Qu'avez-vous donc? qui vous chagrine? Venez vous
rasseoir près de moi.

VALENTIN. — Ce n'est rien; j'ai cru, — j'ai cru entendre, —
120 j'ai cru voir quelqu'un de ce côté.

CÉCILE. — Nous sommes seuls; soyez sans crainte. Venez
donc. Faut-il me lever? ai-je dit quelque chose qui vous ait
blessé? [Votre visage n'est plus le même.] Est-ce parce que
j'ai gardé mon [schall[166]], quoique vous vouliez que je
125 l'[ôtasse[167]]? [C'est qu'il fait froid; je suis en toilette de bal.

---

166. *Var.* éd. 1853 : mantelet; 167. *Var.* éd. 1853 : ôte.

━━━━━━ **QUESTIONS** ━━━━━━

76. Notez que Cécile continue de reprendre point par point l'examen de la
conduite et des paroles de Valentin. La défaite de Valentin : montrez que ses
mensonges ou ses paroles dites au hasard deviennent, par l'intervention de
Cécile, autant de ruses inutiles.

77. Etudiez l'association de la nature, du silence et de la solitude à l'éclosion
du sentiment de l'amour et du bonheur chez Valentin. La retenue de Cécile :
qu'a-t-elle à la fois de délicat et de malicieux?

78. Montrez que la réflexion de Cécile — clef de toute son attitude depuis
l'acte II comme de ses multiples questions le long de la scène — désarme
pourtant Valentin par sa simplicité même, en un moment où il croyait reprendre
l'initiative du dialogue et donner un sens différent de celui de Cécile à leur
rendez-vous.

Phot. Bernand

J'en sais moins qu'elle en astronomie;
donne-moi ta main, tu en sais plus en amour.
(Acte III, scène IV, l. 263-264.)
Cécile (Catherine Salviat) et Valentin (Michel Duchaussoy).

Regardez donc mes souliers de satin. Qu'est-ce que cette
pauvre Henriette va penser?] Mais qu'avez-vous? vous ne
répondez pas; vous êtes triste. Qu'ai-je donc pu vous dire?
C'est par ma faute, je le vois.

130 VALENTIN. — Non, je vous le jure, vous vous trompez;
c'est une pensée involontaire qui vient de me traverser l'esprit. **(79)**

CÉCILE. — Vous me disiez « tu », tout à l'heure, et même, je
crois, un peu légèrement. Quelle est donc cette mauvaise
135 pensée qui vous a frappé tout à coup? Vous ai-je déplu? Je
serais bien à plaindre. Il me semble pourtant que je n'ai rien
dit de mal. [Mais si vous aimez mieux marcher, je ne veux pas
rester assise. *(Elle se lève.)*] Donnez-moi le bras[, et prome-
nons-nous[168]]. Savez-vous une chose? Ce matin, je vous avais
140 fait monter dans votre chambre un bon bouillon qu'Henriette
avait fait. Quand je vous ai rencontré, je vous l'ai dit; j'ai cru
que vous ne vouliez pas le prendre, et que cela vous déplaisait.
J'ai repassé trois fois dans l'allée; m'avez-vous vue? Alors
vous êtes monté; je suis allée me mettre devant le parterre, et
145 je vous ai vu par votre croisée; vous teniez la tasse à deux
mains, et vous avez bu tout d'un trait. Est-ce vrai? l'avez-vous
trouvé bon?

VALENTIN. — Oui chère enfant, le meilleur du monde, [bon
comme ton cœur et comme toi.]

150 CÉCILE. — Ah! quand nous serons mari et femme, je vous
soignerai mieux que cela. Mais dites-moi, qu'est-ce que cela
veut dire de s'aller jeter dans un fossé? risquer de se tuer, et
pour quoi faire? Vous saviez bien être reçu chez nous. Que
vous ayez voulu arriver tout seul, je le comprends; mais à
155 quoi bon le reste? Est-ce que vous aimez les romans?

VALENTIN. — Quelquefois; allons donc nous rasseoir. **(80)**
(Ils se rassoient.)

---

168. Note de l'édition 1853 : *(Ils se promènent sur le devant de la scène.)*

— **QUESTIONS** —————————

79. L'intensité dramatique du passage : que révèlent le silence et les mouvements de Valentin? Montrez, dans les efforts de Cécile pour rassurer Valentin,
l'alliance de la tendresse et de la perspicacité. Pourquoi Cécile ne peut-elle
pourtant découvrir en quoi elle a contrarié Valentin? Valentin peut-il, veut-il
expliquer vraiment son trouble? Qu'y a-t-il de piquant à voir désormais Cécile
rassurer Valentin par la solitude et Valentin inquiet de cette même situation?

Question 80, v. p. 149.

CÉCILE. — Je vous avoue qu'ils ne me plaisent guère ; ceux que j'ai lus ne signifient rien. Il me semble que ce ne sont que
160 des mensonges, et que tout s'y invente à plaisir. On n'y parle que de séductions, de ruses, d'intrigues, de mille choses impossibles. [Il n'y a que les sites qui m'en plaisent ; j'en aime les paysages et non les tableaux[169].] Tenez, par exemple, ce soir, quand j'ai reçu votre lettre et que j'ai vu qu'il s'agissait
165 d'un rendez-vous dans le bois, c'est vrai que j'ai cédé à une envie d'y venir qui tient un peu du roman. Mais c'est que j'y ai trouvé aussi un peu de réel à mon avantage. Si ma mère le sait, et elle le saura, vous comprenez qu'il faut qu'on nous marie. Que votre oncle soit brouillé ou non avec elle, il faudra bien se
170 raccommoder. J'étais honteuse d'être enfermée ; et, au fait, pourquoi l'ai-je été ? L'abbé est venu, j'ai fait la morte ; il m'a ouvert, et je me suis sauvée ; voilà ma ruse ; je vous la donne pour ce qu'elle vaut. **(81)**

VALENTIN, *à part*. — Suis-je un renard pris à son piège, ou
175 un fou qui revient à la raison ? **(82)**

CÉCILE. — Eh bien ! vous ne me répondez pas. Est-ce que cette tristesse va durer toujours ?

VALENTIN. — Vous me paraissez savante pour votre âge, et, en même temps, aussi étourdie que moi, qui le suis comme le
180 premier coup de matines[170].

---

169. Cécile veut distinguer paysages et scènes ; **170.** Allusion à la phrase proverbiale « étourdi comme le premier coup de matines » (lorsque les moines, réveillés avant le jour pour l'office divin, sont encore un peu endormis et se sentent tout étourdis).

—————— **QUESTIONS** ——————

80. Les remarques de Cécile : notez la finesse de l'allusion concernant le tutoiement par exemple ; quel nouveau trait de Cécile révèle son récit concernant le bouillon du matin ? Définissez l'innocence de Cécile : la part de la ruse et de l'assurance. Dans son désir de rassurer et d'apaiser Valentin, Cécile n'emploie-t-elle pas les mots qui traduisent le mieux le fossé qui les sépare ? Montrez qu'il y a chez Cécile un côté « antiromanesque », rendu touchant par son personnage et son rôle même.

81. Rapprochez l'analyse de Cécile sur les romans d'autres morceaux de l'époque romantique ou postromantique (poésies de Musset, Flaubert). Cécile n'exprime-t-elle pas aussi un point de vue de l'auteur ? Montrez la lucidité de Cécile distinguant dans sa vie le goût du romanesque, de la ruse pratique mise au service de la recherche du bonheur et avouée sans honte à Valentin.

82. L'instant dramatique par excellence pour Valentin : montrez qu'il est saisi d'une sorte de vertige à la suite de la franchise de Cécile. Quelles sont les révélations particulièrement désarmantes pour lui ? Sa situation de *renard pris au piège* est-elle nouvelle dans la comédie ? Parlant de *fou qui revient à la raison*, ne se voit-il pas par les yeux de Cécile, mieux qu'elle ne peut le faire ?

CÉCILE. — Pour étourdie, j'en dois convenir ici ; mais, mon ami, c'est que je vous aime. Vous le dirai-je? je savais que vous m'aimiez, et ce n'est pas d'hier que je m'en doutais. Je ne vous ai vu que trois fois à ce bal, mais j'ai du cœur et je m'en
185 souviens. Vous avez valsé [avec mademoiselle de Gesvres[171]], et en passant contre la porte, [son[172]] épingle à l'italienne a rencontré le panneau, et [ses[173]] cheveux se sont déroulés sur [elle[174]]. Vous en souvenez-vous maintenant? Ingrat! Le premier mot de votre lettre disait que vous vous en souveniez.
190 Aussi comme le cœur m'a battu! Tenez ; croyez-moi, c'est là ce qui prouve qu'on aime, et c'est pour cela que je suis ici. (83)

VALENTIN, *à part.* — Ou j'ai [sous le bras[175]] le plus rusé démon que l'enfer ait jamais [vomi[176]], ou la voix qui me parle est celle d'un ange, et [elle] m'ouvre le chemin des cieux.

195 CÉCILE. — Pour savante, c'est une autre affaire ; [mais je veux répondre, puisque vous ne dites rien. Voyons, savez-vous ce que c'est que cela?

VALENTIN. — Quoi? cette étoile à droite de cet arbre?

CÉCILE. — Non, celle-là qui se montre à peine et qui brille
200 comme une larme.

VALENTIN. — Vous avez lu madame de Staël?

CÉCILE. — Oui, et le mot de larme me plaît, je ne sais pourquoi, comme les étoiles. Un beau ciel pur me donne envie de pleurer.

205 VALENTIN. — Et à moi envie de t'aimer, de te le dire et de vivre pour toi. Cécile, sais-tu à qui tu parles, et quel est l'homme qui ose t'embrasser?

CÉCILE. — Dites-moi donc le nom de mon étoile. Vous n'en êtes pas quitte à si bon marché.

210 VALENTIN. — Eh bien! c'est Vénus, l'astre de l'amour, la plus belle perle de l'Océan des nuits.

CÉCILE. — Non pas; c'en est une plus chaste et bien plus

---

171. *Var.* éd. 1853 : avec moi; 172. *Var.* éd. 1853 : mon; 173. *Var.* éd. 1853 : mes; 174. *Var.* éd. 1853 : moi; 175. *Var.* éd. 1853 : près de moi; 176. *Var.* éd. 1853 : produit.

QUESTIONS

83. Montrez que l'effort de Valentin pour ressaisir la situation aboutit à une nouvelle défaite pour lui. L'aveu de Cécile au sujet du bal n'est-il pas infiniment plus touchant que ses autres révélations? Ne traduit-il pas une imagination et une sensibilité romanesques?

digne de respect; vous apprendrez à l'aimer un jour, quand
vous vivrez dans les métairies et que vous aurez des pauvres à
215 vous; admirez-la, et gardez-vous de sourire : c'est Cérès,
déesse du pain[177].] **(84)**

VALENTIN. — Tendre enfant! je devine ton cœur; tu fais la
charité, n'est-ce pas?

CÉCILE. — C'est ma mère qui me l'a appris; il n'y a pas de
220 meilleure femme au monde.

VALENTIN. — Vraiment? je ne l'aurais pas cru.

CÉCILE. — Ah! mon ami, ni vous, ni bien d'autres, vous ne
vous doutez de ce qu'elle vaut. Qui a vu ma mère un quart
d'heure croit la juger sur quelques mots au hasard. Elle passe
225 le jour à jouer aux cartes et le soir à faire [du tapis[178]]; elle ne
quitterait pas son piquet pour un prince; mais que Dupré
vienne, et qu'il lui parle bas, vous la verrez se lever [de
table[179]], si c'est un [mendiant[180]] qui attend. [Que de fois nous
sommes allées ensemble, en robe de soie, comme je suis là,
230 courir les sentiers de la vallée, portant la soupe et le bouilli[181],
des souliers, du linge, à de pauvres gens.] Que de fois j'ai vu, à
l'église, les yeux des malheureux [s'humecter de pleurs[182]]
lorsque ma mère les regardait! Allez, elle a droit d'être fière, et
je l'ai été d'elle quelquefois! **(85)**

---

177. Tout ce passage est remplacé dans l'édition de 1853 par l'échange de répliques
suivant :
CÉCILE. — J'ai eu des maîtres de toute sorte; mais le peu que j'ai retenu, le meilleur, me
vient de ma mère.
VALENTIN. — De ta mère? Je ne m'en doutais guère.
CÉCILE. — Vous ne la connaissez pas, Valentin. Vous apprendrez à l'aimer un jour, quand
vous aurez des pauvres à vous — et gardez-vous de sourire, quand vous parlez d'elle! Vous
bénirez et vous suivrez ses pas.
178. *Var*. éd. 1853 : de la tapisserie; 179. *Var*. éd. 1853 : bien vite; 180. *Var*. éd. 1853 : un
pauvre; 181. *Bouilli* : viande bouillie, servant à faire du bouillon; 182. *Var*. éd. 1853 : se
remplir de larmes.

■■■ **QUESTIONS** ■■

84. Le rôle du ciel et des étoiles dans le dialogue de Cécile et de Valentin : le
symbole de la paix et de l'amour; leur influence sur la sensibilité de Valentin;
n'est-ce pas lui qui ramène maintenant la conversation sur des thèmes amoureux?

85. Le portrait de la baronne par Cécile : en quoi révèle-t-il, chez la baronne
et sa fille, une conduite dictée, en dépit des apparences pour Valentin, par les
mouvements authentiques du cœur? Notez qu'ici encore Valentin se trouve
confondu et prévenu d'erreur, alors que Cécile, à côté de sa tendresse conjugale,
découvre ses qualités de bonté sérieuse et souple.

235 [VALENTIN. — Tu regardes toujours ta larme céleste, et moi aussi, mais dans tes yeux bleus.

CÉCILE. — Que le ciel est grand! que ce monde est heureux! que la nature est calme et bienfaisante!

VALENTIN. — Veux-tu aussi que je te fasse de la science et 240 que je te parle astronomie? Dis-moi, dans cette poussière de mondes, y en a-t-il un qui ne sache sa route, qui n'ait reçu sa mission avec la vie, et qui ne doive mourir en l'accomplissant? Pourquoi ce ciel immense n'est-il pas immobile? Dis-moi, s'il y a jamais eu un moment où tout fut créé, en vertu de quelle 245 force ont-ils commencé à se mouvoir, ces mondes qui ne s'arrêteront jamais?

CÉCILE. — Par l'éternelle pensée.

VALENTIN. — Par l'éternel amour. La main qui les suspend dans l'espace n'a écrit qu'un mot en lettres de feu. Ils vivent 250 parce qu'ils se cherchent, et les soleils tomberaient en poussière, si l'un d'entre eux cessait d'aimer.

CÉCILE. — Ah! toute la vie est là!

VALENTIN. — Oui, toute la vie, — depuis l'Océan qui se soulève sous les pâles baisers de Diane jusqu'au scarabée qui 255 s'endort jaloux dans sa fleur chérie. Demande aux forêts et aux pierres ce qu'elles diraient si elles pouvaient parler? Elles ont l'amour dans le cœur et ne peuvent l'exprimer. Je t'aime! voilà ce que je sais, ma chère; voilà ce que cette fleur te dira, elle qui choisit dans le sein de la terre les sucs qui doivent la 260 nourrir; elle qui écarte et repousse les éléments impurs qui pourraient ternir sa fraîcheur! Elle sait qu'il faut qu'elle soit belle au jour et qu'elle meure dans sa robe de noce devant le soleil qui l'a créée. J'en sais moins qu'elle en astronomie; donne-moi ta main, tu en sais plus en amour. **(86)**

265 CÉCILE. — J'espère, du moins, que ma robe de noce ne sera pas mortellement belle.] Il me semble qu'on rôde autour de nous. **(87)**

───── **QUESTIONS** ─────────────────────

86. La religiosité de la scène et le panthéisme de la nature dans l'expression du sentiment amoureux. Rapprochez ce passage de thèmes semblables chez d'autres poètes romantiques.

87. L'habileté de la transition vers un dénouement de la scène : notez la grâce avec laquelle la remarque de Cécile relie le thème de la contemplation du ciel et de la leçon d'astronomie de Valentin à la situation précédente.

VALENTIN. — Non, tout se tait. N'as-tu pas peur? Es-tu venue ici sans trembler?

270 CÉCILE. — Pourquoi? De quoi aurais-je peur? Est-ce de vous ou de la nuit?

VALENTIN. — Pourquoi pas de moi? qui te rassure? Je suis jeune, tu es belle, et nous sommes seuls.

CÉCILE. — Eh bien! quel mal y a-t-il à cela?

275 VALENTIN. — C'est vrai, il n'y a aucun mal; écoutez-moi, et laissez-moi me mettre à genoux.

CÉCILE. — Qu'avez-vous donc? vous frissonnez.

VALENTIN. — Je frissonne de crainte et de joie, car je vais t'ouvrir le fond de mon cœur **(88)**. Je suis un fou de la plus
280 méchante espèce, quoique, dans ce que je vais t'avouer, il n'y ait qu'à hausser les épaules. [Je n'ai fait que jouer, boire et fumer depuis que j'ai mes dents de sagesse.] Tu m'as dit que les romans te [choquent[183]]; j'en ai beaucoup lu, et des plus mauvais. Il y en a un qu'on nomme *Clarisse Harlowe;* je te le
85 donnerai à lire quand tu seras ma femme. Le héros aime une belle fille comme toi, ma chère, et il veut l'épouser; mais auparavant il veut l'éprouver. Il l'enlève et l'emmène à Londres, après quoi comme elle résiste, Bedford arrive... c'est-à-dire, Tomlinson, un capitaine... je veux dire Morden... non, je
90 me trompe... Enfin, pour abréger... Lovelace est un sot, et moi aussi, d'avoir voulu suivre son exemple... Dieu soit loué! tu ne m'as pas compris... je t'aime, je t'épouse; il n'y a de vrai au monde que de déraisonner d'amour. **(89)**

---

183. *Var.* éd. 1853 : déplaisent.

88. Quelles étapes a franchies Valentin avant de pouvoir s'adresser à Cécile pour lui dévoiler ses pensées?

89. Montrez que Valentin emploie désormais le même vocabulaire que Cécile (est-ce spontané? Est-ce le désir de combler le malentendu qui le séparait de Cécile?) et donne à Cécile une version un peu romancée à son avantage de son attitude. Etudiez le trouble croissant de Valentin à l'intérieur d'une confession commencée avec une éloquence solennelle : montrez que le moment de son trouble — la narration du roman *Clarisse Harlowe* à Cécile — est, par lui-même, symbolique. Comparez la réflexion de Valentin *Dieu soit loué! tu ne m'as pas compris* à ses théories sur l'éducation des filles (I, 1). Valentin a-t-il conscience de ses propres contradictions? Opposez à la lente évolution de Valentin la précipitation du dénouement proprement dit : n'est-ce pas une technique dramatique caractéristique de Musset?

(Entrent Van Buck, la baronne, l'abbé et plusieurs domes-
295 *tiques qui les éclairent.)*

LA BARONNE. — Je ne crois pas un mot de ce que vous
dites. Il est trop jeune pour une [noirceur pareille[184]].

[VAN BUCK. — Hélas! madame, c'est la vérité.]

LA BARONNE. — Séduire ma fille! [tromper un enfant! dés-
300 honorer une famille entière! Chanson! Je vous dis que c'est
une sornette[185];] on ne fait plus de ces choses-là. Tenez, les
voilà [qui s'embrassent[186]]. Bonsoir, mon gendre ; où diable
vous fourrez-vous?

[L'ABBÉ. — Il est fâcheux que nos recherches soient couron-
305 nées d'un si tardif succès ; toute la compagnie va être partie. **(90)**

---

184. *Var.* éd. 1853 : une pareille noirceur ; **185.** Singulier amusant ; le terme est plus
fréquemment employé au pluriel ; **186.** *Var.* éd. 1853 : c'est charmant!

──────── **QUESTIONS** ────────

90. La réapparition de l'entourage du couple Cécile-Valentin. Quel rôle joue-
t-il auprès des héros? Montrez ici aussi la légèreté de touche de Musset dans la
réconciliation finale de Van Buck et de la baronne. Etudiez le ton désinvolte et
familier de la baronne ainsi que son habileté. Comment, par contraste, Musset
rappelle-t-il le ton et le rôle caractéristiques de l'abbé?

91. La réconciliation finale de l'oncle et du neveu : montrez que les deux
répliques qui la composent évoquent, par leur structure, leurs entretiens en
« forme » de la scène première de l'acte premier et de la scène première de
l'acte III, mais ce nouvel entretien, devant tourner court, laisse place au proverbe attendu pour la conclusion. Sous quelles autres formes, plus personnelles,
Valentin a-t-il déjà exprimé la vérité psychologique de son aventure? A quel
serment de la scène première de l'acte III répond ce proverbe? — Montrez
l'élégance de ce dénouement réunissant autour des héros, en une fresque très
rapidement brossée, les autres personnages de la pièce, avec leurs oppositions
de classe, d'humeur et de situation.

92. SUR L'ENSEMBLE DE LA SCÈNE IV. — Rapprochez le dialogue de Cécile et
de Valentin des brèves escarmouches de la scène première de l'acte II. Quels
incidents sont intervenus entre-temps pour chacun des personnages? En quoi la
disposition d'esprit de chacun a-t-elle pu être changée? Quel est celui des héros
qui a le plus évolué depuis la scène du jardin?

— Etudiez la poésie et le romantisme de ce dialogue amoureux ; l'esprit
caractéristique du style de Valentin ne semble-t-il pas l'abandonner ici?

— Montrez la continuité du personnage de Cécile, telle que nous l'avions déjà
vue et telle que nous la découvrons ici ; notez l'enrichissement, l'approfondisse-
ment du personnage au cours de cette scène.

— Comment cette scène achève-t-elle le portrait de Valentin, libertin et
romanesque?

— En quoi la conclusion est-elle un dénouement de comédie?

van buck. — Ah çà! mon neveu, j'espère bien qu'avec votre sotte gageure...

valentin. — Mon oncle, il ne faut jurer de rien, et encore moins défier personne[187].] **(91) (92) (93)**

FIN DE « IL NE FAUT JURER DE RIEN »

---

187. *Var.* éd. 1853 : van buck. — Eh bien! monsieur, avec votre belle gageure.
valentin. — Mon oncle, il ne faut défier personne.
van buck. — Mon neveu, il ne faut jurer de rien.

——— **QUESTIONS** ———————————

Questions 91 et 92, v. p. 154.

93. Sur l'ensemble de l'acte III. — La liberté des lieux de scène au cours de cet acte et l'enrichissement dramatique qu'elle rend possible ; montrez que la dimension romanesque s'ajoute à l'événement dramatique.

— Le réalisme, le pittoresque, le lyrisme des lieux au cours de cet acte, outre leur importance dramatique (les scènes de Musset pourraient-elles se passer dans des lieux « neutres »?).

— Comparez l'acte III aux deux premiers actes : montrez qu'il s'agit à la fois de variations sur des thèmes ou des formes déjà traités, d'une suite aux actes précédents et d'une série de retournements et de surprises en chaîne.

B. d. Mu
1841

Alfred de Musset.

Dessin d'Eugène Lami.

DOCUMENTATION THÉMATIQUE

réunie par la Rédaction des Nouveaux Classiques Larousse

1. *Fantasio* et *la Confession d'un enfant du siècle* :

    1.1. L'atmosphère générale de la société sous Louis-Philippe ;
    1.2. La jeunesse sous la monarchie de Juillet.

2. *Il ne faut jurer de rien* et les *Lettres de Dupuis et Cotonet* :

    2.1. Sur le romantisme ;
    2.2. Le problème du mariage ;
    2.3. Le malheur d'écrire dans les journaux ;
    2.4. Chaque époque a son style propre ;
    2.5. La vie mondaine d'un jeune élégant.

1. *FANTASIO* ET *LA CONFESSION D'UN ENFANT DU SIÈCLE*

Ce sont des textes de Musset dont on peut dire après coup qu'ils expliquent ou rejoignent l'atmosphère générale où baigne la pièce. Ils permettent aussi pour nous de rattacher étroitement Musset et le personnage de Fantasio autant que de marquer les différences qui les séparent. *La Confession d'un enfant du siècle* est un texte essentiel pour qui s'intéresse à Musset, et pour qui s'intéresse au romantisme français dans sa production littéraire et à ses thèmes de prédilection. Il est paru pour la première fois dans la *Revue des Deux Mondes* (première partie, chap. II), dans la *Revue des Deux Mondes* du 15 septembre 1835, puis sous sa forme complète en 1836, en deux volumes. Nous nous référons pour les citations que nous en ferons à l'édition des œuvres de Musset établie sous la direction de Maurice Allem et parue chez Garnier (1942, 1947, etc.).

1.1. L'ATMOSPHÈRE GÉNÉRALE DE LA SOCIÉTÉ SOUS LOUIS-PHILIPPE

◆ Citons d'abord une description générale de l'atmosphère telle que Musset la voit dans la société française sous Louis-Philippe. Elle marque l'austérité de la bourgeoisie (parallèle au puritanisme anglo-saxon, qui va signaler l'ère victorienne et prévictorienne) : les vertus d'économie, qui caractérisent le développement intense du commerce en général et, à Paris et dans les grandes villes, la naissance du grand commerce, ont leur envers.

> En même temps que la vie au-dehors était si pâle et si mesquine, la vie intérieure de la société prenait un aspect sombre et silencieux ; l'hypocrisie la plus sévère régnait dans les mœurs, les idées anglaises se joignant à la dévotion, la gaieté même avait disparu... Mais il est certain que tout d'un coup, chose inouïe dans tous les salons de Paris, les hommes passèrent d'un côté et les femmes de l'autre ; et ainsi, les unes vêtues de blanc comme des fiancées, les autres vêtus de noir comme des orphelins, ils commencèrent à se mesurer des yeux.

◆ Le passage suivant indique nettement l'interférence entre l'atmosphère de la jeunesse française — entendons par là la jeunesse bourgeoise citadine, surtout parisienne, encore proche des lectures de l'université, soucieuse d'être « dans le vent » et boudant l'idéologie bourgeoise de Louis-Philippe, avant d'ailleurs de s'y intégrer et de la renforcer — et l'atmosphère qui caractérise la littérature anglo-allemande, récemment introduite et dont le personnage de Fantasio et la pièce sont nourris.

Quand les idées anglaises et allemandes passèrent ainsi sur nos têtes, ce fut un dégoût morne et silencieux, suivi d'une convulsion terrible. Car formuler des idées générales, c'est changer le salpêtre en poudre, et la cervelle homérique du grand Goethe avait sucé comme un alambic toute la liqueur du fruit défendu. Ceux qui ne lirent pas alors crurent ne rien savoir. Pauvres créatures! L'explosion les emporta comme des grains de poussière dans l'abîme du doute universel.

Ce fut comme une dénégation de toutes choses du ciel et de la terre, qu'on peut nommer *désenchantement,* ou, si l'on veut, *désespérance;* comme si l'humanité en léthargie avait été crue morte par ceux qui lui tâtaient le pouls. De même que ce soldat à qui l'on demanda jadis : « A quoi crois-tu? », et qui le premier répondit : « A moi » ; ainsi la jeunesse de France, entendant cette question, répondit la première : « A rien. »

◆ La liaison avec l'université, c'est-à-dire non pas avec l'enseignement qui y est donné, mais avec l'ambiance qui y règne, s'illustre bien dans le passage suivant. N'oublions pas que Fantasio est à la fois une sorte de très brillant élève, qui connaît à fond sa rhétorique, et d'étudiant snob, à la mode et aimant traîner à la terrasse d'un café, après avoir pris sans difficulté la première place à la composition de thème latin. Même, peut-être, si nous en croyons Musset, les professeurs doutaient de tout, et les étudiants ne firent qu'aller plus loin que le doute : ils allèrent jusqu'à la négation.

Qui osera jamais raconter ce qui se passait alors dans les collèges? Les hommes doutaient de tout : les jeunes gens nièrent tout. Les poètes chantaient le désespoir : les jeunes gens sortirent des écoles avec le front serein, le visage frais et vermeil, et le blasphème à la bouche. D'ailleurs, le caractère français, qui de sa nature est gai et ouvert, prédominant toujours, les cerveaux se remplirent aisément des idées anglaises et allemandes; mais les cœurs, trop légers pour lutter et pour souffrir, se flétrirent comme des fleurs brisées... Au lieu d'avoir l'enthousiasme du mal, nous n'eûmes que l'abnégation du bien; au lieu du désespoir, l'insensibilité.

◆ D'autres développements peuvent étroitement s'appliquer à Fantasio, et notamment à la querelle des critiques signalée par la question 61 de l'acte II :

Ainsi les jeunes gens trouvaient un emploi de la force inactive dans l'affectation du désespoir. Se railler de la gloire, de la religion, de l'amour, de tout au monde est une grande consolation pour ceux qui ne savent que faire; ils se moquent par là d'euxmêmes et se donnent raison tout en se faisant la leçon. Et puis il est doux de se croire malheureux lorsqu'on n'est que vide et ennuyé.

◆ Un passage de *la Confession* [...] (deuxième partie, chap. IV) semble s'appliquer parfaitement au personnage de Fantasio ; il montre, s'il en est besoin, l'affinité de Musset avec son héros. Il qualifie à la fois la psychologie de Fantasio, le besoin de nouveau, de dépaysement et surtout la nature du style de ses tirades :

> Mon plus grand défaut était l'imitation de tout ce qui me frappait, non par sa beauté, mais par son étrangeté, et, ne voulant pas m'avouer imitateur, je me perdais dans l'exagération, afin de paraître original. A mon gré, rien n'était bon ni même passable ; rien ne valait la peine de tourner la tête ; cependant, dès que je m'échauffais dans une discussion, il semblait qu'il n'y eût pas dans la langue française d'expression assez ampoulée pour louer ce que je soutenais ; mais il suffisait de se ranger à mon avis pour faire tomber toute ma chaleur.

1.2. LA JEUNESSE SOUS LA MONARCHIE DE JUILLET

Il faut citer le début de *la Confession d'un enfant du siècle,* notamment le chapitre II de la première partie. Ce n'est pas son côté trop personnel ou lié aux mésaventures sentimentales d'Alfred de Musset qui intéresse. Ce texte démontre la lucide analyse de Musset — à condition d'en supprimer les superlatifs : une analyse sociologique de la jeunesse, à qui l'écroulement de l'Empire et peut-être la méconnaissance de la portée fondamentale de la Révolution française n'ont laissé aucune voie pour l'espoir, aucun idéal ; l'aristocratie se fait boutiquière, l'armée entreprend les pillages du colonialisme en Algérie.

> Pendant les guerres de l'Empire, tandis que les maris et les frères étaient en Allemagne, les mères inquiètes avaient mis au monde une génération ardente, pâle, nerveuse. Conçus entre deux batailles, élevés dans les collèges au roulement des tambours, des milliers d'enfants se regardaient entre eux d'un œil sombre, en essayant leurs muscles chétifs. De temps en temps leurs pères ensanglantés apparaissaient, les soulevaient sur leurs poitrines chamarrées d'or, puis les posaient à terre et remontaient à cheval. Un seul homme était en vie alors en Europe ; le reste des êtres tâchait de se remplir les poumons de l'air qu'il avait respiré. Chaque année, la France faisait présent à cet homme de trois cent mille jeunes gens ; c'était l'impôt payé à César, et, s'il n'avait ce troupeau derrière lui, il ne pouvait suivre sa fortune. C'était l'escorte qu'il lui fallait pour qu'il pût traverser le monde, et s'en aller tomber dans une petite vallée d'une île déserte, sous un saule pleureur.
> Jamais il n'y eut tant de nuits sans sommeil que du temps de cet homme ; jamais on ne vit se pencher sur les remparts des villes un tel peuple de mères désolées ; jamais il n'y eut un tel silence

autour de ceux qui parlaient de mort. Et pourtant jamais il n'y eut tant de joie, tant de vie, tant de fanfares guerrières, dans tous les cœurs. Jamais il n'y eut de soleils si purs que ceux qui séchèrent tout ce sang. On disait que Dieu les faisait pour cet homme, et on les appelait ses soleils d'Austerlitz. Mais il les faisait bien lui-même avec ses canons toujours tonnants, et qui ne laissaient des nuages qu'aux lendemains de ses batailles.

C'était l'air de ce ciel sans tache, où brillait tant de gloire, où resplendissait tant d'acier, que les enfants respiraient alors. Ils savaient bien qu'ils étaient destinés aux hécatombes ; mais ils croyaient Murat invulnérable et on avait vu passer l'empereur sur un pont où sifflaient tant de balles, qu'on ne savait s'il pouvait mourir. Et, quand même on aurait dû mourir, qu'était-ce que cela ? La mort elle-même était si belle alors, si grande, si magnifique dans sa pourpre fumante ! Elle ressemblait si bien à l'espérance, elle fauchait de si verts épis, qu'elle en était comme devenue jeune, et qu'on ne croyait plus à la vieillesse. Tous les berceaux de France étaient des boucliers, tous les cercueils en étaient aussi ; il n'y avait vraiment plus de vieillards, il n'y avait que des cadavres ou des demi-dieux.

Cependant l'immortel empereur était un jour sur une colline à regarder sept peuples s'égorger ; comme il ne savait pas encore s'il serait le maître du monde ou seulement de la moitié, Azraël passa sur la route, il l'effleura du bout de l'aile, et le poussa dans l'Océan. Au bruit de sa chute, les puissances moribondes se redressèrent sur leurs lits de douleur, et, avançant leurs pattes crochues, toutes les royales araignées découpèrent l'Europe, et de la pourpre de César se firent un habit d'Arlequin.

De même qu'un voyageur, tant qu'il est sur le chemin, court nuit et jour par la pluie et par le soleil, sans s'apercevoir de ses veilles ni des dangers ; mais, dès qu'il est arrivé au milieu de sa famille et qu'il s'assoit devant le feu, il éprouve une lassitude sans bornes et peut à peine se traîner à son lit : ainsi la France, veuve de César, sentit tout à coup sa blessure. Elle tomba en défaillance, et s'endormit d'un si profond sommeil que ses vieux rois, la croyant morte, l'enveloppèrent d'un linceul blanc. La vieille armée en cheveux gris rentra épuisée de fatigue, et les foyers des châteaux déserts se rallumèrent tristement.

Alors ces hommes de l'Empire, qui avaient tant couru et tant égorgé, embrassèrent leurs femmes amaigries et parlèrent de leurs premières amours ; ils se regardèrent dans les fontaines de leurs prairies natales, et ils s'y virent si vieux, si mutilés, qu'ils se souvinrent de leurs fils, afin qu'on leur fermât les yeux. Ils demandèrent où ils étaient ; les enfants sortirent des collèges, et, ne voyant plus ni sabres, ni cuirasses, ni fantassins, ni cavaliers, ils demandèrent à leur tour où étaient leurs pères. Mais on leur répondit que la guerre était finie, que César était mort, et que les portraits de Wellington et de Blücher étaient suspendus dans les antichambres des consulats et des ambassades, avec ces deux mots au bas : *Salvatoribus mundi.*

Alors s'assit sur un monde en ruines une jeunesse soucieuse. Tous ces enfants étaient des gouttes d'un sang brûlant qui avait inondé la terre : ils étaient nés au sein de la guerre, pour la guerre. Ils avaient rêvé pendant quinze ans des neiges de Moscou et du soleil des Pyramides. Ils n'étaient pas sortis de leurs villes, mais on leur avait dit que, par chaque barrière de ces villes, on allait à une capitale d'Europe. Ils avaient dans la tête tout un monde ; ils regardaient la terre, le ciel, les rues et les chemins ; tout cela était vide, et les cloches de leurs paroisses résonnaient seules dans le lointain.

De pâles fantômes, couverts de robes noires, traversaient lentement les campagnes ; d'autres frappaient aux portes des maisons, et, dès qu'on leur avait ouvert, ils tiraient de leurs poches de grands parchemins tout usés, avec lesquels ils chassaient les habitants. De tous les côtés arrivaient des hommes encore tout tremblants de la peur qui leur avait pris à leur départ, vingt ans auparavant. Tous réclamaient, disputaient et criaient ; on s'étonnait qu'une seule mort pût appeler tant de corbeaux.

Le roi de France était sur son trône, regardant çà et là s'il ne voyait pas une abeille dans ses tapisseries. Les uns lui tendaient leur chapeau, et il leur donnait de l'argent ; les autres lui montraient un crucifix, et il le baisait ; d'autres se contentaient de lui crier aux oreilles de grands noms retentissants, et il répondait à ceux-là d'aller dans sa grand'salle, que les échos en étaient sonores ; d'autres encore lui montraient leurs vieux manteaux, comme ils en avaient bien effacé les abeilles, et à ceux-là il donnait un habit neuf.

Les enfants regardaient tout cela, pensant toujours que l'ombre de César allait débarquer à Cannes et souffler sur ces larves ; mais le silence continuait toujours, et l'on ne voyait flotter dans le ciel que la pâleur des lis. Quand les enfants parlaient de gloire, on leur disait : « Faites-vous prêtres » ; quand ils parlaient d'ambition : « Faites-vous prêtres » ; d'espérance, d'amour, de force, de vie : « Faites-vous prêtres! »

Cependant il monta à la tribune aux harangues un homme qui tenait à la main un contrat entre le roi et le peuple ; il commença à dire que la gloire était une belle chose, et l'ambition de la guerre aussi ; mais qu'il y en avait une plus belle, qui s'appelait la liberté. Les enfants relevèrent la tête et se souvinrent de leurs grands-pères, qui en avaient aussi parlé. Ils se souvinrent d'avoir rencontré, dans les coins obscurs de la maison paternelle, des bustes mystérieux avec de longs cheveux de marbre et une inscription romaine ; ils se souvinrent d'avoir vu le soir, à la veillée, leurs aïeules branler la tête et parler d'un fleuve de sang bien plus terrible encore que celui de l'empereur. Il y avait pour eux, dans ce mot de liberté, quelque chose qui leur faisait battre le cœur, à la fois comme un lointain et terrible souvenir et comme une chère espérance, plus lointaine encore.

Ils tressaillirent en l'entendant ; mais en rentrant au logis ils virent trois paniers qu'on portait à Clamart : c'étaient trois jeunes gens qui avaient prononcé trop haut ce mot de liberté.

Un étrange sourire leur passa sur les lèvres à cette triste vue ; mais d'autres harangueurs, montant à la tribune, commencèrent à calculer publiquement ce que coûtait l'ambition, et que la gloire était bien chère ; ils firent voir l'horreur de la guerre, et appelèrent boucheries les hécatombes. Et ils parlèrent tant et si long-temps, que toutes les illusions humaines, comme des arbres en automne, tombaient feuille à feuille autour d'eux, et que ceux qui les écoutaient passaient leur main sur leur front, comme des fiévreux qui s'éveillent.

Les uns disaient : « Ce qui a causé la chute de l'empereur, c'est que le peuple n'en voulait plus » ; les autres : « Le peuple voulait le roi ; non, la liberté ; non, la raison ; non, la religion ; non, la constitution anglaise ; non, l'absolutisme » ; un dernier ajouta : « Non, rien de tout cela, mais le repos. »

Trois éléments partageaient donc la vie qui s'offrait alors aux jeunes gens : derrière eux un passé à jamais détruit, s'agitant encore sur ses ruines, avec tous les fossiles des siècles de l'absolutisme ; devant eux l'aurore d'un immense horizon, les premières clartés de l'avenir ; et entre ces deux mondes... quelque chose de semblable à l'Océan qui sépare le vieux continent de la jeune Amérique, je ne sais quoi de vague et de flottant, une mer houleuse et pleine de naufrages, traversée de temps en temps par quelque blanche voile lointaine ou par quelque navire soufflant une lourde vapeur ; le siècle présent, en un mot, qui sépare le passé de l'avenir, qui n'est ni l'un ni l'autre et qui ressemble à tous deux à la fois, et où l'on ne sait, à chaque pas qu'on fait, si l'on marche sur une semence ou sur un débris.

Voilà dans quel chaos il fallut choisir alors ; voilà ce qui se présentait à des enfants pleins de force et d'audace, fils de l'Empire et petits-fils de la Révolution.

Or, du passé ils n'en voulaient plus, car la foi en rien ne se donne ; l'avenir, ils l'aimaient, mais quoi ! comme Pygmalion Galatée : c'était pour eux comme une amante de marbre, et ils attendaient qu'elle s'animât, que le sang colorât ses veines.

Il leur restait donc le présent, l'esprit du siècle, ange du crépuscule qui n'est ni la nuit ni le jour ; ils le trouvèrent assis sur un sac de chaux plein d'ossements, serré dans le manteau des égoïstes, et grelottant d'un froid terrible. L'angoisse de la mort leur entra dans l'âme à la vue de ce spectre moitié momie et moitié fœtus ; ils s'en approchèrent comme le voyageur à qui l'on montre à

Strasbourg la fille d'un vieux comte de Sarverden, embaumée dans sa parure de fiancée : ce squelette enfantin fait frémir, car ses mains fluettes et livides portent l'anneau des épousées, et sa tête tombe en poussière au milieu des fleurs d'oranger.

Comme, à l'approche d'une tempête, il passe dans les forêts un vent terrible qui fait frissonner tous les arbres, à quoi succède un profond silence ; ainsi Napoléon avait tout ébranlé en passant sur le monde ; les rois avaient senti vaciller leur couronne, et, portant leur main à leur tête, ils n'y avaient trouvé que leurs cheveux hérissés de terreur. Le pape avait fait trois cents lieues pour le bénir au nom de Dieu et lui poser son diadème ; mais Napoléon le lui avait pris des mains. Ainsi tout avait tremblé dans cette forêt lugubre de la vieille Europe ; puis le silence avait succédé.

On dit que, lorsqu'on rencontre un chien furieux, si on a le courage de marcher gravement, sans se retourner, et d'une manière régulière, le chien se contente de vous suivre pendant un certain temps en grommelant entre ses dents ; tandis que, si on laisse échapper un geste de terreur, si on fait un pas trop vite, il se jette sur vous et vous dévore ; car, une fois la première morsure faite, il n'y a plus moyen de lui échapper.

Or, dans l'histoire européenne, il était arrivé souvent qu'un souverain eût fait ce geste de terreur et que son peuple l'eût dévoré ; mais, si un l'avait fait, tous ne l'avaient pas fait en même temps, c'est-à-dire qu'un roi avait disparu, mais non la majesté royale. Devant Napoléon, la majesté royale l'avait fait, ce geste qui perd tout, et non seulement la majesté, mais la religion, mais la noblesse, mais toute puissance divine et humaine.

Napoléon mort, les puissances divines et humaines étaient bien rétablies de fait, mais la croyance en elles n'existait plus. Il y a un danger terrible à savoir ce qui est possible, car l'esprit va toujours plus loin. Autre chose est de se dire : « Ceci pourrait être », ou de se dire : « Ceci a été » ; c'est la première morsure du chien.

Napoléon despote fut la dernière lueur de la lampe du despotisme ; il détruisit et parodia les rois, comme Voltaire les livres saints. Et après lui on entendit un grand bruit : c'était la pierre de Sainte-Hélène qui venait de tomber sur l'ancien monde. Aussitôt parut dans le ciel l'astre glacial de la raison, et ses rayons, pareils à ceux de la froide déesse des nuits, versant de la lumière sans chaleur, enveloppèrent le monde d'un suaire livide.

On avait bien vu jusqu'alors des gens qui haïssaient les nobles, qui déclamaient contre les prêtres, qui conspiraient contre les rois ; on avait bien crié contre les abus et les préjugés ; mais ce fut une grande nouveauté que de voir le peuple en sourire. S'il passait un noble, ou un prêtre, ou un souverain, les paysans qui avaient fait la guerre commençaient à hocher la tête et à dire : « Ah ! celui-là, nous l'avons vu en temps et lieu ; il avait un autre visage. » Et, quand on parlait du trône et de l'autel, ils répondaient : « Ce sont quatre ais de bois ; nous les avons cloués et décloués. » Et, quand on leur disait : « Peuple, tu es revenu des erreurs qui t'avaient égaré ; tu as appelé tes rois et tes prêtres », ils répondaient : « Ce n'est pas nous, ce sont ces bavards-là. » Et, quand on leur disait : « Peuple, oublie le passé, laboure et obéis », ils se redressaient sur leurs sièges, et on entendait un sourd retentissement. C'était un sabre rouillé et ébréché qui avait remué dans un coin de la chaumière. Alors on ajoutait aussitôt : « Reste en repos du moins ; si on ne nuit pas, ne cherche pas à nuire. » Hélas! ils se contentaient de cela.

Mais la jeunesse ne s'en contentait pas. Il est certain qu'il y a dans l'homme deux puissances occultes qui combattent jusqu'à la mort : l'une, clairvoyante et froide, s'attache à la réalité, la calcule, la pèse, et juge le passé ; l'autre a soif de l'avenir et s'élance vers l'inconnu. Quand la passion emporte l'homme, la raison le suit en pleurant et en l'avertissant du danger ; mais, dès que l'homme s'est arrêté à la voix de la raison, dès qu'il s'est dit : « C'est vrai, je suis un fou ; où allais-je? », la passion lui crie : « Et moi, je vais donc mourir? »

Un sentiment de malaise inexprimable commença donc à fermenter dans tous les jeunes cœurs. Condamnés au repos par les souverains du monde, livrés aux cuistres de toute espèce, à l'oisiveté et à l'ennui, les jeunes gens voyaient se retirer d'eux les vagues écumantes contre lesquelles ils avaient préparé leurs bras. Tous ces gladiateurs frottés d'huile se sentaient au fond de l'âme une misère insupportable. Les plus riches se firent libertins ; ceux d'une fortune médiocre prirent un état, et se résignèrent soit à la robe, soit à l'épée ; les plus pauvres se jetèrent dans l'enthousiasme à froid, dans les grands mots, dans l'affreuse mer de l'action sans but. Comme la faiblesse humaine cherche l'association et que les hommes sont troupeaux de nature, la politique s'en mêla. On s'allait battre avec les gardes du corps sur les marches de la chambre législative, on courait à une pièce de théâtre où Talma portait une perruque qui le faisait ressembler à César, on se ruait à l'enterrement d'un député libéral. Mais des membres des deux partis opposés, il n'en était pas un qui, en rentrant chez lui, ne sentît amèrement le vide de son existence et la pauvreté de ses mains.

A la fin de ce même chapitre II de la première partie, l'analyse sociologique découpe les idéologies sociales en deux camps irréductibles :

Dès lors il se forma comme deux camps : d'une part, les esprits exaltés, souffrants, toutes les âmes expansives qui ont besoin de l'infini, plièrent la tête en pleurant ; ils s'enveloppèrent de rêves maladifs, et l'on ne vit plus que de frêles roseaux sur un océan d'amertume. D'une autre part, les hommes de chair restèrent debout, inflexibles, au milieu des jouissances positives et il ne leur prit d'autre souci que de compter l'argent qu'ils avaient. Ce ne fut qu'un sanglot et qu'un éclat de rire, l'un venant de l'âme, l'autre du corps.

Voici donc ce que disait l'âme :

« Hélas! hélas! la religion s'en va; les nuages du ciel tombent en pluie; nous n'avons plus ni espoir, ni attente, pas deux petits morceaux de bois noir en croix devant lesquels tendre les mains. L'astre de l'avenir se lève à peine; il ne peut sortir de l'horizon, il reste enveloppé de nuages, et, comme le soleil en hiver, son disque y apparaît d'un rouge de sang, qu'il a gardé de 93. Il n'y a plus d'amour, il n'y a plus de gloire. Quelle épaisse nuit sur la terre. Et nous serons morts quand il fera jour.

2. *IL NE FAUT JURER DE RIEN* ET LES *LETTRES DE DUPUIS ET COTONET*

2.1. SUR LE ROMANTISME

Concernant le romantisme, la première *Lettre,* datée du 8 septembre 1836, se termine ainsi :

M. Ducoudray est un magistrat, comme j'ai eu l'honneur de vous le dire. Il porte habit marron et culotte de soie, le tout bien brossé, et il nous offrit une prise de tabac sec dans sa tabatière de corne, propre et luisante comme un écu neuf. Nous lui contâmes, comme vous pensez, la visite que nous venions de faire, et reprenant le même sujet, voici quelle fut son opinion :

« Sous la restauration, nous dit-il, le gouvernement faisait tous ses efforts pour ramener le passé. Les premières places aux Tuileries étaient remplies, vous le savez, par les mêmes noms que sous Louis XIV. Les prêtres, ressaisissant le pouvoir, organisaient de tous côtés une sorte d'inquisition occulte, comme aujourd'hui les associations républicaines. D'autre part, une censure sévère interdisait aux écrivains la peinture libre des choses présentes; quels portraits de mœurs ou quelles satires, même les plus douces, auraient été tolérés sur un théâtre où *Germanicus* était défendu? En troisième lieu, la cassette royale, ouverte à quelques gens de lettres, avait justement récompensé en eux des talents remarquables, mais en même temps des opinions religieuses et monarchiques. Ces deux grands mots, la religion et la monarchie, étaient alors dans leur toute-puissance; avec eux seuls il pouvait y avoir succès, fortune et gloire; sans eux, rien au monde, sinon l'oubli ou la persécution. Cependant la France ne manquait pas de jeunes têtes qui avaient grand besoin de se produire et la meilleure envie de parler. Plus de guerre, partant beaucoup d'oisiveté; une éducation très contraire au corps, mais très favorable à l'esprit, l'ennui de la paix, les carrières obstruées, tout portait la jeunesse à écrire ; aussi n'y eut-il à aucune époque le quart autant d'écrivains que dans celle-ci. Mais de quoi parler ? Que pouvait-on écrire ? Comme le gouvernement, comme les mœurs, comme la cour et la ville, la littérature chercha à revenir au passé. Le trône et l'autel défrayèrent tout ; en même temps, cela va sans dire, il y eut une littérature d'opposition. Celle-ci, forte de sa pensée, ou de l'intérêt qui s'attachait à elle, prit la route convenue, et resta classique ; les poètes qui chantaient l'empire, la gloire de la France ou la liberté, sûrs de plaire par le fond, ne s'embarrassèrent point de la forme. Mais il n'en fut pas de même de ceux qui chantaient le trône et l'autel ; ayant affaire à des idées rebattues et à des sentiments antipathiques à la nation, ils cherchèrent à rajeunir, par des moyens nouveaux, la vieillesse de leur pensée ; ils hasardèrent d'abord quelques contorsions poétiques, pour appeler la curiosité ; elle ne vint pas, ils redoublèrent. D'étranges qu'ils voulaient être, ils devinrent bizarres, de bizarres baroques, ou peu s'en fallait. Madame de Staël, ce Blücher littéraire, venait d'achever son invasion, et de même que le passage des Cosaques en France avait introduit dans les familles quelques types de physionomie expressive, la littérature portait dans son sein une bâtardise encore sommeillante. Elle parut bientôt au grand jour ; les libraires étonnés accouchaient de certains enfants qui avaient le nez allemand et l'oreille anglaise. La superstition et ses légendes, mortes et enterrées depuis longtemps, profitèrent du moment pour se glisser par la seule porte qui pût leur être ouverte, et vivre encore un jour avant de mourir à jamais. La manie des ballades, arrivant d'Allemagne, rencontra un beau jour la poésie monarchique chez le libraire Ladvocat, et toutes deux, la pioche en main, s'en allèrent, à la nuit tombée, déterrer dans une église le moyen âge, qui ne s'y attendait pas. Comme pour aller à Notre-Dame on passe devant la Morgue, ils y entrèrent de compagnie ; ce fut là que, sur le cadavre d'un monomane, ils se jurèrent foi et amitié. Le roi Louis XVIII, qui avait pour lecteur un homme d'esprit, et qui ne manquait pas d'esprit lui-même, ne lut rien et trouva tout au mieux. Malheureusement il vint à mourir, et Charles X abolit la censure. Le Moyen Age était alors très bien portant, et à peu près remis de la peur qu'il avait eu de se croire mort pendant trois siècles. Il nourrissait et élevait une quantité de petites chauves-souris, de petits lézards et de jeunes grenouilles, à qui il apprenait le catéchisme, la haine de Boileau, et la crainte du roi. Il fut effrayé d'y voir clair, quand on lui ôta l'éteignoir dont il avait fait son bonnet. Ébloui par les premières clartés du jour, il se mit à courir par les rues, et comme le soleil l'aveuglait, il prit la Porte-Saint-Martin pour une cathédrale et y entra avec ses poussins. Ce fut la mode de l'y aller voir ; bientôt ce fut une rage, et, consolé de sa méprise, il commença à régner ostensiblement. Toute la journée on lui taillait des pourpoints, des manches longues, des pièces de velours, des drames et des culottes. Enfin, un matin, on le planta là ; le gouvernement lui-même passait de mode, et la révolution changea tout. Qu'arriva-t-il ? Roi dépossédé, il fit comme Denys, il ouvrit une école. Il était en France en bateleur, comme le bouffon de la Restauration ; il ne lui plut point d'aller à Saint-Denis, et, au moment où on le croyait tué, il monta en chaire, chaussa ses lunettes, et fit un sermon sur la liberté. Les bonnes gens qui l'écoutent maintenant ont peut-être sous les yeux le plus singulier spectacle qui puisse se rencontrer dans l'histoire d'une littérature ; c'est un revenant, ou plutôt un mort, qui, affublé d'oripeaux d'un autre siècle, prêche et déclame sur celui-ci ; car en changeant de texte, il n'a pu quitter son vieux masque, et garde encore ses manières d'emprunt ; il se sert du style de Ronsard pour célébrer les chemins de fer ; en chantant Washington ou Lafayette, il imite Dante ; et pour parler de république, d'égalité, de la loi agraire et du divorce, il va chercher des mots et des phrases dans le glossaire de ces siècles ténébreux où tout était despotisme, honte, misère et superstition. Il s'adresse au peuple le plus libre, le plus brave, le plus gai et le plus sain de l'univers, et au théâtre, devant ce peuple intelligent, qui a le cœur ouvert et les mains si promptes, il ne trouve rien de mieux que de faire faire des barbarismes à des fantômes inconnus ; il se dit jeune, et parle à notre jeunesse comme on parlait sous un roi podagre qui tuait tout ce qui remuait ; il appelle l'avenir à grands cris, et asperge de vieille eau bénite la statue de la Liberté ; vive Dieu ! qu'en penserait-elle, si elle n'était de marbre ? Mais le public est de chair et d'os, et qu'en pense-t-il ? De quoi se soucie-t-il ? Que va-t-il voir et qu'est-ce qui l'attire à ces myriades de vaudevilles sans but, sans queue, sans tête, sans rime ni raison ? Qu'est-ce que c'est que tant de marquis, de cardinaux, de pages, de rois, de reines, de ministres, de pantins, de criailleries et de balivernes ? La Restauration, en partant, nous a légué ses friperies. Ah ! Français, on se moquerait de vous, si vous ne vous en moquiez pas vous-mêmes. Le grand Goethe n'en riait pas, lui, il y a quatre ou cinq ans, lorsqu'il maudissait notre littérature, qui désespérait sa vieillesse, car le digne homme s'en croyait la cause. Mais ce n'est qu'à nous qu'il faut nous en prendre, oui, à nous seuls, car il n'y a que nous sur la terre d'assez badauds pour nous laisser faire. Les autres nations civilisées n'auraient qu'une clef et qu'une pomme cuite pour les niaiseries que nous tolérons. Pourquoi Molière n'est-il plus au monde ? Que l'homme eût pu être immortel, dont immortel est le génie ! Quel misanthrope nous aurions ! Ce ne serait plus l'homme aux rubans verts et il ne s'agirait pas d'un sonnet. Quel siècle fut jamais plus favorable ? Il n'y a qu'à oser, tout est prêt ; les mœurs sont là, les choses et les hommes, et tout est nouveau ; le théâtre est libre, quoi qu'on veuille dire là-dessus, ou, s'il ne l'est pas, Molière l'était-il? Faites *le Tartuffe*, quitte à faire le dénoûment du *Tartuffe;* mais que non pas! nous aimons bien mieux quelque autre chose, comme qui dirait Philippe le Long, ou Charles VI, qui n'était que fou et imbécile ; voilà notre homme, et il nous démange de savoir de quelle couleur était sa barrette ; que le costume soit juste surtout! sans quoi, c'est le tailleur qu'on siffle, et ne taille pas qui veut de ces habits-là. Malepeste! où en serions-nous si les tailleurs allaient se fâcher? car ces tailleurs ont la tête chaude. Que deviendraient nos après-dînées si on ne taillait plus? Comment digérer? Que dire de la reine Berthe ou de la reine Blanche, ou de Charles IX, ah! le pauvre homme si son pourpoint allait lui manquer. Qu'il ait son pourpoint et qu'il soit de velours noir, et que les crevés y soient, et en satin, et les bottes, et la fraise, et la chaîne au cou, et l'épée du temps, et qu'il jure, et qu'on l'entende, ou rendez-moi l'argent! Je suis venu pour qu'on m'intéresse, et je n'entends pas qu'on me plaisante avec du velours de coton ; mais quelle jouissance quand tout s'y trouve! Nous avons bien affaire du style, ou des passions, ou des caractères! Affaire de bottes nous avons, affaire de fraises, et c'est le sublime. Nous ne manquons ni de vices, ni de ridicules ; il y aurait peut-être bien quelque petite bluette à arranger sur nos amis et nos voisins, quand ce ne serait que les députés, les filles entretenues et les journalistes ; mais quoi! nous craignons le scandale, et si nous abordons le présent, ce n'est que pour traîner sur les planches madame de la Vallette et Chabert, dont l'une est devenue folle de vertu et d'héroïsme, et l'autre, grand Dieu! sa femme remariée lui a montré son propre extrait mortuaire. Il y aurait de quoi faire un couplet. Mais qu'est-ce auprès de Marguerite de Bourgogne? Voilà où l'on mène ses filles ; quatre incestes et deux parricides, en costumes du temps, c'est de la haute littérature ; Phèdre est une mijaurée de couvent ; c'est Marguerite que demandent les collèges, le jour de la fête de leur proviseur ; voilà ce qu'il nous faut, ou la Brinvilliers, ou Lucrèce Borgia, ou Alexandre VI lui-même ; on pourrait le faire battre avec un bouc, à défaut de gladiateur. Voilà le romantisme, mon voisin, et ce pourquoi ne se joue point le *Polyeucte* du bonhomme Corneille, qui, dit Tallemant, fit de bonnes comédies. »

Telle fut, à peu de chose près, l'opinion de M. Ducoudray ; je fus tenté d'être de son avis, mais Cotonet, qui a l'esprit doux, fut choqué de sa violence. D'ailleurs la conclusion ne satisfaisait pas ; Cotonet recherchait l'effet, comme que pût être la cause ; il s'enferma durant quatre mois, et m'a fait part du fruit de ses veilles. Nous allons, monsieur, si vous permettez, vous le soumettre d'un commun accord. Nous avons pensé qu'une phrase ou deux, écrites dans un style ordinaire, pouvaient être prises pour le texte, ou, comme on dit au collège, pour la *matière* d'un morceau romantique, et nous croyons avoir trouvé ainsi la véritable et unique différence du romantique et du classique. Voici notre travail :

LETTRE D'UNE JEUNE FILLE ABANDONNÉE PAR SON AMANT
(Style romantique.)

« Considère, mon amour adoré, mon ange, mon bien, mon cœur, ma vie ; toi que j'idolâtre de toutes les puissances de mon âme ; toi, ma joie et mon désespoir ; toi, mon rire et mes larmes ; toi, ma vie et ma mort ! — jusqu'à quel excès effroyable tu as outragé et méconnu les nobles sentiments dont ton cœur est plein, et oublié la sauvegarde de l'homme, la seule force de la faiblesse, la seule armure, la seule cuirasse, la seule visière baissée dans le combat de la vie, la seule aile d'ange qui palpite sur nous, la seule vertu qui marche sur les flots, comme le divin Rédempteur, la prévoyance, sœur de l'adversité !

« Tu as été trahi et tu as trahi ; tu as été trompé et tu as trompé ; tu as reçu la blessure et tu l'as rendue ; tu as saigné et tu as frappé ; la verte espérance s'est enfuie loin de nous. Une passion si pleine de projets, si pleine de sève et de puissance, si pleine de crainte et de douces larmes, si riche, si belle, si jeune encore, et qui suffisait à toute une vie, à toute une vie d'angoisses et de délires, de joies et de terreurs, et de suprême oubli ; — cette passion consacrée par le bonheur, jurée devant Dieu comme un serment jaloux ; — cette passion qui nous a attachés l'un à l'autre comme une chaîne de fer à jamais fermée, comme le serpent unit sa proie au tronc flexible du bambou pliant ; — cette passion qui fut notre âme elle-même, le sang de nos veines et le battement de notre cœur ; — cette passion, tu l'as oubliée, anéantie, perdue à jamais ; ce qui fut ta joie et ton délice n'est plus pour toi qu'un mortel désespoir qu'on ne peut comparer qu'à l'absence qui le cause. — Quoi, cette absence !... etc., etc. »

TEXTE VÉRITABLE DE LA LETTRE,
LA PREMIÈRE DES LETTRES PORTUGAISES
(Style ordinaire.)

« Considère, mon amour, jusqu'à quel excès tu as manqué de prévoyance ! Ah ! malheureux, tu as été trahi, et tu m'as trahie par des espérances trompeuses. Une passion sur laquelle tu avais fait tant de projets de plaisirs, ne te cause présentement qu'un mortel désespoir, qu'on ne peut comparer qu'à la cruauté de l'absence qui le cause. Quoi ! cette absence... etc. »

Vous voyez, monsieur, par ce faible essai, la nature de nos recherches. L'exemple suivant vous fera mieux sentir l'avantage de notre procédé, comme étant moins exagéré :

PORTRAIT DE DEUX ENFANTS
(Style romantique.)

« Aucun souci précoce n'avait ridé leur front naïf, aucune intempérance n'avait corrompu leur jeune sang ; aucune passion malheureuse n'avait dépravé leur cœur enfantin, fraîche fleur à peine entr'ouverte ; l'amour candide, l'innocence aux yeux bleus, la suave piété, développaient chaque jour la beauté sereine de leur âme radieuse en grâces ineffables, dans leurs souples attitudes et leurs harmonieux mouvements. »

TEXTE

« Aucun souci n'avait ridé leur front, aucune intempérance n'avait corrompu leur sang, aucune passion malheureuse n'avait dépravé leur cœur ; l'amour, l'innocence, la piété, développaient chaque jour la beauté de leur âme en grâces ineffables, dans leurs traits, leurs attitudes et leurs mouvements. »

Ce second texte, monsieur, est tiré de *Paul et Virginie*. Vous savez que Quintilien compare une phrase trop chargée d'adjectifs à une armée où chaque soldat aurait derrière lui son valet de chambre. Nous voilà arrivés au sujet de cette lettre ; c'est que nous pensons qu'on met trop d'adjectifs dans ce moment-ci. Vous apprécierez, nous l'espérons, la réserve de cette dernière amplification ; il y a juste le nécessaire ; mais notre opinion concluante est que si on rayait tous les adjectifs des livres qu'on fait aujourd'hui, il n'y aurait qu'un volume au lieu de deux, et donc il n'en coûterait que sept livres dix sous au lieu de quinze francs, ce qui mérite réflexion. Les auteurs vendraient mieux leurs ouvrages, selon toute apparence. Vous vous souvenez, monsieur, des *âcres* baisers de Julie, dans *la Nouvelle Héloïse* ; ils ont produit de l'effet dans leur temps ; mais il nous semble que dans celui-ci ils n'en produiraient guère, car il faut une grande sobriété dans un ouvrage, pour qu'une épithète se remarque. Il n'y a guère de romans maintenant où l'on n'ait rencontré autant d'épithètes au bout de trois pages, et plus violentes, qu'il n'y en a dans tout Montesquieu. Pour en finir, nous croyons que le romantisme consiste à employer tous ces adjectifs, et non en autre chose. Sur quoi, nous vous saluons bien cordialement, et signons ensemble.

2.2. LE PROBLÈME DU MARIAGE

Le mariage, contre lequel déclament beaucoup de gens plus ou moins mariés, est une des choses d'ici-bas qui ont le plus évidemment un bon et un mauvais côté. Sous quel côté faut-il donc le voir ? Il a cela de bon qu'avec lui il faut rentrer chez soi et payer son terme; il a ceci de mauvais qu'on ne peut plus découcher et envoyer promener ses créanciers; il a cela de bon qu'il force aux apparences et à l'honnêteté, quand ce ne serait que crainte des voisins; il a ceci de mauvais qu'il mène à l'hypocrisie, mais cela de bon qu'il empêche l'impudeur du vice, mais ceci de mauvais qu'on le traite comme une fiction, et qu'il sert de manteau à bien des actes de célibataire; pour ce qui regarde la famille il en est le lien, et en cela louable; pour ce qui regarde les amours, il en est le fléau, et en ceci blâmable. C'est la sauvegarde des fortunes, c'est la ruine des passions. Avec lui on est sage, sans lui on serait fou! Il assure protection à la femme, mais quelquefois donne du ridicule au mari; cependant quand on revient triste, où seraient sans le mariage le toit, l'abri, le feu qui flambe, la main amie qui vous serre la main? Mais quand il fait beau et qu'on sort joyeux, où vont avec le mariage, les rendez-vous, le puach, la liberté? C'est une terrible alternative; qu'en déciderez-vous mon cher Monsieur? Les humanitaires ne veulent point du mariage sous le prétexte qu'on s'en gausse, et que l'adultère le souille; mais sont-ils sûrs, en disant cela, d'avoir mis leurs meilleures lunettes? Puisque rien n'est qu'ombre et lumière, sont-ils sûrs de ce qu'ils ont vu? J'admets qu'ils connaissent les salons, et qu'ils aillent au bal tout l'hiver; ils ont peut-être observé dans les beaux quartiers de Paris quelques infractions à l'hyménée, le fait n'est point inadmissible; ont-ils parcouru nos provinces? Sont-ils entrés dans nos fermes, au village? Ont-ils bu la piquette des vachers de la Beauce? Se sont-ils assis au coin de l'âtre immense des vignerons du Roussillon? [...] Se sont-ils demandé quel effet produiraient leurs doctrines à la mode sur ces robustes charretiers, sur ces laborieuses et saines nourrices? Ce n'est pas tout que la Chaussée-d'Antin. Savent-ils ce que c'est, eux qui parlent d'adultère, et qui ont leurs maîtresses sans doute, savent-ils ce que c'est que le mariage, non pas masqué, sous les robes de Palmire, au fond d'un boudoir en lampas, mais dans les prés, au plein soleil, sur la place, à la fontaine publique, à la paroisse et dans le lit de vieux chêne?

(Deuxième *Lettre,* 25 novembre 1836.)

2.3. LE MALHEUR D'ÉCRIRE DANS LES JOURNAUX

Voici un extrait de la troisième *Lettre,* du 5 mars 1837 :

Les querelles de plume sentent l'épée en France; mais à quoi bon même un coup d'épée? Les journaux n'ont-ils pas la poste? Je voudrais savoir ce qu'on lave au bois de Boulogne, pendant que les flâneurs de Saint-Pétersbourg lisent des injures à vous adressées? Marotte du temps, fabrique de controverse! Vous souvient-il d'une dispute dans un café à propos de la duchesse de Berri?

« Elle a un œil plus petit que l'autre, disait quelqu'un. — Non pas, répliqua le voisin, elle a un œil plus grand que l'autre. » Parlez-moi de ces gens de goût qui savent les distinctions des choses ! Ils ont le grand art de l'à-propos, se choquent de tout, jamais ne pardonnent, ne laissent rien passer sans riposte. Toujours prêts, alertes, il en pleut. Seraient-ils par hasard éloignés ? rassurez-vous ; vous les offenserez à cinquante lieues de distance en louant quelqu'un qu'ils n'ont jamais vu : voilà des ennemis implacables. Il y a, dit-on, un certain arbre ; je ne sais son nom ni où il pousse : un cheval galopant tout un jour ne peut sortir de son ombre. Parfait symbole, monsieur, du journalisme : suez, galopez, l'ombre immense vous suit, vous couvre, vous glace, vous éteint comme un rêve. Que prétendez-vous ? de quoi parlez-vous ? où marchez-vous pour n'être point sur les terres des journaux ? Où respirez-vous un air si hardi que d'oser n'être point à eux ? De quoi est-il question ? de littérature ? c'est leur côtelette et leur chocolat. — De politique ? c'est leur potage même, leur vin de Bordeaux et leur rôti. — Des arts, des sciences, d'architecture et de botanique ? c'est de quoi payer leurs fiacres. — De peinture ? ils en soupent. — De musique ? ils en dorment. De quoi, enfin, qu'ils ne digèrent, dont ils ne battent monnaie ?

Et remarquez, je vous en prie, l'argument commun, le refrain perpétuel de ces messieurs les quotidiens. Ceci est un auteur ? disent-ils ; chacun peut en parler, puisqu'il s'imprime : donc, je l'éreinte. Ceci est un acteur ? ceci une comédie ? ceci un monument ? ceci un fonctionnaire ? Au public tout cela ; donc, je tombe dessus. Vous arrivez alors, bonhomme, ne sachant rien que la grammaire, et vous vous dites : « J'en parlerai donc aussi ; puisque c'est à tous, c'est à moi comme à d'autres. — Arrière, manant, à ta charrue, répond du haut de sa colonne ce grand monsieur de l'écritoire ; ce qui est à tout le monde, quand j'en parle, n'est plus à personne quand j'en ai parlé, ou si j'en vais parler, ou si j'en peux parler. Et sais-tu de quoi je pourrais parler, si je voulais ? Mais j'aime mieux que tu te taises. Ôte-toi de là, sinon je m'y mets. » Voilà le jugement de Salomon, et ne croyez pas qu'on en appelle.

Sous Louis XIV, on craignait le roi, Louvois et le tabac à la rose ; sous Louis XV, on craignait les bâtards, la Du Barry et la Bastille ; sous Louis XVI, pas grand'chose ; sous les sans-culottes, la machine à meurtres ; sous l'Empire, on craignait l'empereur et un peu la conscription ; sous la Restauration, c'étaient les jésuites ; ce sont les journaux qu'on craint aujourd'hui. Dites-moi un peu où est le progrès ? On dit que l'humanité marche ; c'est possible, mais dans quoi, bon Dieu !

Mais, puisqu'il s'agit et s'agira toujours de monopole, comment l'exercent ceux qui l'ont céans ? Car enfin, le marchand de tabac qui empêche son voisin d'en vendre, donne de méchants cigares, il est vrai, mais du moins n'est-ce pas sa faute ; le gouvernement lui-même les lui fabrique ainsi ; tels il les vend, tels nous les fumons, si nous pouvons. Que font les journaux des entrepôts de la pensée? Quelle est leur façon, leur méthode? Qu'ont-ils trouvé et qu'apprennent-ils? Il n'y a pas long à réfléchir. Deux sortes de journaux se publient : journaux d'opposition, journaux ministériels, c'est comme qui dirait arme offensive, arme défensive, ou si vous voulez, le médecin Tant-Pis et le médecin Tant-Mieux. Ce que font les ministres, les chambres, votes, lois, canaux, projets, budgets, tels, les uns critiquent tout sans compter, frappent de çà, de là, rien ne passe, à tort et à travers ; mais non pas les autres, bien au contraire : tout est parfait, juste, convenable ; c'est ce qu'il fallait, le temps en était venu, ou bien n'en était pas venu, selon le thème ; cela s'imprime tous les matins, se plie, s'envoie, se lit, se dévore, on ne saurait déjeuner sans cela ; moyennant quoi des nuées d'abonnés, l'un derrière, l'autre devant (vous savez comme on va aux champs), se groupent, s'écoutent, regardent en l'air, ouvrent la bouche, et payent tous les six mois. Maintenant voulez-vous me dire si vous avez jamais connu un homme, non pas un homme, mais un mouton, c'est encore trop dire, l'être le plus simple et le moins compliqué, un mollusque, dont les actions fussent toujours bonnes, ou toujours mauvaises, incessamment blâmables, ou louables incessamment! Il me semble que si trente journaux avaient à suivre, à examiner à la loupe un mollusque du matin au soir, et à en rendre fidèlement compte au peuple français, ils remarqueraient que ce mollusque a tantôt bien agi, tantôt mal, ici a ouvert les pattes à propos pour se gorger d'une saine pâture, là s'est heurté en maladroit contre un caillou qu'il fallait voir ; ils étudieraient les mœurs de cette bête, ses besoins, ses goûts, ses organes, et le milieu où il lui faut vivre, la blâmeraient selon ses mouvements et évolutions diverses, ou l'approuveraient, se disputeraient sans doute, j'en conviens, sur ledit mollusque ; Geoffroy Saint-Hilaire et Cuvier s'y sont bien disputés jadis, qui entendaient le sujet de haut ; mais enfin vingt-cinq journaux ne se mettraient pas d'un côté à crier haro à ce pauvre animal, à le huer sur tout ce qu'il ferait, lui chanter pouille sans désemparer ; et d'un autre côté, les cinq journaux restants n'emboucheraient pas la trompette héroïque pour tonner dès qu'il éternuerait : Bravo, mollusque! bien éternué, mollusque! et mille fadaises de ce genre. Voilà pourtant ce qu'on fait à Paris, à trois pas de nous, en cent lieux divers, non pour un homme, mais pour la plus vaste, la plus inextricable, la plus effrayante machine animée qui existe, celle qu'on nomme gouvernement! Quoi! parmi tant d'hommes assemblés, ayant cœur et tête, puissance et parole, pas un qui se lève, et dise simplement : «Je ne suis ni pour ni contre personne, mais pour le bien ; voilà ce que je blâme et ce que j'approuve, ma pensée, mes motifs ; examinez! »

2.4. CHAQUE ÉPOQUE A SON STYLE PROPRE

Refusant l'imitation, Musset écrit dans la quatrième *Lettre* (5 mai 1837) :

> Toute action, ou tout écrit, ou toute démonstration quelconque, faite à l'imitation du passé, ou sur une inspiration étrangère à nous, est absurde et extravagante. Ceci paraît quelque peu sévère, n'est-ce pas? Eh bien! monsieur, nous le soutiendrons; et si nous avons lanterné pour en venir là, nous y sommes.
> Mais ce n'est pas tout. Je dis qu'à Athènes l'action de Polémon fut belle, parce qu'elle était athénienne ; je dis qu'à Sparte celle de Léonidas fut grande, parce qu'elle était lacédémonienne (car, dans le fond, elle ne servait à rien). Je dis qu'à Rome Brutus fut un héros, autant qu'un assassin peut l'être, parce que la grandeur romaine était alors presque autant que la nature ; je dis que, dans les siècles modernes, tout sentiment, vrai en lui-même, put être accompagné d'un geste plus ou moins beau, et d'une *mise en scène* plus ou moins heureuse, selon le pays, le costume, le temps et les mœurs ; qu'au Moyen Age l'armure de fer, à la Renaissance la plume au bonnet, sous Louis XIV le justaucorps doré, durent prêter aux actions humaines grâce ou grandeur, à chacun son cachet ; mais je dis qu'aujourd'hui, en France, avec nos mœurs et nos idées, après ce que nous avons fait et détruit, avec notre horrible habit noir, il n'y a plus de possible que le simple, réduit à sa dernière expression.
> Examinons un peu ceci, quelque hardie que soit cette thèse, et prévenons d'abord une objection : on peut me répondre que ce qui est beau et bon est toujours simple, et que je discute une règle éternelle ; mais je n'en crois rien. Polémon n'est pas simple, et pour ne pas sortir de la Grèce, certes, Alexandre ne fut pas simple, lorsqu'il but la drogue de Philippe, au risque de s'empoisonner. Un homme simple l'eût fait goûter au médecin. Mais Alexandre le Grand aimait mieux jouer sa vie, et son geste, en ce moment-là, fut beau comme un vers de Juvénal, qui n'était pas simple du tout. *Le vrai seul est aimable,* a dit Boileau ; le vrai ne change pas, mais sa forme change, par celà même qu'elle doit être aimable.
> Or je dis qu'aujourd'hui sa forme doit être simple, et que tout ce qui s'en écarte n'a pas le sens commun.
> Faut-il vous répéter, monsieur, ce qui traîne dans nos préfaces? Faut-il vous dire, avec nos auteurs à la mode, que nous vivons à une époque où il n'y a plus d'illusions? Les uns en pleurent, les autres en rient ; nous ne mêlerons pas notre voix à ce concert baroque, dont la postérité se tirera comme elle pourra, si elle s'en doute. Bornons-nous à reconnaître, sans le juger, un fait incontestable, et tâchons de parler simplement à propos de simplicité : il n'y a plus, en France, de préjugés.

Voilà un mot terrible, et qui ne plaisante guère ; et, direz-vous peut-être, qu'entendez-vous par là ? Est-ce ne pas croire en Dieu ? Mépriser les hommes ? Est-ce, comme l'a dit quelqu'un d'un grand sens, manquer de vénération ? Qu'est-ce enfin que d'être sans préjugés ? Je ne sais ; Voltaire en avait-il ? Malgré la chanson de Béranger, si 89 est venu, c'est un peu la faute de Voltaire.

Mais Voltaire et 89 sont venus, il n'y a pas à s'en dédire. Nous n'ignorons pas que, de par le monde, certaines coteries cherchent à l'oublier, et, tout en prédisant l'avenir, feignent de se méprendre sur le passé. Sous prétexte de donner de l'ouvrage aux pauvres et de faire travailler les oisifs, on voudrait rebâtir Jérusalem. Malheureusement les architectes n'ont pas le bras du démolisseur, et la pioche voltairienne n'a pas encore trouvé de truelle à sa taille ; ce sera peut-être le sujet d'une autre lettre que nous vous adresserons, monsieur, si vous le permettez. Il ne s'agit ici ni de métaphysique, ni de définitions, Dieu merci. Plus de préjugés, voilà le fait, triste ou gai, heureux ou malheureux ; mais comme je ne pense pas qu'on y réponde, je passe outre.

Je dis maintenant que, pour l'homme sans préjugés, les belles choses faites par Dieu peuvent avoir du prestige, mais que les actions humaines n'en sauraient avoir. Voilà encore un mot sonore, monsieur, que ce mot de *prestige ;* il n'a qu'un tort pour notre temps, c'est de n'exister que dans nos dictionnaires. On le lira pourtant toujours dans les yeux d'une belle jeune fille, comme sur la face du soleil ; mais, hors de là, ce n'est pas grand'chose. On n'y renonce pas aisément, je le sais, et si je soutiens cette conviction que j'ai, c'est que je crois en conscience qu'on ne peut rien faire de bon aujourd'hui, si on n'y renonce pas. C'est là, à mon avis, la barrière qui nous sépare du passé. Quoi qu'on en dise et quoi qu'on fasse, il n'est plus permis à personne de nous jeter de la poudre au nez. Qu'on nous berne un temps, c'est possible ; mais le jeu n'en vaut pas la chandelle, cela s'est prouvé, l'autre jour, aux barricades. Nous ne ressemblons, sachons-le bien, aux gens d'aucun autre pays et d'aucun autre âge. Il y a toujours plus de sots que de gens d'esprit, cela est clair et irrécusable ; mais il n'est pas moins avéré que toute forme, toute enveloppe des choses humaines est tombée en poussière devant nous, qu'il n'y a rien d'existant que nous n'ayons touché du doigt, et que ce qui veut exister maintenant doit en subir l'épreuve.

L'homme sans préjugés, le Parisien actuel, se range pour un vieux prêtre, non pour un jeune, salue l'homme et jamais l'habit, ou s'il salue l'habit, c'est par intérêt. Montrez-lui un duc, il le toise ; une jolie femme, il la marchande, après en avoir fait le tour ; une pièce d'argent, il la fait sonner ; une statue de bronze, il frappe dessus pour voir si elle est pleine ou creuse ; une comédie, il cherche à deviner quel en sera le dénoûment ; un député, pour qui vote-t-il? un ministre, quelle sera la prochaine loi? un journal, à combien d'exemplaires le tire-t-on? un écrivain, qu'ai-je lu de lui? un avocat, qu'il parle; un musicien, qu'il chante; et si la Pasta, qui vieillit, a perdu trois notes de sa gamme, la salle est vide. Ce n'est pas ainsi à la Scala; mais le Parisien qui paye veut jouir, et, en jouissant, veut raisonner, comme ce paysan qui, la nuit de ses noces, étendait la main, tout en embrassant sa femme, pour tâter dans les ténèbres le sac qui renfermait sa dot.

Le Parisien actuel est né d'hier; et ce que seront ses enfants, je l'ignore. La race présente existe, et celui qui n'y voit qu'un anneau de plus à la chaîne des vivants se noie comme un aveugle. Jamais nous n'avons si peu ressemblé à nos pères; jamais nous n'avons si bien su ce que nos pères nous ont laissé; jamais nous n'avons si bien compté notre argent, et par conséquent nos jouissances. Oserai-je le dire? jamais nous n'avons su si bien qu'aujourd'hui ce que c'est que nos bras, nos jambes, notre ventre, nos mains; et jamais nous n'en avons fait tant de cas.

Que ferez-vous maintenant, vous acteur, devant ce public? C'est à lui que vous parlez, à lui qu'il faut plaire, peu importe le rôle que vous jouez, poète, comédien, député, ministre, qui que vous soyez, marionnette d'un jour. Que ferez-vous, je vous le demande, si vous arrivez en vous dandinant, pour prendre une pose théâtrale, chercher dans les yeux qui vous entourent l'effet d'une renommée douteuse, bégayer une phrase ampoulée, attendre le bravo, l'appeler en vain, et vous esquiver dans un à-peu-près? Croirez-vous avoir réussi, quand quatre mains amies ou payées auront frappé les unes dans les autres, à tel geste appris, au moment convenu?

2.5. LA VIE MONDAINE D'UN JEUNE ÉLÉGANT

Le Boulevard de Gand (actuellement boulevard des Italiens), dont nous donnons le texte ici, devait servir d'introduction aux *Deux Maîtresses* (1837); finalement, Musset y renonça, et c'est dans *le Gaulois,* en 1876 seulement, que ces quelques pages parurent.

« L'espace compris entre la rue Grange-Batelière et celle de la Chaussée-d'Antin n'a pas, comme vous savez, Madame, plus d'une portée de fusil de long. C'est un endroit plein de boue en hiver et de poussière en été. Quelques marronniers qui y donnaient un peu d'ombre ont été abattus à l'époque des barricades. Il n'y reste pour ornement que cinq ou six arbrisseaux et autant de lanternes. D'ailleurs, rien qui mérite l'attention et il n'y a aucune raison de s'asseoir là plutôt qu'à toute autre place du boulevard qui est aussi long que Paris.

« Ce petit espace, plein de poussière et de boue, est cependant un des lieux les plus agréables qui soient au monde. C'est un des points rares sur la terre où le plaisir s'est concentré. Le Parisien y vit, le provincial y accourt, l'étranger qui y passe s'en souvient comme de la rue de Tolède à Naples, comme autrefois de la Piazzetta à Venise. Restaurants, cafés, théâtres, bains, maisons de jeu, tout s'y presse ; on a cent pas à faire pour vivre ; l'univers est là ; de l'autre côté du ruisseau, ce sont les Grandes Indes.

« Vous ne connaissez sûrement pas, Madame, les mœurs de ce pays étrange qu'on a nommé boulevard de Gand. Il ne commence guère à remuer qu'à midi ; les garçons de café servent dédaigneusement quiconque déjeune avant cette heure. C'est alors qu'arrivent les dandys ; ils entrent à Tortoni par la porte de derrière, attendu que le perron est envahi par les Barbares, c'est-à-dire les gens de la Bourse. Le monde dandy, rasé et coiffé, déjeune jusqu'à deux heures, à grand bruit, puis s'envole en bottes vernies. Ce qu'il fait de sa journée est impénétrable ; c'est une partie de cartes ou un assaut d'armes ; mais rien n'en transpire au dehors, et je vais ne vous le confier qu'en secret. »

« Le boulevard de Gand, pendant le jour, est donc livré à la foule qui s'y porte depuis trois heures environ jusqu'à cinq. Tandis que les équipages poudreux règnent glorieusement sur la chaussée, la foule ignorante ne se promène du beau côté que parce que le soleil y donne. Quelle pitié! Il n'en faut pas moins remarquer, en passant la taille fine de la grisette, la jolie maman qui traîne son marmot, le classique fredon du flâneur, et le panache de la demoiselle qui sort de sa répétition. A cinq heures, changement complet : tout se vide et reste désert jusqu'à six heures ; alors les habitués de chaque restaurant paraissent peu à peu et se dirigent vers leurs mondes planétaires. Le rentier retiré, amplement vêtu, s'achemine vers le Café Anglais avec son billet de stalle dans sa poche ; le courtier bien brossé, le demi-fashionable, vont s'attabler chez Hardy ; de quelques lourdes voitures de remise débarquent de longues familles anglaises, qui entrent au Café de Paris sur la foi d'une mode oubliée ; les cabinets du Café Douix voient arriver deux ou trois parties fines, visages joyeux, mais inconnus. »

« Le Club de l'Union s'illumine et les équipages s'y arrêtent ; les dandys sautillent çà et là avant d'entrer au Jockey-Club. A sept heures, nouveau désert ; quelques journalistes prennent le café pendant que tout le monde dîne. A huit heures et demie, fumée générale ; cent estomacs digèrent et cent cigares brûlent ; les voitures roulent, les bottes craquent, les cannes reluisent, les chapeaux sont de travers, les gilets regorgent, les chevaux caracolent ; c'est le beau moment. Les femmes, que la fumée suffoque et qui abhorrent cet affreux tabac, arrivent à point nommé, cela va sans dire ; elles se pressent, s'entassent, toussent et bavardent ; le monde dandy s'envole de nouveau ; ces messieurs sont au théâtre et ces dames pirouettent. A dix heures, les fumeurs ne restent plus qu'un petit nombre, et les femmes, qui commencent à respirer, s'en vont.

« La compagnie, qui était plus que mêlée, devient tout à fait mauvaise ; on entend, dans la solitude, le crieur du journal du soir ; les désœuvrés, seuls, tiennent bon. A onze heures et demie, les spectacles se vident ; on se casse le cou devant Tortoni pour prendre une glace avant de s'aller coucher ; il s'en avale mille dans une soirée d'été. A minuit, un dandy égaré reparaît un instant : il est brisé de sa journée ; il se jette sur une chaise, étend son pied sur une autre, avale un verre de limonade en bâillant, tape sur une épaule quelconque, en manière d'adieu et s'éclipse. L'homme au gaz arrive ; tout s'éteint. Quelques groupes restent encore : on se sépare en fumant, au clair de la lune ; une heure après, pas une âme ne bouge et trois ou quatre fiacres patients attendent, seuls, devant le Café Anglais des soupeurs attardés qui ne sortiront qu'au jour.

« Voilà, Madame, le fidèle portrait du boulevard de Gand. Et, me direz-vous peut-être, quels plaisirs extraordinaires y trouve-t-on? Il faut savoir d'abord que c'est un paradis masculin et que, par conséquent, il me serait difficile de vous le faire comprendre. Je ne vous ai peint que le dehors. Ce qu'il faudrait vous montrer maintenant, c'est le dedans, l'intérieur des indigènes, l'âme du boulevard, en un mot ; et comment m'y prendrai-je ?

« Si je vous dis que, pour un jeune homme, il peut y avoir une exquise jouissance à mettre une botte qui lui fait mal au pied, vous allez rire. Si je vous dis qu'un cheval d'allure douce et commode, passablement beau, restera peut-être chez le marchand, tandis qu'on se précipitera sur une méchante bête qui va ruer à chaque coin de rue, vous ne voudrez pas me croire. Si je vous dis qu'assister régulièrement à toutes les premières représentations, manger des fraises presque avant qu'il y en ait, prendre une prise de tabac au rôti, savoir de quoi on parle et quand on doit rire et quelle est la dernière histoire d'une coulisse, parier n'importe sur quoi le plus cher possible et payer le lendemain en souriant, tutoyer son domestique et ne pas savoir le nom de son cocher, sentir le jasmin et l'écurie, lire le journal au spectacle, aux endroits qu'il faut et à propos, jouer le distrait et l'affairé en regardant les mouches, boire énormément ou pas du tout, coudoyer les femmes d'un air ennuyé avec une rose de Tivoli à sa boutonnière, avoir enfin pour maîtresse une belle dame qui montre pour trois francs à tout un parterre ce qu'il y a de plus secret dans tout son ménage ; si je vous dis que c'est là le bonheur suprême, vous allez vous moquer de moi.

« Eh bien! Madame, vous aurez tort ; je vous assure que c'est la vérité.

« Une botte qui fait mal va presque toujours bien ; un méchant cheval peut être plus beau qu'un autre ; à une première représentation, s'il n'y a pas d'esprit dans la pièce, il y a du monde pour l'écouter ; rien n'est si doux qu'une primeur quelconque ; une prise de tabac fait trouver le gibier plus succulent ; rire, bavarder, parier et payer sont choses louables et permises à tous ; l'odeur de l'écurie est saine, et celle du jasmin délectable ; tutoyer les gens donne de la grandeur ; l'air ennuyé ne déplaît point aux dames, et une femme qui vaut la peine qu'on aille au parterre, quel que soit le prix de la place, est assurément digne de faire le bonheur d'un homme distingué.

« Nous ne nous entendons pas, n'est-il pas vrai? C'est ce qui fait, Madame, que je n'essaierai pas de vous faire goûter les charmes du boulevard de Gand, et que je suis obligé de m'en tenir à ce que je vous ai dit tout à l'heure : c'est un des lieux les plus agréables qui soient au monde.

« Un jeune homme, nommé Valentin, s'y promenait beaucoup il y a deux ans. Ce préambule n'est que pour l'introduire... »

JUGEMENTS

SUR « FANTASIO »

XIXᵉ SIÈCLE

Permettez-moi d'attirer votre attention sur cette poésie du décor si pénétrante et si subtile [...]. Cette Bavière idéale où Fantasio va vous transporter tout à l'heure, l'Italie de Bettine, la Sicile de Carmosine, la Hongrie de Barberine, toutes ces contrées shakespeariennes, si je puis ainsi dire, où des personnages de féerie promènent leurs aventures, dans des jardins éternellement fleuris, sous un ciel éternellement bleu. Car c'est là, c'est là — dans *On ne badine pas avec l'amour*, dans *les Caprices de Marianne*, et dans *Fantasio* même, non dans *Ruy Blas* ou dans *Kean* —, c'est là que vous trouverez le meilleur du romantisme, cette liberté rendue au rêve, ce vagabondage poétique et charmant de l'imagination, cette élégance apprêtée, mais pourtant naturelle, qui rappelle à la fois, qui mêle ensemble sans effort l'esprit de notre XVIIIᵉ siècle et les souvenirs de la Renaissance italienne, Marivaux et Shakespeare, *les Fausses Confidences* et *Beaucoup de bruit pour rien*, les sonnets de Pétrarque et les toiles de Watteau. Et là aussi, c'est bien là que vous trouverez l'une au moins des origines du symbolisme contemporain, s'il consiste, comme je le crois, à vouloir voir plus loin que les choses, et, par-delà leur écorce, atteindre jusqu'à la réalité profonde et mystérieuse dont elles ne sont que les signes éphémères et changeants.

Vous le savez, en effet, dans ces décors si riants, il se répand aussi du sang, et surtout il s'y verse des pleurs. La tragédie s'y mêle avec la comédie, la tragédie de l'amour, la comédie des convenances ou des préjugés. Les larmes y sont voisines du rire. [...] Ecoutez donc bien cette prose unique. [...] Entendez bien la leçon de ce Fantasio : que le pire malheur qu'il y ait au monde, le plus grand crime qui se commette contre l'humanité, c'est de sacrifier une âme dont on avait la garde aux nécessités de la politique, à l'égoïsme des intérêts, à la superstition des convenances. Que le prince de Mantoue se fâche donc! Qu'il déclare la guerre à son Bavarois de beau-père! Mais qu'il n'épouse pas la princesse Elsbeth! Que la jeunesse et la grâce, et la poésie ne soient pas une fois de plus immolées à la prose! Et qu'il sèche ou qu'il meure sur sa tige, ce beau lys allemand, si blanc, et si pur, plutôt que d'être cueilli par la main de ce nigaud, de ce fat et de cet imbécile d'Italien! Qu'ont-ils donc vu là ceux qui n'ont pas compris

Fantasio? Mais que dirons-nous de ceux qui reprochaient ce matin à Fantasio lui-même de se conduire d'une manière indigne d'un « galant homme » en se faisant payer ses dettes par la petite princesse?

Ferdinand Brunetière,
Epoques du théâtre français (1892).

Fantasio est un étudiant bohème à qui Musset a prêté son âme, Fantasio s'ennuie — parce qu'il a trop aimé; il se croit désespéré, il voit la laideur et l'inutilité du monde — parce qu'il n'aime plus. Il a, comme Musset, l'amour de l'amour et, après chaque expérience, le dégoût invincible, et, après chaque dégoût, l'invincible besoin de recommencer l'expérience, et, dans la satiété toujours revenue, le désir toujours renaissant; en somme, la grande maladie humaine, la seule maladie, l'impatience de n'être que soi et que le monde ne soit que ce qu'il est, et en même temps le désir d'embrasser le monde, et l'immortelle illusion surgissant indéfiniment de l'immortelle désespérance [...].

Jules Lemaitre,
Impressions de théâtre (1892).

On peut dire de cette œuvre qu'elle est une fantaisie ou une boutade échappée à l'auteur dans un quart d'heure de folle et joyeuse ivresse mêlée de mélancolie entre les délires de la veille et les désespoirs du lendemain. De toutes les créations de Musset, nulle ne reproduit mieux les dégoûts et les équipées fantasques d'un esprit à la dérive, qui ne sait où s'arrêter, où se fixer, et que le monde n'a pu remplir.

A coup sûr, la pièce est des plus minces et ne va guère au-delà d'une anecdote plaisante mise en action, avec nombre d'espiègleries, de traits amusants et spirituels. Mais le personnage de Fantasio est encore un des multiples sosies dans lesquels l'auteur s'est incarné lui-même. A ce titre surtout il peut nous intéresser. Une chose nous frappe chez les héros d'Alfred de Musset : l'absence presque complète de volonté. Ils obéissent à la passion, à la fantaisie, au hasard. N'est-ce pas là toujours l'image du poète, se laissant aller au vent qui le pousse, sans savoir où il va?

Charles Lenient,
la Comédie en France au XIXe siècle (1888).

Les tout premiers essais de théâtre de Musset, « c'est d'une part une désinvolture bien personnelle en dépit des imitations, c'est le trait neuf et imprévu, c'est un mélange de dandysme et de trivialité, qui, grâce à cette alliance même, ne présente rien de banal ni de vulgaire ».

L. Lafoscade,
le Théâtre d'Alfred de Musset (1898).

Fantasio, où il y a du Shakespeare, du Marivaux, du Jean-Paul et de l'Hoffmann, c'est encore Musset, et son rêve, indigne qu'il est d'un virginal amour, d'être au moins l'artisan caché d'un bonheur virginal : Fantasio, jouvenceau, qui se croit un vieillard, « le mois de mai sur les joues, le mois de janvier dans le cœur ». L'univers est pour lui une plaisanterie manquée; tout est fané; et il se sent seul, comme l'est tout le monde : « Si je pouvais seulement sortir de ma peau pendant une heure ou deux!... » C'est tout un monde que chacun porte en lui! un monde ignoré qui naît et qui meurt en silence. Fantasio est las même d'être léger. Il lui faudrait une aventure qui fût une action. Plus d'amour, plus de croyance; pas de métier. La Providence, qui aime les fous, va faire que Fantasio, improvisé bouffon de cour, sorte, par l'action la plus folle, de sa solitude. Le pire scandale de l'univers n'est-il pas que les niais et les vaniteux puissent tourmenter les gens d'esprit et les bons cœurs? Tel doit être le privilège du prince de Mantoue; il est en passe d'épouser la délicieuse Elsbeth, princesse de Bavière, romanesque elle aussi, comme les filles du bon duc Laërte, et naguère introduite au monde étrange de la rêverie par feu Saint-Jean, bouffon breveté. Fantasio se fera bouffon à son tour pour dire la vérité, puisque seuls les fous sont reçus à la dire. Il fera au prince de Mantoue, ce grotesque, des farces pendables; il l'obligera à se montrer dans le complet appareil de son ridicule. Elsbeth est sauvée, et Fantasio pardonné va se cacher dans les bluets où elle l'avait trouvé. Chimérique pays, où celui qui n'a plus de cœur à vivre pour lui peut déranger avec tant d'à-propos les mauvais coups du sort et remettre l'innocence sur le chemin de sa vocation.

J. Merlant,
Alfred de Musset, morceaux choisis : Notice (1917).

C'est encore dans une Bavière de convention que se déroulera l'action de *Fantasio*. Musset voulait un cadre pour y faire parler son héros; celui-là lui a plu, et il s'en est emparé sans plus se documenter. Mais ce que ces pièces perdent en précision historique, elles le gagnent en simplicité et en poésie. Car, avec cette intrigue de moins en moins chargée, avec ce décor imaginaire, le poète peut, dès qu'il le veut, entraîner à sa suite personnages et spectateurs dans un monde moins étroit; puis les ramener sur notre terre sans crainte de se cogner aux angles des portants; il peut surtout glisser là ses confessions et tout son lyrisme, sans invraisemblance et sans heurt; ses héros ne sont-ils point assez modernes pour pouvoir sentir comme lui? assez de leur temps pour que les confidences restent cependant dramatiques? C'est grâce à cette imprécision que Musset peut marcher à la fois dans la vie et dans son rêve. Tout cela est vrai : n'empêche que pareille stylisation et cette logique amie de la beauté, toujours harmonieuse, n'apparentent pas les comédies au drame romantique, tant s'en faut.

Pierre Gastinel,
le Romantisme d'Alfred de Musset (1933).

SUR « IL NE FAUT JURER DE RIEN »

XIXe SIÈCLE

Quel charme lorsque l'on est condamné comme nous au vaudeville et au mélodrame à perpétuité, d'entendre un ouvrage de langue humaine en pur dialecte français, et d'être débarrassé, une fois pour toutes, de cet horrible patois vulgaire qu'on parle et surtout qu'on écrit aujourd'hui! Comme cette phrase est nette, vive, alerte! comme l'esprit pétille au choc du dialogue! Que de malice, et en même temps quelle tendresse! La bouche sourit et l'œil brille, lustré par l'émotion. La scène d'amour sous les arbres est d'une sensibilité douce, d'une passion honnête et pure qui ravissent.

Théophile Gautier,
Histoire de l'art dramatique (14 août 1848).

Maintenant, est-ce bien du théâtre? Je n'en sais rien, messieurs, du moins je n'oserais l'affirmer. Ni l'idée, je l'avoue, ni le sujet même ne sont toujours ici assez clairs; les préparations sont insuffisantes; et Musset, en sa qualité de romantique, intervient trop de sa personne dans l'action de la plupart de ses comédies.

Ferdinand Brunetière,
Époques du théâtre français (1892).

Il n'est guère possible de conduire sûrement un dialogue sans avoir en quelque degré le sens psychologique. Musset l'a eu plus qu'aucun romantique. Autant les modes généraux de sensibilité qui constituent les personnages de premier plan sont délicats et compliqués, autant les caractères attribués aux personnages accessoires sont sommaires et peu profonds. Là, l'étude est minutieuse et fouillée, ici l'esquisse est sobre et simplifiée, le trait franc et juste. Voyez l'oncle Van Buck, et la mère de Cécile, et l'abbé : ces gens-là ne sont pas compliqués, ils vivent. Même Musset a eu dans un degré supérieur le sens de la caricature artistique, qui ramasse et déforme un type par une simplification vigoureuse.

Gustave Lanson,
Histoire de la littérature française (1894).

Le héros de ces comédies, c'est toujours Musset, et nous voilà débarrassés du héros byronien à formule fixe [...] ou bien il se pose devant lui-même, il prend ses jours de raison pour juger ses jours de folie, et, habillant sa fugitive sagesse du costume qui lui sied, il appelle l'oncle Van Buck, bedonnant, grisonnant, positif, à chapitrer l'incorrigible Valentin. D'une matinée de bon sens lucide, où il s'est dit ses vérités, le premier acte de *Il ne faut jurer de rien* est sorti; la réalité a fourni le point de départ, l'imagination fera le reste; elle organisera une action, un dénouement conformes à cette situation première où le poète s'est trouvé. Ailleurs, il n'y a rien de réel qu'une certaine disposition sentimentale. Alors la comédie crée un univers de la couleur de ce sentiment, et la vérité morale est entière dans l'absolue fantaisie de la construction scénique.

Id., *Ibid.*

XXe SIÈCLE

[Le premier mérite de la pièce] c'est d'avoir l'ingénue la plus vraie, la plus naturelle qu'on ait jamais vue sur la scène ou dans un roman, une ingénue dont l'ingénuité n'est que l'ignorance d'une certaine forme de mal, une ingénue d'esprit pratique et de cœur noble, sans préciosité, sans coquetterie, sans niaiserie. [...] François de Curel [auteur dramatique français (1854-1928), dans sa pièce de théâtre *la Comédie du génie*, 1922] a bien fait de placer au rang des plus surprenantes créations dramatiques cet abbé qui n'a pas de nom, qui ne prononce pas la valeur de vingt lignes, et que nous connaissons tous comme si nous l'avions hérité avec de vieux meubles de famille.

André Bellessort,
Revue des Deux Mondes (1er février 1930).

Il nous arrive à tous de sentir en nous-mêmes quelque chose du même genre, mais, si nous nous imaginons parfois comme écartelés par des tendances mal conciliables, nous ne nous sentons cependant pas scindés en deux personnes. Chez Musset, au contraire, l'imagination poétique jaillissant en détails pittoresques et concrets fait subitement un personnage de ce qui n'était qu'un état d'esprit. Les remontrances que, ce matin-là, il s'adresse à lui-même, prennent la figure ronde, colérique et débonnaire de l'oncle Van Buck, qui a vendu du guingan à Anvers, tandis que son goût du plaisir, du jeu, du luxe, son insouciance matérielle et sa jeune rouerie gardent sa propre figure blonde et son corps élégant dans sa robe de chambre à fleurs. Il se baptise Valentin, voilà tout. [...]

Nul n'a senti plus vivement que Musset cette sorte de vie indépendante que semblent exiger les créatures nées de l'esprit d'un dramaturge ou d'un romancier. Parlant un jour de Scribe avec Legouvé, il lui disait : « Je place Scribe très haut, mais il a un défaut, il ne se fâche jamais contre lui-même. [...] Quand Scribe commence une pièce, un acte ou une scène, il sait toujours d'où il part, par où il passe et où il arrive. De là sans doute un mérite de ligne droite qui donne une grande solidité à ce qu'il écrit. Mais de là aussi un manque de souplesse et d'imprévu. Il est trop logique; il ne perd jamais la tête. Moi, au contraire, au courant d'une scène ou d'un morceau de poésie, il m'arrive tout à coup de changer de route, de culbuter mon propre plan, de me retourner contre mon personnage préféré, et de le faire battre par son interlocuteur. [...] J'étais parti pour Madrid et je vais à Constantinople. »

Dussane,
le Comédien sans paradoxe (1933).

Sur la forme dramatique de l'œuvre et les influences qu'elle reflète.

La littérature du temps, le théâtre surtout, a laissé son influence dans les *Comédies et proverbes* : mais ce qui frappe ici, ce n'est point tant l'adoption des procédés d'une école et l'imitation d'un genre admis, que la combinaison indéfinie et frappante de toutes les formes dramatiques alors en usage. Mélodrame, scènes historiques à la Vitet, saynètes à la Mérimée, comédies à la façon de Scribe, proverbes jouables ou injouables, tout cela se retrouve dans Musset, à doses diverses, mais sensibles.

L. Lafoscade,
le Théâtre d'Alfred de Musset (1898).

Les qualités théâtrales de Musset.

Comédie fantaisiste de Musset, précieuse et naturelle, excentrique et solide, sentimentale et gouailleuse, plus poétique que la comédie de Marivaux, moins profonde que la comédie de Shakespeare.

Gustave Lanson,
Histoire de la littérature française (1894).

Lanson écrit à propos de la vérité morale au sein de l'absolue fantaisie dans la construction scénique :

Son théâtre est exquis par la fine notation d'états sentimentaux très originaux et très précis : il s'analyse lui-même sous ses noms divers avec une acuité poignante. Il a présenté aussi, avec une singulière ingénuité de sentiment, ses rêves d'innocence et de pureté, des âmes délicieuses, inaltérables en leur candeur, ou frissonnantes d'indécises inquiétudes. Les jeunes filles sont d'exquises visions, Cécile, Rosette et la petite princesse Elsbeth qui va être sacrifiée à la raison d'Etat.

A propos du classicisme de Musset.

Quand Musset entre à l'Académie, Nisard, non sans quelque pédantisme, et évidemment contre quelqu'un, le déclara, en le recevant, le plus classique des poètes romantiques, et même un vrai classique. Il y a en tout une doctrine du classicisme de Musset et on peut en garder après tout quelque chose. D'abord, en tant que poète de l'amour malheureux, auteur des vers d'amour les plus sincères, les plus discrets, les plus nus, les plus désespérés de son temps dans le *Souvenir*, dans les *Nuits*, dans tant de courtes pièces des *Poésies nouvelles*, il tient parmi les romantiques une place de témoin du cœur humain analogue à celle de Racine parmi les poètes classiques. Ensuite il n'a que peu ou point participé à l'illusionnisme romantique, il a bien été l'enfant du siècle, non son géant ou son prophète, il n'a pas comme George Sand ou Hugo mis ses transports au compte de la cause de Dieu. Il a connu en lui la faiblesse et le mal comme de la faiblesse et du mal : le poète a été homme vraiment, ordinairement et classiquement. Enfin il n'a eu ni politique, ni philosophie, il a été homme de lettres, poète à l'ancienne mode comme Malherbe et Boileau, avec son franc-parler non sur l'Etat et sur Dieu, mais sur les mœurs et les lettres. Il fut un jeune-bourgeois, avec le trait d'union pour indiquer qu'il ne s'agit pas seulement de l'âge, mais des idées et de la condition. Tout de même, plus tard et aux générations qui suivent, il paraît plus bourgeois que jeune.

Albert Thibaudet,
Histoire de la littérature française de 1789 à nos jours (1936).

SUJETS DE DEVOIRS ET D'EXPOSÉS

SUR « FANTASIO »

● Définissez *Fantasio* en fonction de ce jugement de Faguet relatif au style : « Dans son théâtre, comme il a trouvé une manière de fantaisie capricieuse et voltigeante, intermédiaire entre le ton de la comédie capricieuse et prosaïque et de la grande imagination shakespearienne, de même, entre la prose et la poésie, il a rencontré un langage harmonieux et musical, délicatement rythmé, aux modulations légères et flexibles, qui est pour enchanter les oreilles. »

● Maurice Rat écrit dans sa préface au *Théâtre de Musset* : « Et ce style mi-haut dont il use en ses vers, c'est aussi celui dont il use dans la prose de ses comédies, qui assure l'éternelle durée de son théâtre. [...] Cette prose délicatement et légèrement ailée, sobre sans être sèche, vive sans être trop pimpante et franche, nette, naturelle est proprement un charme. Qu'on cherche ailleurs pareille aisance. Mérimée à côté est sec; Stendhal monotone; Sand bavarde; Courier affecté; Hugo barbare; Balzac vulgaire. Seul, Nodier, quelquefois, ou Nerval [...]. »
En négligeant l'aspect trop tranchant des jugements émis sur les autres écrivains de l'époque romantique, mais en retenant seulement l'opposition que Maurice Rat croit devoir trouver entre Musset et les autres créateurs cités, vous essayerez de définir le style de Musset en vous appuyant sur les tirades de Fantasio dans la pièce.

● Analysez ce jugement et cherchez dans quelle mesure il s'applique à la pièce de *Fantasio* : « Parmi les tendances contemporaines deux courants, semble-t-il, se sont partagé les préférences de Musset : seulement il n'y a pas toujours puisé de la même façon, et ce qu'il a renoncé à prendre dans l'un, il l'a compensé par l'autre. Il s'est d'abord passionné pour les aventures sanglantes ou étranges, pour les couleurs vives et tranchées, il a admis le romantisme avec ses violences et ses exagérations. Déjà avec ce romantisme, il en prenait fort à son aise, plus soucieux qu'il était de suivre son goût personnel et ses propres caprices, que d'imiter un chef d'école ou de justifier des théories. Petit à petit et sans rompre brusquement, il est sorti des habitudes que lui avaient fait contracter ses premières admirations; de plus en plus soucieux des délicatesses de sentiment, il a oublié par elles les brutalités et les impertinences qui l'avaient d'abord séduit; il s'est incliné ainsi pour le genre le plus opposé au drame, le plus insignifiant, le plus enfantin en apparence, le plus léger à coup sûr, et il a fait du proverbe quelque chose d'exquis. Chemin faisant, à mi-route entre les deux genres, son génie laissait épancher le flot puissant et profond de comédies troublantes à la surface desquelles se joue déjà, parmi les lueurs romantiques, la mousse légère et impalpable de la comédie de salon » (L. Lafoscade, *le Théâtre d'Alfred de Musset*).

● Faguet a écrit : « Musset a eu, dans le temps qu'il écrivait, un succès de très bonne compagnie, mais très discret (à cause de la littérature retentissante de son temps). [...] Les critiques universitaires avaient pour lui une secrète estime, parce que, par beaucoup de côtés, il rappelait les classiques, mais le caractère un peu érotique de l'œuvre, qui ne les eût point arrêtés chez un ancien, les gênait chez un contemporain, pour le louer en toute liberté : M. Nisard seul se l'est permis. [...] De 1850 à 1870 environ, Musset eut soudain une vogue extraordinaire. Cette génération l'a porté trop haut, mais l'a bien compris. »

Expliquez en quoi Musset « rappelait » les classiques et si ce mot, pour nous, aujourd'hui, est suffisant. Vous vous poserez notamment la question de savoir si Musset est plus proche des classiques que des écrivains contemporains ou si c'est l'inverse, en vous plaçant successivement sur le plan de la forme et sur le plan de l'idéal humain symbolisé pour le héros.

● Hoffmann a écrit : « La principale différence qui existe entre les deux genres, le classique et le romantique, consiste en ce que les classiques prennent leurs modèles, leurs formes et leurs couleurs dans la nature, dans le monde réel et sensible, tandis que les romantiques les cherchent dans le monde idéal et fantastique. » Pour Victor Hugo, « c'est au monde physique réel que les romantiques ont en définitive emprunté leurs formes et leurs couleurs ».

En appliquant ces jugements à la pièce de *Fantasio*, vous expliquerez si Musset se rattache à l'une ou à l'autre de ces deux conceptions et vous donnerez vos raisons.

● Le romantisme de *Fantasio* : les thèmes et la sensibilité romantiques; la parodie du romantisme.

● Fantasio et Musset.

● Etudiez et discutez à propos de *Fantasio* cette appréciation de Maurice Rat sur Musset : « Il est classique par son indifférence et même son mépris à l'égard de toute nouveauté... Il répudie la couleur locale, la description qui serait sa propre fin, les mythes, les symboles, les vocables grandioses et toute cette magie verbale où triomphe un Hugo. »

● Les éléments romanesques et les thèmes bourgeois dans *Fantasio*.

● Les influences et les thèmes germaniques dans *Fantasio*.

● Les personnages bouffons dans *Fantasio*.

● Les fantoches dans *Fantasio*. (Etudiez en particulier cette remarque de R. Mauzi : « Le monde des fantoches et celui des héros se frôlent, mais ne s'interpénètrent pas. »)

● Fantasio et le mal du siècle.

● Après avoir évoqué la « galerie très originale d'imbéciles et de pédants » que l'on trouve dans le théâtre de Musset, L. Lafoscade note : « Il est toute une catégorie de personnages qui se tiennent ainsi sur la limite du comique et du sérieux, qui mêlent des vérités à leurs plaisanteries et des éclats de rire aux sentences les plus graves, et qui, chargés de recréer par leur esprit le spectateur fatigué, jettent à la face des autres personnages leurs impertinences souvent justifiées : ce sont ces bouffons de profession que Shakespeare a introduits dans plusieurs de ses œuvres et jusque dans ses pièces les plus sombres. »

● Les décors de *Fantasio* : le pittoresque et la fantaisie.

SUR « IL NE FAUT JURER DE RIEN »

● Déterminez à l'aide d'une analyse précise les éléments qui constituent l'action de la pièce et ceux qui font progresser cette action; quel est l'élément principal de la progression dramatique? Y a-t-il, de ce point de vue, un personnage plus important que les autres? Si oui, lequel et pour-quoi? Quelles sont les limites de l'importance de ce personnage?

● Enumérez les allusions qui datent la pièce (comme l'allusion à Jocelyn, qui date de 1836) ainsi que les éléments qui peuvent permettre de rattacher la pièce à une époque particulière, notamment dans le monde des objets, dans l'univers culturel de chaque personnage considéré comme représentatif de la classe sociale à laquelle il appartient. Opposez les éléments apparte-nant plus proprement à la monarchie de Juillet à ceux qui caractérisent de façon plus générale la société française provinciale de la première moitié du XIXe siècle, par exemple la vie littéraire et artistique parisienne (George Sand, Lamartine, etc.), et les connotations plus générales du système culturel inhérent à la pièce (Paris-province; aristocratie-bourgeoisie; modes du temps passé et modes du romantisme, etc.).

● Relevez les allusions à la production littéraire contemporaine de la date où la pièce a été écrite et dégagez la conception esthétique d'ensem-ble auxquelles elles se rattachent. Marquez le point de jonction de cette conception avec l'idéal classique et avec le romantisme.

● En prenant le texte de la pièce comme une œuvre faite pour être lue comme un roman et non pour être représentée comme une comédie, relevez les caractéristiques de style et les procédés rhétoriques par lesquels l'auteur recherche le comique et l'humour.

● Le personnage de Cécile dans *Il ne faut jurer de rien*; étude comparée de ce caractère avec d'autres portraits de jeunes filles dans le théâtre de Musset.

● L'histoire à travers *Il ne faut jurer de rien*.

● Les thèmes sociaux de *Il ne faut jurer de rien*.

● Valentin héros de *Il ne faut jurer de rien*; Valentin et le romantisme; Valentin et Musset; Valentin et d'autres jeunes gens du théâtre de Musset.

● La nature et le monde extérieur dans *Il ne faut jurer de rien*.

● Réalisme et fantaisie dans *Il ne faut jurer de rien*.

● L'abbé de *Il ne faut jurer de rien* et les créations semblables dans le théâtre de Musset.

● La « comédie conjugale »; rapprochez *Il ne faut jurer de rien* de *la Quenouille de Barberine*, *Le Chandelier* et *Un caprice*.

● En quoi la comédie de *Il ne faut jurer de rien* se rattache-t-elle au genre du proverbe?

TABLE DES MATIÈRES

Mame Imprimeurs - 37000 Tours
Dépôt légal Décembre 1972. - Nº 23820. - Nº de série Éditeur 15502
IMPRIMÉ EN FRANCE. *(Printed in France)*. - 870 121 I. Mai 1990.